陇上学人文存

施萍婷　卷

施萍婷 著　王惠民 编选

甘肃人民出版社

甘肃·兰州

图书在版编目（CIP）数据

陇上学人文存. 施萍婷卷 / 李兴文总主编 ；施萍婷 著 ；王惠民编选. -- 兰州 ：甘肃人民出版社，2024. 10. -- ISBN 978-7-226-06143-5

Ⅰ. C53；K870.6-53

中国国家版本馆CIP数据核字第2024ZB2125号

责任编辑：王建华

封面设计：王林强

陇上学人文存·施萍婷卷

LONGSHANG XUEREN WENCUN SHI PINGTING JUAN

李兴文　总主编

董积生　景志锋　副总主编

施萍婷　著　王惠民　编选

甘肃人民出版社出版发行

（730030　兰州市读者大道 568 号）

兰州新华印刷厂印刷

开本 890 毫米 × 1240 毫米　1/32　印张 13　插页 7　字数 330 千

2024 年 10 月第 1 版　2024 年 10 月第 1 次印刷

印数：1~1100

ISBN 978-7-226-06143-5　定价：60.00 元

（图书若有破损、缺页可随时与印厂联系）

《陇上学人文存》第十一辑

总　序

　　陇者甘肃，历史悠久，文化醇厚。陇上学人，或生于斯长于斯的本地学者，或外来而其学术成就多产于甘肃者。学人是学术活动的主体，就《陇上学人文存》（以下简称《文存》）的选编范围而言，我们这里所说的学术主要指人文社会科学研究。《文存》精选中华人民共和国成立以来，甘肃人文社会科学领域成就卓著的专家学者的代表性著作，每人辑为一卷，或标时代之识，或为学问之精，或开风气之先，或补学科之白，均编者以为足以存当代而传后世之作。《文存》力求以此丛集荟萃的方式，全面立体地展示新中国为甘肃学术文化发展提供的良好环境和陇上学人不负新时代期望而为我国人文社会科学事业做出的新贡献，也力求呈现陇上学人所接续的先秦以来颇具地域特色的学根文脉。

　　陇原乃中华文明发祥地之一，人文学脉悠远隆盛，纯朴百姓崇文达理，文化氛围日渐浓厚，学术土壤积久而沃，在科学文化特别是人文学术领域的探索可远溯至伏羲时代，大地湾文化遗存、举世无双的甘肃彩陶、陇东早期周文化对农耕文明的贡献、秦先祖扫六合以统一中国，奠定了甘肃在中国文化史上始源性和奠基性的重要地位；汉唐盛世，甘肃作为中西交通的要道，内承中华主体文化熏陶，外接经中亚而来的异域文明，风云际会，相摩相荡，得天独厚而人才辈出，学术思想繁荣发达，为中华文明做出了重要贡献。

　　近代以来，甘肃相对于逐渐开放的东南沿海而言成为偏远之地，反而少受战乱影响，学术得以继续繁荣。抗日战争期间作为大后方，接纳了不少内地著名学府和学者，使陇上学术空前活跃。新中国成立之后，人文社会科学领域的专家学者更是为国家民族的新生而欢欣鼓舞，全力投入到祖国新的学术事业之中，取得了一大批重要的研究成果，涌现出众多知名专家，在历史、文献、文学、民族、考古、美学、宗教等领域的研究均居全国前列，影响广泛而深远。新中国成立之后，人文社会科学几次对当代学术具有重大影响的争鸣，不仅都有甘肃学者的声音，而且在美学三大学派（客观派、主观派、关系派）、史学"五朵金花"（史学在新中国成立之后重点研究的历史分期、土地制度史、农民战争史等五个方面的重点问题）等领域，陇上学人成为十分引人注目的代表性人物。改革开放以来，甘肃学者更是如鱼得水，继承并发扬了关陇学人既注重学理求索又崇尚经世致用的优良传统，形成了甘肃学者新的风范。宋代西北学者张载有言："为天地立心，为生民立命，为往圣继绝学，为万世开太平"，此乃中华学人贯通古今、一脉相承的文化使命，其本质正是发源于陇原的《易》之生生不已的刚健精神，《文存》乃此一精神在现代陇上得到了大力弘扬与传承的最佳证明。

《文存》启动于中华人民共和国成立六十周年之际，在选择入编对象时，我们首先注重了两个代表性：一是代表性的学者，二是代表性的成果，欲以此构成一部个案式的甘肃当代学术史，亦以此传先贤学术命脉，为后进立治学标杆。此议为我甘肃省社会科学院首倡，随之得到政界主要领导、学界精英与社会各界广泛认同与政府大力支持，此宏愿因此而得以付诸实施。

为保证选编的权威性，编委会专门成立了由十几位省内人文社会科学领域著名学者组成的专家指导委员会，并通过召开专题会议研讨、发放推荐表格和学术机构、个人举荐等多种方式确定入选者。为使读者对作者的学术成就、治学特色和重要贡献有比较准确和全面的了解，在出版社选配业务精良的责任编辑的同时，编委会为每一卷配备了一位学术编辑，负责选编并撰写前言。由于我院已经完成《甘肃省志·社会科学志》（古代至 1990 年卷，1990 至 2000 年卷）的编辑出版工作，为《文存》的选编提供了坚实的基础和基本依据，加之同行专家对这一时期甘肃人文社会科学发展的研究，使《文存》能够比较充分地反映同期内甘肃人文社会科学的基本状况。

《文存》自 2009 年启动，截至 2023 年，用 15 年时间编辑出版 10 辑共 100 卷，圆满完成了《文存》启动时制定的宏伟计划。如此长卷宏图实为中华人民共和国成立七十周年以来甘肃人文社会科学全部成果的一个缩影，亦为此期间甘肃人文社会科学学术业绩的一次全面检阅，堪作后辈学者学习先贤之范本，是陇上学人献给祖国母亲的一份厚礼。百卷巨著蔚为大观，《文存》和它所承载的学术精神必可存于当代，传之后世，陇上学人和学术亦可因此而无愧于我们所处的伟大时代，并有所报于生养我们的淳厚故土。有鉴于此，我们赓续前贤雅范，接续选编《文存》第十一辑，将《文存》编选工作延续下去，将陇上学人精神传承下去。

因我们眼界和学术水平的局限，选编过程中必定会出现未曾意料的问题，我们衷心期望读者能够及时教正，以使《文存》的后续选编工作日臻完善。

是为序。

李兴文

2024 年 9 月 19 日

目 录

编选前言 ●● 王惠民

上篇：史地与石窟艺术研究

敦煌与莫高窟 ●●●●●●●●●●●●●●●●●●●●●●●●●●●● 003

建平公与莫高窟 ●●●●●●●●●●●●●●●●●●●●●●●●●● 030

关于莫高窟第 428 窟的思考 ●●●●●●●●●●●● 038

读《翟家碑》札记 ●●●●●●●●●●●●●●●●●●●●●●●● 064

三界寺·道真·敦煌藏经 ●●●●●●●●●●●●●●●● 087

敦煌经变画 ●●●●●●●●●●●●●●●●●●●●●●●●●●●●●● 117

《金光明经变》研究 ●●●●●●●●●●●●●●●●●●●●●● 156

下篇：文献整理与研究

本所藏敦煌《唐代奴婢买卖文书》介绍 ●●●●●●●●● 205

《延祐三年奴婢买卖文书》跋 ●●●●●●●●●●●●● 213

新发现《增一阿含经》摘要 ●●●●●●●●●●●●●●● 220

本所藏《酒账》研究 ●●●●●●●●●●●●●●●●●●●●●● 228

敦煌历日研究 ●●●●●●●●●●●●●●●●●●●●●●●●●●●● 259

敦煌遗书题记隋董孝缵写经考略 ●●●●●●●●● 319

61 件美国安思远先生所藏历代佛教写经谭 ●●●●●●●●● 329

俄藏敦煌文献 Дх.1376、1438、2170 研究 ●●●●●● 339

附录一 打不走的莫高窟人 ………………………… 357
附录二 我与敦煌学研究 …………………………… 365
附录三 施萍婷先生著作目录 ……………………… 370

编选前言

施萍婷(施萍亭,施娉婷,后文称施老师),1932 年 8 月 20 日出生于浙江永康,1949 年 5 月永康解放之时入伍,在第二野战军(刘邓大军)三兵团十二军三十四师师部政治部当文秘(师长尤太忠,1918—1998),随后千里挺进大西南,参加解放重庆战役。重庆解放后,师部驻扎在解放碑附近的十八梯。1951 年 2 月,赴朝参战(志愿军三兵团十二军三十四师),任第三十四师师部文印组组长,曾立三等功。战争是残酷的,三十四师入朝一个多月后即投入抗美援朝第五次战役(1951 年 4 月 22 日—6 月 10 日),我军阵亡 7 万余人,初恋男友许志国(尤太忠秘书)不幸殉国。

施老师 17 岁参军,六年军旅生涯是她人生中重要的一笔,军营的日常生活都融入了部队大家庭中,留给我们的只有她偶然谈起的点滴和少量黑白照片,也许我们只要记得她参加了解放重庆战役和抗美援朝战争就足以让我们对她致以永远的敬意。

施老师 1954 年回国,不久复员到浙江商业厅下属的石油公司工作。1956 年,积极响应国家向科学进军的号召,考入兰州大学历史学系,据说语文分数很高。1959 年转入甘肃师范大学(后改西北师范学院、西北师范大学)历史学系,后因家庭困难,同年肄业到兰州艺术学院工作。1961 年调到敦煌文物研究所工作,1988 年任副研究员,1993 年任研究员,1998 年离休。

虽然施老师先后担任过资料室主任、考古室主任、敦煌遗书研究室(即后来的敦煌遗书研究所,后改名敦煌文献研究所)主任等,但心系学术,以科研为重,发表论文六七十篇,编有《敦煌遗书总目索引新编》(中华书局,2000年),在学术界有很高的声誉。最早对她的学术研究进行介绍的是章昱(张先堂)《施萍婷研究员与敦煌学研究》一文(《社科纵横》1995年第5期)。主要学术成果收录在《敦煌习学集》(上、下册,甘肃民族出版社,2004年。共60万字,收录个人独立完成的论文41篇)、《敦煌石窟与文献研究》(浙江大学出版社,2015年。共收入论文20篇,侧重2004年以后发表的论文和与其他学者合作完成的论文)。

除了学术论文外,施老师还写过大量的图版说明、工具书词条。敦煌研究院在20世纪八九十年代出版和参与出版了大量图录与工具书,如《中国石窟》"敦煌莫高窟"5卷、季羡林主编的《敦煌学大辞典》等,她是其中的撰写者之一。这一时期敦煌研究院也经常在国内外举办敦煌艺术展览,她除了参与展品筛选外(敦煌研究院藏敦煌文献在80年代以前归敦煌遗书研究所保管),还写过大量的《展览图录》的图版说明,但往往没有署名。上述各类图版说明、词条,施老师应该是写得最多的作者之一,她写的图版说明、词条迄未整理,读者只能在使用时分享她的"采得百花成蜜后,为谁辛苦为谁甜"了。

20世纪六七十年代,全国的学术研究处在低谷时期,但作为大学毕业生,施老师和爱人贺世哲先生(1930—2011)并没有放弃科研,而是并肩钻研业务,1972年发表了她的第一篇论文《从一件奴婢买卖文书看唐代阶级压迫》(《文物》1972年第12期),初次展露出她的学术才华。由于施老师大学毕业后从未放弃对学术的追求,看了大量的学术书籍,经常上洞窟调查资料,学术积累深厚,所以在"十年动乱"结束后,爆发式发表了大量论文,可谓厚积厚发,成为当时中国敦煌学界的一颗璀璨明星。1977—1983年发表的论文有:

1977 年

《敦煌文物研究所藏敦煌遗书目录》(署名敦煌文物研究所资料室,刘忠贵、施萍婷执笔),《文物资料丛刊》(1),文物出版社,1977年。

1978 年

《莫高窟第 220 窟发现的复壁壁画》(署名关友惠、施娉婷、段文杰),《文物》1978 年第 12 期。

《敦煌莫高窟》(署名施萍婷、舒学),《文物》1978 年第 2 期。

1980 年

《奇思驰骋为"皈依"——敦煌、新疆所见〈须摩提女因缘〉故事画介绍》(署名李其琼、施萍婷),《敦煌学辑刊》创刊号,1980 年。

1981 年

《敦煌壁画中的法华经变初探》(署名施萍婷、贺世哲),《中国石窟·敦煌莫高窟》第 3 卷,东京:平凡社,1981 年日文版。

《敦煌与莫高窟》,《敦煌研究》试刊号,1981 年。

1982 年

《建平公与莫高窟》,《敦煌研究文集》,甘肃人民出版社,1982 年。按:论文后记"1980 年三稿"。

1983 年

《本所藏〈酒账〉研究》,《敦煌研究》总 3 期,1983 年。

《两件敦煌文物介绍》,《敦煌学辑刊》总 3 期,1983 年。

《敦煌历日研究》,1983 年首届全国敦煌学术讨论会提交论文,《1983 年全国敦煌学术讨论会文集》文史、遗书编(上),甘肃人民出版社,1986 年。

《近年来本所藏敦煌遗书研究概述》,1983 年巴黎国际学术研讨会提交论文。

这一年,日本《东洋学术研究》第 22 卷第 1 号翻译发表了她的《敦煌与莫高窟》一文(《敦煌研究》试刊号,1981 年)。

施老师喜欢看书,有时在机场的书店也买书,家里的藏书是单位学者中较多的。在爱人贺世哲老师病故后,将藏书无私捐给了敦煌研究院,现藏敦煌文献研究所阅览室。施老师学识渊博体现在她的论文中,一些资料信手拈来,是在"用资料",而不是为论文而"查资料",如关于"敦煌"的含义,人们往往采用《汉书·地理志》东汉应劭注的说法:"敦,大也;煌,盛也。"但她在《敦煌与莫高窟》一文中已经注意到学术界的不同研究成果,"据日本学者藤田丰八考订,'敦煌'二字可能是都货罗 Tokhara 的译音。此所谓都货罗,即汉初居于敦煌与祁连山之间的月氏族"。在《关于莫高窟第 428 窟的思考》一文中甚至引用了英国人威廉·荷加斯(1697—1764)《美的分析》一书中的一句话:"避免单调是绘画构图的一个不变的规则。"我在编辑她的论文集《敦煌石窟与文献研究》时,为了核对这句引文,还从旧书店淘了一本《美的分析》,这是我第一次知道这本书的书名与作者。

施老师的学术生涯中,探访散落世界各地的敦煌遗书是个亮点,她是敦煌学界实地走访敦煌遗书收藏单位较多的学者之一,在敦煌遗书的调查与研究上花费了大量时间。为了探访敦煌遗书,去过国内很多收藏单位,甚至还去过日本、法国、俄罗斯,她在日本访问研究时间较长(1989—1991 年),应该是考察日本藏敦煌遗书最多的中国学者。看馆藏文物,最费时间的是找关系,借助于她的学术成就和敦煌在世界文化史上的地位,多数收藏敦煌文献的单位对她开放,她对所见的敦煌文献的定名、时代做了研究,嘉惠学林。《日本公私收藏敦煌遗书叙录》(一、二、三)即是她对三井文库、藤井友邻馆、唐招提寺、法隆寺、国会图书馆、大东急记念文库、东洋文化研究所等处藏的敦煌文献做的目录。1995 年 5—7 月,在俄罗斯访问研究时,完成了《俄藏

敦煌文献 Дх.1376、1438、2170 研究》《俄藏敦煌文献经眼录之一》《俄藏敦煌文献经眼录之二》三篇论文。

战争年代是无惧枪林弹雨的巾帼战士，和平岁月是深耕学术领域的优秀学者，可谓一生辉煌灿烂。

一　敦煌史地与石窟研究

敦煌学研究的三大领域是敦煌史地、敦煌石窟、敦煌文献。《陇上学人文存·施萍婷卷》收录施老师论文 15 篇，以展现她在敦煌史地、敦煌石窟、敦煌文献研究上的学术成就。

对敦煌史地的掌握是石窟研究和文献研究的基础。施老师在 1981 年发表《敦煌与莫高窟》一文（《敦煌研究》试刊号，1981 年），从《禹贡》《尧典》《左传》所记"三危"等最早的敦煌历史只言片语一直叙述到清代修敦煌城，相当于"敦煌二千年简史"，对于初涉敦煌学或普通游客而言，是一个绝佳入门书，所以很快翻译成日文发表在 1983 年《东洋学术研究》第 22 卷第 1 号。

《敦煌与莫高窟》广引博征了大量古代史料，并提出自己的观点，如第 332 窟建窟功德碑《圣历元年李克让修莫高窟佛龛碑》（《圣历碑》）提到"复有刺史建平公、东阳王等各修一大窟"，而在敦煌历史上，建平公于义是北周人，东阳王元荣是北魏晚期人，为何出现这样的次序？施老师检索了《周书》《隋书》《新唐书》等资料，发现古代存在这样的"倒叙法"，这就属于学术研究范围了。文章重视数据统计，各时代各经变画的铺数都有统计，在介绍第 98 窟供养人像时指出："莫高窟第 98 窟供养人题名中，光'节度押衙'就有 97 人，所见官衔有 18 种"，并对各供养人的身份进行分析，这些看起来平平淡淡的统计数字，不知花了多少时间去记录、核对、分析。

了解一个洞窟首先要考虑这个洞窟的时代、内容。莫高窟自乐傅、法良初建后,代有修造,迄于元末,现存编号洞窟 735 个,多数洞窟并无明确修建时间、窟主等资料。为了探索洞窟的修建时间、窟主身份,许多学者付出了艰辛努力。如莫高窟北朝洞窟除了第 285 窟有具体年代外,其余 30 多个洞窟均没有记载具体年代。武周时期《圣历碑》记载刺史建平公建一大窟,史书对建平公于义任瓜州刺史的时间语焉不详,施老师 1982 年发表的《建平公与莫高窟》(《敦煌研究文集》,甘肃人民出版社,1982 年),依据《周书》《隋书》记载,推断保定五年至建德五年(565—576)任瓜州刺史。又把第 428 窟东壁门南侧比丘庆仙题记与敦煌遗书 S.2935《大比丘尼羯磨经》天和四年(569)庆仙写经题记对照,推定第 428 窟即北周瓜州刺史建平公于义率民众修建的"一大窟"。全文仅四千字,论证绵密,经得起时间考验,成为了解、研究第 428 窟的必读资料。

第 428 窟是莫高窟北朝诸窟中面积最大的洞窟,画塑保存完整,关注的学者很多。除了上述一文外,施老师还撰写了《关于莫高窟第 428 窟的思考》的长文(《敦煌研究》1998 年第 1 期),对该窟的图像、思想、艺术都进行了分析。对于西壁的五塔,她认为是"五分法身塔",用于阐释戒、定、慧、解脱、解脱知见五种思想。南、西、北壁画了很多佛传与说法图,尤其是说法图的图像基本相同,"我们无法定名为何时何地说法,但古代画工是明确的"。即多铺说法图表示释迦牟尼佛在多处说法,"涅槃图表示释迦已经结束了他一生的教化生涯,而五分法身塔则要表明释迦思想的永存。""昙摩蜜多译《五门禅经要用法》说:'得观佛定已,然后进观生身。'所谓'生身',是指释迦牟尼为普度众生而化身的各种肉身(包括人或其他动物)。这些业绩,包括佛传故事画、本生故事画、因缘故事画。于是此窟题材的设计者,就在东壁窟门两侧安排了三铺本生故事画和一铺因缘故事画。"第 428 窟墙体上除了存留若干供养人题名外,佛像的名称均无记录,施老师将全窟的图像进行整合研究,用"法身观""生身观"来阐释第 428 窟绘塑主题,为后人进一步深入研究提供了借鉴。

一般来说,修建大型洞窟会刻一通《功德碑》以记事,但随着岁月久远,现仅第 148 窟前室南厢存一完整的功德碑,幸藏经洞文献中还保留若干洞窟的功德碑碑文抄本, 第 85 窟是晚唐第二任河西都僧统翟法荣的功德窟,法藏敦煌文献 P.4640 相当于建窟功德碑的碑文汇编,其中就有第 85 窟的功德碑,标题是"翟家碑·唐僧统述"(作者是第三任河西都僧统悟真,当时还是副僧统,大约抄录时翟法荣已卒,故称悟真"唐僧统")。这件碑文属于后人的过录本,所以文字有错漏,各家录文、识读不一,施老师又做了一次录释(《读〈翟家碑〉札记》,《兰州大学学报》社会科学版 2009 年第 5 期),目的就是做一个更接近原文的"定本"。列注 57 个,洋洋洒洒万余言,展示了作者的古文功底。发表时施老师已 77 岁,已为耄耋的人思路尚如此清晰,令人惊叹。施老师此后还发表了五篇论文,直到 80 岁(2011年)才搁笔,颐养天年。

莫高窟现存洞窟 735 个,其中 492 个洞窟存有画塑(略指),这些洞窟的功能是什么? 五代晚期主管莫高窟佛事活动的三界寺高僧道真和尚发布《腊八燃灯分配窟龛名数》,他将莫高窟崖面划分为十一个区域,组织人员分头有序燃灯,可以想见莫高窟腊八这天晚上灯火辉煌的壮观景象。从这份布告对各洞窟称呼上可以看出,莫高窟多数洞窟是家庙窟。施老师从藏经洞出土的 6 万多件文献中找出与三界寺、道真有关的文献约 100 件,得以窥见古代洞窟的管理、道真的宗教活动, 将一个不见中原文献记载的僧人栩栩如生地展现在我们面前 (《三界寺·道真·敦煌藏经》(《1990 年敦煌学国际研讨会文集·石窟考古编》,辽宁美术出版社,1995 年)。

南北朝时期,在中原出现了经变画,主要有维摩诘经变、弥勒经变、西方净土变、观音经变。敦煌最早的经变画是北周洞窟里的福田经变，但表现形式上依然继承北朝故事画的构图形式，到了隋代才形成独立的经变画，而后成为唐宋壁画的最主要题材。敦煌石窟大约有经变画40种1200铺，数量上看起来似乎不多，但经变画的面积很大，唐前期的经变画都是通壁大画，如大家熟知的第220窟，南壁通壁画西方净土变、北壁通壁画药师经变、东壁通壁画维摩诘经变。多数经变画的内容已经识别出，施老师都有深入考察。发表的论文有《敦煌壁画中的法华经变初探》（与贺世哲先生合写）、《金光明经变研究》《敦煌经变画》《关于敦煌壁画中的无量寿经变》《新定阿弥陀经变——莫高窟第225窟南壁龛顶壁画重读记》等。

二　敦煌文献整理与研究

敦煌莫高窟藏经洞原本是晚唐第一任河西都僧统洪辩的影堂（纪念堂，今编为第17窟），848年张议潮起义后，唐政府在851年敕封张议潮为归义军节度使，同时任命洪辩为河西都僧统。洪辩卒于862年，人们在他的功德窟（今编第16窟）甬道北壁开凿一龛室，安置他的影像（纪念塑像）。1002年稍后，有人将洪辩塑像移到别处（今编第362窟），堆放各类物品后予以封存，1900年被王圆箓意外发现，而后文物流散世界各地，数量有6万余件。藏经洞封闭的原因有各种推测，比较流行的说法是，西夏攻打敦煌，敦煌僧人将一些物品封存起来，但西夏占领敦煌是1036年，而藏经洞最晚的文献是一件俄藏写经题记，落款是"咸平五年（1002年）"，此说而后渐渐不流行。比较接近真相的可能是，管理莫高窟的道真和尚在1002年顷卒，弟子们将他的收集品搬移到这个影堂封存起来。

敦煌学的兴起首先是对藏经洞文献进行研究，而后扩展到对敦煌艺术的研究。现在藏经洞文献基本都有刊布，重要的写本都有学者进行研究。施老师长期担任敦煌遗书研究室(后来改名敦煌文献研究所)主任,重视对敦煌文献的调查、研究,撰写了多篇论文。在这些论文中,我们可以看到她对本单位藏的敦煌文献做了许多研究,如《敦煌文物研究所藏敦煌遗书目录》(署名敦煌文物研究所资料室,刘忠贵、施萍婷执笔)、《本所藏敦煌唐代奴婢买卖文书介绍》(馆藏号 D639+D640、发表号敦研 298+299)、《延祐三年奴婢买卖文书跋》(D612、敦研 381)、《本所藏〈酒账〉研究》(D083+D784,敦研 001+369)、《两件敦煌文物介绍》(D128、敦研 382《龙种上尊王佛印法经》;D695、敦研383《元至正廿四年借据》)、《新发现〈增一阿含经〉摘要》(D480、敦研255)、《近年来本所敦煌遗书研究概述》(法文,在 1983 年巴黎国际学术会议上宣读)等。

《本所藏敦煌唐代奴婢买卖文书介绍》(《文物》1972 年第 12 期。按:发表时的题目是《从一件奴婢买卖文书看唐代阶级压迫》,后来出版的文集改为今名)是施老师发表的最早的一篇文章,思考绵密、条理清晰,全文干净利落,没有空话。她依据"保人燉煌郡百姓……"一句,考察了唐代敦煌设郡的沿革,认为"唐代称'燉煌郡'只是天宝元年至乾元元年间(742—758)才有可能"。又依据唐代天宝三年(744)至乾元元年(758)以"载"代"年"的历史,而将这件文书的年代判定为744—758 年,并从历史背景分析底层人们在盛唐时期的艰难生活。

另一篇《延祐三年奴婢买卖文书跋》(《敦煌研究》1989 年第 2期)是对敦煌研究院藏的一件元延祐三年(1316)奴婢买卖文书的研究,由于文书上盖了五处红印,判定为"这是迄今为止比较罕见的一件元代正式奴婢买卖文书,我们给它定名为'红契'"。上述两件文物大概率出自莫高窟北区洞窟。

敦煌文献孤本很多,价值高,但因为没有太多的参考,所以不容易研究。《新发现〈增一阿含经〉摘要》是对敦煌研究院藏的 D480(敦研 255 号)写本的研究。该写本首尾俱缺,存 26 行,行存 4—16 字不等。原定为《听经手记》,施老师判定它是《增一阿含经》某些品的摘要(或者叫提纲)。写本貌似杂乱无章,"短短的 26 行竟包含了 9 则故事,其涵盖面竟达 28 卷。为什么作者要如此隔三岔五地选材?仔细琢磨,却原来如此:《增一阿含经》的经文按'法数'依次编撰,从一法增到十法、十一法……写本虽残缺不一,但已成体系,二法、三法、四法、五法、六法,次序井然"。这篇《摘要》在经文的选取上也费尽心思,"总之,写本以僧、俗为对象而宣传佛法:对僧人着重修行持戒,对俗人讲布施功德"。推测不是信徒的听经手记,而是一位学问高深的高僧"僧讲"讲义。

藏经洞有一份《归义军衙府酒破历》长卷,是归义军衙府支出用酒的"出库单"。可能很早就断裂两段,1908 年伯希和拿走了后半段(编为 P.2629),前半段流散敦煌民间,画家董希文在敦煌期间意外购得,临走的时候,又人为分成两段,前段(10 行半,约占五分之一)留在国立敦煌艺术研究所,董希文带走了后段(38 行半)。董希文收藏品后来流失到日本,成为青山杉雨先生的藏品。1997 年,其子青山庆示先生将其收藏的 8 件敦煌文献捐献给敦煌研究院,其中即有此酒账后段,现在这三段可以完整拼接成一件。完璧后的《酒破历》虽然前后还是有缺失,但内容丰富,记录了归义军衙府某年四月九日至十月十六日共 213 笔用酒支出,合计用酒 13585.5 升,从多个方面反映出敦煌当时的政治、经济、文化面貌。施老师撰有《本所藏〈酒账〉研究》一文(《敦煌研究》总 3 期,1983 年),对这份官府用酒登记表进行了详细研究。这篇文章发表较早,是一篇具有极高影响力的论文,是施老师的代表作之一。

《酒破历》本身没有纪年,她首先从酒账上的骑缝章"归义军节度使新铸印"入手,调查了归义军的全部官印,认为五代、宋时期,瓜沙曹氏曾经使用过的"官印"有 7 种:"瓜沙州大王印""沙州观察处置使之印""归义军之印""沙州节度使印""归义军节度使新铸印""瓜沙等州观察使新印""瓜州团练使印",《宋史》卷四九〇《外国六·沙州传》也记载:"义金卒,子元忠嗣。周显德二年(955)来贡,授本军节度,检校太尉,同中书门下平章事,铸印赐之。"此印即"归义军节度使新铸印", 敦煌遗书中有此印的最晚的一件文献是开宝八年(975)的 S.5973《曹家布施疏》。归义军节度使曹元忠卒于开宝七年六月六日,侄曹延恭继位,使用新的官印"瓜州团练使印"等,所以这件文书的大致年代可判定在 955—975 年之间。她再根据月建大小,认为"其月建大小是:一月、二月一大一小,三月大、四月小、五月小,六月、七月一大一小,八月大",在 955—975 年间,符合这样月建的只有"乾德二年(964)"。参以当时敦煌地方史、敦煌石窟供养人题记等资料,是说可定。古代计量单位与现在不同,《酒破历》的计量单位有"瓮、角、斗、升、合",通过折算,我们知道"1 瓮等于 6 斗""1 斗等于 10 升""1 升等于 10 合""1 角等于 15 升"。《酒破历》还用"迎、设、看、供、支"表示接待的不同方式与规格:"其大概情况是:使节来到敦煌,先设酒接风,谓之'迎';紧接着设宴洗尘,谓之'设';如果住的时间比较长,就经常去问候,谓之'看',如甘州使这年从三月廿五日到八月廿一日停留敦煌将近五个月,节度使派人去'看'了 6 次;临走前要送行,或曰'看'或曰'设',可能是'设'比'看'隆重一些。除了这些礼节性的应酬,使节住留期间,每日喝酒,谓之'供';如有其它事情需酒,则谓之'支'。"《酒破历》反映了敦煌人民的社会生活,如"其中关于甘州、伊州、西州、于阗的就有 34 笔,说明瓜沙此时是西北各地的纽带,绾联着四面八方。""归义军衙门下面设有画院,学者早有所论。酒账告诉我们,不仅如此,它还掌握着各种工匠,如打窟人、写匠、皱文匠、灰匠、锁匠、箭匠、皮匠、弓匠、木匠、泥匠、石匠、褐袋匠。"

《历日》为人们生产、生活、出行提供了许多方便,藏经洞保留了较多的《历日》,有相当多的敦煌文献有纪年。历日研究应该属于天文学领域,一个文科出身的学者要做自然科学研究,难度可想而知,施老师早在 1983 年就发表了《敦煌历日研究》(《1983 年全国敦煌学术讨论会文集》文史、遗书编》(上),甘肃人民出版社,1987 年)一文,对这批历日资料进行了详细分析,对前人推算错误作了更正、遗漏资料做了补充,如正文提到:"P.3284v 残卷,藤枝晃先生未著录。历日存正月至五月廿一日。另一面是书仪,有什么'寒食相迎状''给妻子书'等多种。从字体来看,两面为同一人抄写。历日无九宫,只有月建,蜜日注于天头,但二月以后不再注出。经推算查对,只能是唐咸通五年(864)甲申岁具注历日,其依据是……"这篇文章的发表,对于敦煌学界无疑是"西边出太阳"。这也是施老师最为自豪的一篇文章,她在《我与敦煌学研究》一文中提到:"当我摸索着用多种办法来推求每件历日所属年代以后,将我的结果与王重民、薮内清、藤枝晃诸先生的推算一对照,发现我的推算居然可以补他们的不足,甚至还有所突破。""成果出来之后,中国科学院自然科学史研究所前所长席泽宗先生曾告诉我,他去美国讲学还用了我的历日资料;自然科学史研究所也曾几次给我发来该所召开的学术研讨会的邀请函,我自知不是这方面的专家,一次也没有出席过。"

藏经洞多数文献是佛经,多数有首无尾、有尾无首,大约是五代宋时期负责管理莫高窟的道真和尚"谨于诸家函藏寻访古坏经文,收入寺,修补头尾,流传于世,光饰玄门,万代千秋,永充供养"(敦煌研究院藏 D715《长兴五年三界寺应有藏内经论目录》,发表号敦研 345)之物。一些写经首尾有供养人题记、发愿文等,是研究佛教史、古代史的重要资料。施老师写有《敦煌遗书题记隋董孝缵写经考略》一文,对敦煌文献中的董孝缵写经题记4则(日本大东急记念文库藏107-8-1-1号《大集经》卷五、P.2866《大集经》卷六、日本书道博物馆藏《大集经》卷二十,守屋孝藏氏藏董孝缵造经记)进行仔细分析,并对守屋孝藏氏藏董孝缵造经记的真伪作了考证。认为大东急记念文库、书道博物馆藏品均属于真品(守屋孝藏氏藏董孝缵写经未见而存疑)。P.2866《大集经》卷六题记中提到:"是以弟子董孝缵,自唯垢惑缠心,处生若幻,仰为亡考镇远将军、谏议大夫、大冢宰(帐)内亲信、帅都督、旨除鸣沙县令董哲,敬造释迦、弥勒、观世音金像壹区,并写《大集》《思益》《仁王》《华严》《十恶经》各一部。藉此善因,愿亡考永离三途。"董孝缵写《大集经》的时间也可据大东急记念文库、书道博物馆藏写经题记"大隋开皇十五年(595)岁次乙卯十月十九日写讫"而得知。董孝缵及其父亲"镇远将军、谏议大夫、大冢宰(帐)内亲信、帅都督、旨除鸣沙县令董哲"均未见于正史,《隋书》卷六五有《董纯传》,施老师提出,董哲与董纯是否存在关联,需要予以关注。《隋书·百官志》记载只有北齐的州属官才有"省事"之设,但书道博物馆藏《大集经》卷二十董孝缵的结衔是"州省事","可见史书记载不确,敦煌遗书可补历史之缺载者,比比皆是,这只是区区点点而已。"

敦煌文献散落世界各地,对这些资料的收集是十分困难的,需要许多时间与机遇。有些博物馆、图书馆仅存一两件敦煌文物,无法出版,也基本无人研究。美国著名收藏家安思远(上海博物馆高价入藏稀世珍品《淳化阁帖》即是他的藏品)收藏有敦煌、吐鲁番、朝鲜等地收集的古代写经,1987年6月曾在香港展览,出版有展览图录《美国纽约市安思远先生所藏历代佛教写经展》,施老师获得此展览图录后,"全部展品61件,'识经名'者14件。我做了两项事情:一是将余下的47件给予定名(有两件草书暂时找不到出处),个别原名不准确的给予订正,重新做了一个目录;二是写了一点感想。"(《61件美国安思远先生所藏历代佛教写经谭》,《敦煌研究》2004 年第 1 期)这里的"感想"就是研究,她对写本做了拼合,图录标示"传敦煌发现"7件,但实际上出自敦煌的数量要多得多,"一些没有标示'传敦煌发现'的写经,也可能来自敦煌,如 39 号《佛说菩萨本行经》卷上,与'传敦煌发现'的 37 号为同一写卷,完全可以缀合,应该是敦煌写经。13号《佛说地藏菩萨经》,原已失传,《大正藏》用的就是敦煌本,因此,此件也应是出自敦煌。""中国部分,隋以前的就有 12 件,所占比例很大;其特点与敦煌藏经洞出土的写经一致,各时代的形制、书法、纸质均如此。从书体、异体字、运笔方法等等方面看,北朝部分的写经与敦煌市博物馆藏、敦煌研究院藏北朝写经同为一批经生所写。"由于写经没有题记,又多是佛经,学术界鲜有关注,施老师这篇文章为今后进一步关注敦煌文物的流散提供了重要信息。

文物鉴定、文物展览的一个重要原则是看原作,文物研究也是需要尽量多地看原件。敦煌文物流散世界各地后,中国学者一直在寻访这些敦煌文物。从八九十年代开始有较多的中国学者走访中国乃至世界各地(之前只有少数学者见过实物),荣新江、方广锠等学者做了许多工作。敦煌研究院也重视对流失海外的敦煌文物进行调查,1995年 5—7 月,敦煌研究院派出段文杰、李正宇、施萍婷、张元林、王克孝(外请专家兼翻译)等专家组成的考察小组,在俄罗斯做了较长时间的考察,各有论文发表。施老师发表了三篇论文,除了约 5 万字的《俄藏敦煌文献经眼录》(之一、之二,《敦煌研究》1996 年第 2 期、《敦煌吐鲁番研究》第 2 卷,1997 年)外,还有《俄藏敦煌文献 Дх.1376、1438、2170 研究》(《敦煌研究》1996 年第 3 期),这篇文章对俄藏 Дх.1376、Дх.1438《沙州户曹给莲台寺僧应保过所文卷》与 Дх.2170《沙州遗失经律论卷帙数录》两种敦煌文献进行了文书学、历史学的考察。两件文献内容相关联,前件是沙州莲台寺僧应保打算前往中原寻觅佛经,希望官府发给身份证明,"应保伏睹当州藏内部帙中遗失经本,实无得处。应保沙州住莲台寺僧。应保遂发微愿,意欲上都求十信之坛那,添三乘之欠教"。后一件则是"沙州(先于京国请得三乘)遗失经律论卷帙数录",即沙州各寺院缺失的佛经目录,带着此目录前往中原"请经"。施老师敏锐发现这两种三件文献与法藏、英藏的 5 件类似文献可以结合研究,并排出事情的大致经过。其中《沙州遗失经律论卷帙数录》经过多次修改,Дx.2170 是最早的一份草稿、S.2140 是第二次拟稿、S.4640 是第三次草稿、P.3851 是此次上京求经的最后一稿。"此次敦煌向中原请经,究竟发生在什么时候,当然是我们最关心的问题……当我第一次接触这些文书时,直觉告诉我,这是五代、宋时期敦煌归义军衙门某个孔目官或某节度参谋的手笔。经查对,这是宋《雍熙三年(986)丙戌岁具注历日》的编制者安彦存的笔迹。"敦煌归义军时期应该有多次向中原寻求佛经的僧人,施老师将这组文献判定为宋初,"此次请经行动发生于宋代,则是无疑的了。""本文所涉及的 8 件文书,都应该叫做《宋代沙州向中原请经文卷》。"如果对敦煌文献不熟悉就不会想到法藏、英藏有同组文献,如果对古代职官制度、敦煌书法不熟悉就很难比对出敦煌文人安彦存的笔迹。只有踏破铁鞋,才能看见历史真相。通过这篇论文,我们再次看到施老师的智慧光芒。

王惠民

2024 年 4 月于敦煌

上篇：史地与石窟艺术研究

敦煌与莫高窟

汉魏敦煌

我国最早的地理著作《禹贡》分"天下"为九州，今天的河西广大地域属于雍州。因此，秦以前的敦煌为"禹贡雍州之域"。《禹贡》里有"三危既宅，三苗丕叙"的记载，《尧典》有"窜三苗于三危"的记载，《左传》有"故允姓之奸居于瓜州"的记载，自汉以后，人们知道了敦煌，也知道了敦煌的东南有座山叫作"三危山"，后来集注典籍，往往把三危、三苗和敦煌、瓜州联系起来，代代相因，几成定论。其实，"三危远不在敦煌[1]，秦以前的敦煌地区情况，还有待于今后的考古发现。

秦统一六国，筑长城，西不过临洮。这时的河西为月氏所居。汉初，月氏受匈奴侵掠，被迫西迁，匈奴浑邪王、休屠王驻牧于月氏故地。公元前121年，浑邪王杀休屠王降汉，汉尽有河西地。武帝于元鼎六年(前111)在河西走廊的西端设敦煌郡[2]，有文字记载的敦煌历史从此开始。

汉武帝设敦煌郡后，接着设立了玉门关、阳关，敦煌成了中西交通的咽喉之地。这以后，史书记载敦煌，往往是诗一样的篇章。东汉应

---

[1]参阅《中国古代地理名著选读》第1辑，科学出版社，1959年，第29—30页。
[2]河西四郡的设立年代，《汉书》帝纪与地理志等记载有出入，本文采用劳干《居延汉简考释》之说，史语所印，1943年。

劭解释"敦煌"二字时说,"敦,大也;煌,盛也"①。南朝刘昭引《耆旧记》说:"国当乾位,地列艮墟,水有悬泉之神,山有鸣沙之异,川无蛇虺,泽无兕虎,华戎所交一都会也。"②隋裴矩在《西域图记·序》中说,西域交通"……总凑敦煌,是其咽喉之地"③。《肃州志·沙州卫志》也说:"雪山为城,青海为池,鸣沙为环,党河为带,前阳关而后玉门(这里指唐以后的玉门关,在今瓜州县双塔堡一带),控伊西而制漠北,全陕之咽喉,极边之锁钥。"④至如班超父子的疏、议,边塞诗人的诗等等,更是感人肺腑而千古生辉。

据日本学者藤田丰八考订,"敦煌"二字可能是都货罗 Tokhara 的译音。此所谓都货罗,即汉初居于敦煌与祁连山之间的月氏族⑤。汉语"敦煌"一词,最早见于《史记·大宛列传》,文引张骞给汉武帝报告,说"始月氏居敦煌、祁连间"。初唐颜师古《汉书注》曰:"祁连山,即天山也。匈奴呼天为祁连。" 既然"祁连"是匈奴语"天"的意思,则"敦煌"亦应为"胡语"。然而在不排斥"胡语"的同时,我认为东汉应劭的解释既符合字义又符合汉武帝以来敦煌的实际。⑥

自张骞通西域封侯显贵以后,曾随同张骞第二次通西域的吏士,争相上书"言外国奇怪利害",请求派为使节,汉武帝为了"广其道",

---

①《汉书·地理志》注。

②《后汉书·郡国志》注。

③《隋书·裴矩传》。

④苏履吉:《敦煌县志》,道光十一年辛卯版(1831)。

⑤藤田丰八:《月氏故地与其西移年代》,藤田丰八等著、杨炼译:《西北古地研究》(史地小丛书),(上海)商务印书馆,1935 年,第 91—93 页。参阅《中国古代地理名著选读》第 1 辑,科学出版社,1959 年,第 91 页。

⑥许慎《说文解字》说:"敦,怒也、诋也。"但扬雄《方言》说:"敦,大也。"应劭之说与扬雄之说同。

往往有求必应，"言大者予节，言小者为副"。这些正副使节往返西域，都必须经过敦煌。当时派往西域的使者多则一年十几批，少则五六批；每批几百人，至少也是一百多人；所带的东西，都是仿照张骞出使西域时的款式，而张骞第二次出使西域时每人马两匹，牛羊以万数，所带金币、丝绸价值"数千巨万"。每年这么多的人、马、牛、羊、货物通过敦煌，其"使者相望于道"的壮观，我们今天仍然可想而知。

公元前104年，汉遣贰师将军李广利远征大宛，中途受阻，未至大宛，往返两年回到敦煌。李广利要求罢兵，汉武帝大怒，发专使拦截于玉门关，并下令：谁敢入关，就要斩首。李广利无奈，只好留屯敦煌。一年多以后，6万多大军，带着10万头牛、3万匹马，再从敦煌出发，光是运送粮食的驴、骆驼就有1万头以上。继而又把全国的流放人犯弄来运送干粮，人流车队相接于路，直至敦煌。①

元封六年（前105），汉武帝以江都王刘建的女儿细君为公主嫁给乌孙王，赠送了非常多的礼物，官员、随从数百人。细君死后，汉又以楚王刘戊的孙女解忧为公主远嫁乌孙。解忧公主出塞路过敦煌，官员迎送，武卫相随，其规模、气魄都非一般使节过往可比。宣帝元康元年（前65），龟兹王及夫人乌孙公主来朝，汉赐以车骑、旗鼓、歌吹，并赠绮绣杂缯等数千万，也是官员、侍从、车骑浩浩荡荡经由敦煌往返。神爵二年（前60）乌孙遣使者300余人又来请婚，宣帝以相夫为公主，配备官员侍御100多人，隆重地送相夫公主到敦煌。相夫公主还没有出塞，乌孙情况有变，副使常惠留公主在敦煌，向朝廷上书报告情况。

上列史实，都一一说明：敦，大也；煌，盛也。

然而，敦煌在两汉的地位，不止于此。

①《汉书·李广利传》。

　　从汉武帝派张骞通西域到元帝建昭三年(前36)这100来年的时间内,汉破楼兰、姑师,联乌孙,伐大宛,与匈奴争车师,远征康居等等,凡征战,敦煌都是前线的补给站。

　　两汉和西域交通不下300年,其间维持正常关系者有200多年①,随着使者、商队的出塞入塞、官署的设置、戍卒屯田等等,敦煌成了汉与西域经济文化交流的咽喉。

　　两汉经营西域,有如一幕幕话剧,而敦煌则是汉政府导演话剧的后台,也是政府决策西域的耳目,因而功成事败往往与敦煌太守有关。如建武十七年(41),莎车王贤遣使奉献求都护,光武帝授以西域都护之印绶,敦煌太守裴遵上书反对,改授为大将军,莎车使者不从,裴遵竟然强夺其都护印绶,莎车从此多事。建武二十一年(45)西域十八国主动派"质子"入汉,要求派都护。由于东汉初立,北边未定,没有答应。各国害怕莎车兼并,写信给裴遵,要求把他们的"侍子"留在敦煌,给莎车以假象,表示很快会派来汉政府的都护。最后,终因派不出都护,不仅西域刚通又绝,而且北匈奴也乘势攻至敦煌,"河西诸郡,城门昼闭"②。其他如安帝时的曹宗,顺帝时的徐由,主观上虽想为汉"尽忠",实际上并没有起好作用。至若无事生非的马达,审察不实的宋亮,则都是"帮倒忙"的敦煌太守。班超之子班勇,在朝廷上力驳众难,好不容易才争取回到经营西域的任上,但不久就被其副手、"要功荒外"的敦煌太守张朗所牵连而身陷囹圄,未能尽施才略。当然,功成者有之,可惜为数寥寥。如延光年间上书陈三策的张珰,永和年间立

　　①安作璋:《两汉与西域关系史》,齐鲁书社,1979年。
　　②《后汉书·班勇传》。

功塞外而史籍无名的裴岑①。

上至西域都护,下至屯田戍卒,莫不把敦煌当作他们回归故里的象征。班超在西域31年,晚年上书说:"臣不敢望到酒泉郡,但原生入玉门关。"凡罢都护、废屯田之时,汉政府派人迎接吏士,"出敦煌,迎入塞",就算完成使命。游子、谪吏、戍卒思故土念亲人,往往是"阳关一曲动悲歌",使人浮想联翩。直到今天,人们到了敦煌,总是不由得"望古茫茫动远思"。

东汉末年,天下大乱,敦煌"旷无太守二十岁",诸豪强大族趁机为非作歹。他们侵吞民田,"而小民无立锥之土";西域派人"贡献",他们枉法拦截;商人贸易,受他们的欺诈侮辱。太和年间(227—233),魏明帝曹操曾派时为绥集都尉的仓慈为敦煌太守。他抑豪强、抚贫弱、断刑狱、慰"胡商"。此后,外国商人到达敦煌,"欲诣洛者,为封过所;欲从郡还者,官为平取,辄以府见物与共交市,使吏民护送道路"。仓慈死后,吏民画像以寄其思,西域各族"悉共会聚于戊己校尉及长史治下发哀,或以刀画面,以明血诚,又为立祠,遥共祠之"。仓慈以后的几任太守,都能"循其迹",保持了相对的稳定。尤其是皇甫隆太守,教民"作耧犁,又教衍溉",使敦煌的农业生产"省庸力过半,得谷加五"。②总的来看,自三国初年西域复通至三国末,敦煌在保障中西交通上起到了它应有的作用。

汉魏敦煌是后来盛开敦煌艺术之花的肥沃土壤。

---

①裴岑事,见于《敦煌裴太守碑》。此碑文见于《肃州志·沙州卫志》、徐松《西域水道记》、苏履吉《敦煌县志》。苏编县志时,手头有拓本,比较可靠,兹据县志录文于下:"维汉永和二年八月,敦煌太守云中裴岑,将郡兵三千人诛呼衍王等,斩馘部众,克敌全师,除西域之疢(音趁),蠲四郡之害,边境艾安,振威到此,立德祠以表万世。"

②此段引文均见《三国志·魏志·仓慈传》和注引《魏略》。

乐僔、法良发其宗

佛教传入中国以后,敦煌是进入内地的第一站。伊存授经的传说也好,汉明帝永平求法也好,高僧安世高、支娄迦谶、竺佛朔、支曜、康孟祥等东来也好,都必须经过敦煌。魏晋间,东来的高僧更多,洛阳已有佛寺,中国士族中也开始有人出家事佛。这时,敦煌这块汉文化基础雄厚的土壤上,开始绽放出宣扬佛教的美丽罂粟花。这一时期,有世居敦煌、译经最多、名声显赫、为西晋佛教代表人物、号称"敦煌菩萨"的竺法护;有依法护为沙弥、后在敦煌"立寺延学,忘身为道"而死于敦煌的竺法乘。更值得注意的是,这时已有"寺庙图像"①,所以《魏书·释老志》说:"敦煌地接西域,道俗交得,其旧式村坞相属,多有塔寺。"

十六国时期,一些少数民族的统治者大力推行佛教。前秦苻坚攻取襄阳以后,得到高僧释道安和文人习凿齿。苻坚对人说,我以 10 万之师取襄阳,只得到一个半人。人问是谁,他说,释道安一人,习凿齿半人。为了取得大和尚鸠摩罗什,苻坚派大将吕光带兵 7 万西伐龟兹。后赵的石虎,对一个会要魔术的大和尚佛图澄五体投地,"衣以绫锦,乘以雕辇",派司空朝夕请安,并让他参与军国机谋。至于在河西地区,"自张轨后,世信佛教"。北凉沮渠蒙逊尊奉高僧昙无谶到了"誓同生"的地步,译经、造像,盛况空前。唐释道宣《集神州三宝感通录》卷中有这样一段记载:

> 凉州石崖瑞像者,昔沮渠蒙逊以晋安帝隆安元年(397)
> 据有凉土三十余载,陇西五凉,斯最久盛。专崇福业,以国
> 城、寺塔终非云固,古来帝宫,终逢煨烬,若依立之,效尤斯

---

① 《高僧传·竺法护传》。

及。又用金宝，终被毁盗。乃顾眄山宇，可以终天。于州南百里，连崖绵亘，东西不测，就而凿窟，安设尊仪，或石或塑，千变万化。有敬礼者，惊眩心目……

这可能说的是武威天梯山石窟。420 年以后，沮渠氏占有整个河西。崔鸿《十六国春秋》卷九十五《北凉录》记载："虔（沮渠茂虔）为酒泉太守，起浮屠于中街，有石象（像）在焉。"中街的浮屠、雕像虽已荡然无存，但新中国成立前后在酒泉出土的高善穆造释迦得道塔、程段儿所造塔、田弘所造塔、马德惠所造塔都是北凉时的佛教遗物，皆为沮渠氏佞佛的佐证。

十六国时期统治者信奉佛教，甘肃境内现存的炳灵寺石窟、麦积山石窟、敦煌莫高窟等就是在这一时期应运而生的。

莫高窟位于敦煌县东南 25 公里处。洞窟开凿在鸣沙山东麓的断崖上，坐西朝东，与三危山隔宕泉河而东西相望。关于莫高窟的创建，武周圣历元年（698）《李克让修莫高窟佛龛碑》（《圣历碑》）记载：

莫高窟者，厥初，秦建元二年（366）有沙门乐僔，戒行清虚，执心恬静，尝仗锡林野，行至此山，忽见金光，状有千佛（下缺五字）造窟一龛。次有法良禅师从东届此，又于僔师窟侧更即营建，伽蓝之起，滥觞于二僧。[1]

莫高窟现存洞窟 492 个，乐僔、法良窟究竟是哪一个？已不可考。根据石窟排年，属于十六国晚期的洞窟有 7 个[2]。这一时期的绘塑题

---

[1] 此碑现存敦煌文物研究所。关于莫高窟的创建，敦煌遗书 P.2691《沙州城土镜》（五代乾祐二年—949 年写本）作"永和八年癸丑岁"，永和八年非"癸丑"，癸丑应是九年（353）。敦煌文物研究所采"建元二年"之说。

[2] 樊锦诗、马世长、关友惠：《敦煌莫高窟北朝石窟的分期》，《中国石窟·敦煌莫高窟》（1），文物出版社、平凡社，1982 年。

材主要是佛菩萨、千佛、说法图、佛传以及故事画毗楞竭梨王本生、尸毗王本生等。这些题材,毫无疑问是来自印度的。但是,正如中国一开始就以汉民族固有的思想来接受、解释印度佛教一样,佛教艺术在敦煌一出现就带有浓厚的汉文化的民族色彩,而且又有其特定的敦煌地方色彩①。

敦煌十六国时期的佛教艺术是以当时敦煌地区经济文化的发展为前提的。十六国时期,先后统治过敦煌的有前凉、前秦、后凉、西凉、北凉,其中影响较大的是前凉、西凉、北凉。自西晋"八王之乱"以来,中原丧乱,"秦雍之民死者十八九,唯凉州独全"②,"中州避难来者日月相继"③。前秦建元末年,还曾迁移江汉人万余户、中州人7000户到敦煌④,河西地区相对稳定,人口猛增,加之以坞壁为单位组织生产,封建经济得到了相应的发展。仅以敦煌为例:吕光占领武威后,前凉的拥护者王穆起兵反抗,派人约敦煌的郭瑀(瑀,yǔ)起兵响应,郭瑀(瑀)与敦煌大姓暇(音古)"起兵五千,运粟三万石,东应王穆"⑤。西凉李暠的别将朱元虎为沮渠蒙逊抓走,"暠以银三千斤、金二千两赎元虎"⑥。这种经济实力是敦煌开窟、造像、画壁的物质基础。

十六国时期,凉州是北部中国文化的中心,而敦煌又是凉州文化的中心,儒学尤盛,全国名儒代不乏人:在前凉,敦煌人宋纤有弟子3000多人。祈嘉有弟子2000余人。在西凉,敦煌人阚骃著《十三州

①段文杰:《早期的莫高窟艺术》,《中国石窟·敦煌莫高窟》(1),文物出版社、平凡社,1982年。

②《魏书·私署凉州牧张寔传》。

③《晋书·张轨传》。

④《晋书·凉武昭王李玄盛传》。

⑤《十六国春秋辑补》,《丛书集成初编》,中华书局,1983年。

⑥《资治通鉴》卷一一五。

志》;《十六国春秋》卷九十一《西凉录》记载,武昭王李暠能诗善赋,并在敦煌大兴儒学,建靖恭堂、嘉纳堂,堂内画自古"圣帝、明王、忠臣、孝子、烈士、贞女。"在北凉,沮渠茂虔称臣于刘宋,光奉献各种著作就有 18 种,共 154 卷。总之,河西地区的传统文化是敦煌佛教艺术产生、发展的条件之一。从近年来嘉峪关、酒泉出土的魏晋墓室壁画更可以看出河西地区的传统文化与敦煌艺术的直接关系。

东阳、建平弘其迹

北魏太平真君三年(442),太武帝拓跋焘派兵攻打逃到敦煌的沮渠无讳,无讳弃城而走,西凉李暠的孙子李宝乘机从伊吾打回敦煌,奉表归降于魏。北魏任命李宝的弟弟怀达为敦煌太守,封李宝为使持节、侍中、都督西陲诸军事、镇西大将军、开府仪同三司、领护西戎校尉、沙州牧、敦煌公,承制统辖玉门以西的广大地区。后三年(445)北魏征李宝入朝。因此,北魏完全控制敦煌应该是 445 年以后的事。

北魏领有敦煌之初,置敦煌镇,李吉甫《元和郡县图志》卷四〇记载:"后魏太武帝于郡置敦煌镇,明帝罢镇立瓜州,以地为名也,寻又改为义州。庄帝又改为瓜州。"西魏、北周因之未改。

南北朝时期是我国佛教发展的狂热时代。北魏事佛佞佛的情况,《魏书·释老志》和《洛阳伽蓝记》是其实录,而北方留存至今的各地石窟寺是其物证。北魏佛教的发展还和凉州有直接的关系。《魏书·释老志》称:"太延中,凉州平,徙其国人于京邑。沙门佛事皆俱东,像教弥增矣。"与北魏佛法兴衰有着重大的关系的玄高、昙曜、师贤,都是从凉州去的。

北魏时期的敦煌,我们知道得很少,碑碣不见记载,史籍很少著录,《魏书·地理志》瓜州条下,几乎是空白。它和《晋书·地理志》所载敦煌郡为凉州八郡之最,形成鲜明的对比。由于史料缺乏,北魏时期的莫高窟,我们只能"就窟而论"了。

北魏时期的莫高窟,在没有进行排年以前,我们认为洞窟不少。现在经过排年,只有 10 个,加上窟前发掘新发现的 3 个绘塑无存的洞窟,总共 13 个。

这时候洞窟形制趋向统一,多数都是人字披、中心塔柱窟。壁画布局可以从上到下分为几个大段:绕窟顶一周为天宫伎乐(人字披下画大幅说法图、降魔变);第二段为千佛;第三段是故事画;第四段是夜叉。第 257 窟是这种布局的代表。壁画内容除承袭前代以外,又出现了摩诃萨埵舍身饲虎本生、鹿王本生、难陀出家因缘、须摩提女因缘、沙弥守戒自杀品。

北魏时期,僧尼的宗教活动重在坐禅,塑像题材有说法、苦修、禅定等佛像,有交脚、思维等菩萨像,壁画中的千佛和上述故事画,都和"坐禅观佛"有关。

武周《圣历碑》叙述了乐僔、法良之后,写道:

> 复有刺史建平公、东阳王等各修一大窟,而后合州黎庶造作相仍,实神秀之幽岩,灵奇之净域也……爰自秦建元之日,迄大周圣历之辰,乐僔、法良发其宗,建平、东阳弘其迹……

从莫高窟现存北周洞窟来看,"建平、东阳弘其迹"一语,绝不是浮夸的颂词,只是人物次序应该换过来,叫作"东阳、建平弘其迹"。为什么会颠倒了呢? 宿白先生提出了两种可能①,我再加上一种可能,叫作"倒叙法"。仅举二例:

《周书》《北史》《隋书》说建平公于义"历西兖、瓜、邵三州刺史"这

---

① 宿白:《敦煌莫高窟早期洞窟杂考》,《大公报在港复刊三十周年纪念文集》,后收入《中国石窟寺研究》,文物出版社,1996 年,第 214—225 页,第 410 页。

一记载本身就是倒叙的,因为据我们考证,于义的任职先后应是邠、瓜、西兖①。

《新唐书·于志宁传》记载,永徽四年(653)于志宁与右仆射张行成、中书令高季辅俱赐田,"志宁奏:臣家自周魏来,世居关中,赀业不坠……愿以臣有余赐不足者。"于志宁是建平公于义的孙子,他在追述其家世时,先说北周,后说北魏,也是倒叙。史书上此种记载屡见不鲜。

据《魏故金城郡君墓志》,魏明元帝第四代孙元荣于孝昌元年(525)前出任瓜州刺史,来到敦煌。这时,六镇起义已经开始,河西的凉州也已经"据州反"。关陇起义发生以后,永安二年(529),元荣被封为东阳王。元荣也很信佛,到敦煌后写经不少,在"王路否塞,君臣失礼"的形势下,更是要祈求佛的保佑,使之"四方附化"。531年,关陇起义失败。但北魏也很快告终,政权落入宇文泰和高欢手中,分裂为东魏、西魏。元荣在北魏晚期至西魏初期一直任刺史。在佞佛的元荣刺史瓜州将近20年期间,莫高窟凡兴建洞窟,都和东阳王元荣有直接或间接的关系,完全是顺理成章的事。其影响当然比"修一大窟"要大得多。从现存西魏7个洞窟来看,尤其是有大统四、五年(538、539)题记的第285窟,明确地告诉我们,从洞窟形制到壁画内容、艺术风格都有新的发展:方形倒斗顶这一窟形,不仅开了一代新风,而且是后代石窟的基本形制;壁画内容出现了七佛、五百强盗成佛故事和汉民族的传统题材——东王公、西王母、伏羲、女娲、风神、雷神、开明等等;艺术风格上,南朝秀骨清像的画风,像窟前一夜春风吹绽的梨花,格调典雅高洁,突然出现在壁画上。

---

①施萍婷:《建平公与莫高窟》,敦煌文物研究所编《敦煌研究文集》,甘肃人民出版社,1982年。

中原王朝派皇室成员长期牧守敦煌，东阳王是开天辟地头一个。此时此地敦煌艺术散发着浓郁的中原艺术的芳香，人们自然会欣然同意在莫高窟"弘其迹"者首推东阳王。

建平公于义，史传简单，不见有信佛的记载，只武周《圣历碑》提到在莫高窟"修一大窟"。于义一家从北魏起就显赫一世，历西魏、北周直至隋、初唐而不衰，尤其是北周时期，一门十大将军。于义刺史瓜州时，其显赫地位不亚于西魏当年的东阳王。建平公所造之窟，我们推定为第428窟。仅此一窟，也就不负"弘其迹"的盛名了[①]。

北周洞窟，共12个，新出现的内容有：浮塑羽人、壁画佛传、睒子本生、卢舍那像、五塔变、涅槃变、须阇提太子本生、善事太子入海品、须达拏太子本生、微妙比丘尼缘品、福田经变，一下子出现了这么多新内容，就这一着，说"弘其迹"也不为过。

在北周洞窟中，人们可以随处都感到建平公的存在，或者联想到建平公：供养人行列中，虽然没有建平公的题名结衔，但那形象高大、气宇轩昂、华盖随顶、头戴笼冠的男子，此时此地，非建平公莫属；同一形象，在故事画中则是国王、大臣；在天宫伎乐中，则是升天的长者；同是五百强盗成佛故事，和西魏的表现方法就不一样，用1/3的画面表示国王派大将出征，大将出征时身后还有举持华盖的侍者，而西魏时则根本不画这些，这就不能不使人联想到前往围剿"强盗"的将军就是"一门十大将军"的建平公了。

破斥南北　继往开来

隋文帝杨坚于589年灭陈，结束了自304年刘渊起兵以来280

---

①施萍婷：《建平公与莫高窟》，敦煌文物研究所编《敦煌研究文集》，甘肃人民出版社，1982年。

多年的南北分裂，在北周的基础上完成了统一全国的大业。隋虽短命，但对后世的影响却很大。文帝创建的各种典章制度为唐以后各朝所因循。有些制度如六部尚书制，一直沿袭到清。隋的统一及其封建经济的发展，是唐代统一及我国封建社会走向鼎盛的先声。

隋代与西域各国的商业往来，比北周有所发展。《隋书·裴矩传》载："时西域诸蕃，多至张掖，与中国交市。帝令矩掌其事。"裴矩通过与西域商人交往，了解各国的风俗、山川、地理，撰成《西域图记》。此书已佚，但其序言尚存，我们从中得知隋以前丝绸之路已发展为"发自敦煌，至于西海，凡为三道"。

隋炀帝好浮夸、尚排场，在张掖举办了"二十七国"参加的大会，"以示中国之盛"，后来在洛阳又有历时近月的类似之举，引得"蛮夷嗟叹，谓中国为神仙"。这些举动固然劳民伤财，但也从侧面反映出隋的经济力量强大。隋炀帝令与会者"佩金玉，被锦罽"，不由得使我们联想到敦煌艺术进入隋代以后，佛、菩萨的锦衣玉佩，这正是隋代物质文明的直接反映。

南北朝时期南北分裂，佛教也有南北之分，"南重义理，北重禅行"。隋统一全国以后，佛教提出了"禅义均弘"，南北统一。

隋文帝很信佛，仁寿年间曾三次下诏在各州建造舍利塔，诏命远至敦煌。在最高统治者的提倡下，敦煌莫高窟在短短37年的隋代，竟有洞窟77个。①

隋代洞窟，绝大多数是方形倒斗顶，西壁一龛，个别洞窟三壁开龛。与前代不同的是，龛的位置升高，龛体加深，龛沿两层（又叫双层龛），塑像题材增多。有的是一佛、二弟子、二菩萨；有的是一佛、二弟

---

①隋代洞窟的科学排年正在进行中。此据敦煌文物研究所资料室所定洞窟时代而统计。科学排年以后，数字会有一定的变动（唐以后的也是如此）。

子、四菩萨;个别洞窟还出现了十大弟子(第 412 窟);个别中心柱窟塑三铺一佛二菩萨(第 292、427 窟);还出现了三世佛(第 244 窟);二天王、二力士(第 427 窟前室)。

隋代壁画内容,故事画减少,经变画增多,各式各样的"累世苦修"和"忍辱精进"已由"西方极乐世界"和"方便成佛"所代替。经变画的种类有:

维摩诘经变 11 幅:262、276、277、314、380、417、419、420、423、425、433 窟;

弥勒经变 9 幅:62、262、416、417、419、423、425、433、436 窟;

东方药师变 4 幅:394、417、433、436 窟;

涅槃变 4 幅:280、295、420、427 窟;

法华经变 3 幅:303、419、420 窟;

福田经变 1 幅:302 窟;

西方净土经变 1 幅:393 窟。

这时候的经变画,尽管种类不多,有的画面简单,画幅不大,但它是唐代大幅经变画的雏形。从各方面来看,隋代都是承上启下、继往开来的过渡时代。

大地形容盛　灵光绘画宣 *

唐代前期,是我国封建社会的鼎盛时期。《隋唐嘉话·上》说:"贞观四载,天下康安,断死刑至二十九人而已。户不夜闭,行旅不赍粮也。"杜甫《忆昔》诗中说:"忆昔开元全盛日,小邑犹藏万家室。稻米流脂粟米白,公私仓廪皆丰实。九州道路无豺虎,远行不劳吉日出。齐纨鲁缟车班班,男耕女桑不相失。宫中圣人奏云门,天下朋友皆胶漆。百余年间未灾变,叔孙礼乐萧何律……"这一时期的敦煌农业经济有所发展。"太守到来山泉出,黄沙碛里人种田。"岑参这两句诗说明地方官吏比较重视水利建设,劳动人民兴修水利,戈壁滩上扩大了耕地面积。(只要有水,戈壁滩上可耕之地非常多,今天仍然如此)再从敦煌遗书残卷上看,敦煌当时的灌溉渠道很多,主要的干渠、支渠就有 37 道,主渠三丈渠就因渠面宽三丈而得名,可见水利的发达。农业生产工具也有所改进,莫高窟第 445 窟弥勒经变所画的曲辕犁,正反映出当时最先进的农业生产工具已经在敦煌使用。

安西四镇的设立,使中西陆路交通畅行无阻,中外经济文化的交流空前发达,越葱岭直达地中海,各国王子、使节、商队、僧侣,络绎不绝于路。这时的敦煌并未因玉门关内徙安西而失掉重要的地位。玄奘东归,太宗令敦煌吏民"赴流沙迎接"。敦煌以西 110 里有兴胡泊,就是专门接待"胡商"的地方。敦煌唐代壁画维摩诘经变中的各国王子图,就是当时敦煌画家从现实生活中摄取的形象记录。

唐代前期的佛事活动,玄奘可以作为代表。太宗佛道并行,武后专崇佛学。李唐一代将近 300 年,经济文化的繁荣为敦煌艺术的发展提供了有利的条件。因此莫高窟现存唐代洞窟就有 232 个,其中属于前期的有 127 个。

此时的莫高窟,"前流长河,波映重阁",空前壮观。武周《圣历碑》有一段全面的描写:

> 西连九陇坂,鸣沙飞井擅其名;东接三危峰,泫露翔云腾其美。左右形胜,前后显敞,川原物丽色新,仙禽瑞兽育其阿,斑羽毛而百彩;珍木嘉卉生其谷,绚花叶而千光。尔其镌崿开基,植端□而概日;【礉】山为塔,构层台以篝天。刻石穷阿育之工,雕檀极优阗之妙……升其栏槛,疑绝累于人间;窥其宫阙,似神游乎天上。

唐代前期的彩塑,不但题材增多,而且千姿百态。新出现的有:游戏座大菩萨,骑狮文殊、骑象普贤,涅槃像,弟子群像,符拔等①。即使过去有的题材,也是千变万化;同是天王,有的竟成了西域"胡人";同是地神,有卷发多须髯的人,有猪头人身兽爪的非人非畜,有化生童子。至于菩萨,更是名副其实的婀娜多姿,凡形容女性美的辞藻都可以用上而不过赞。

这时候的壁画布局,也一反旧式:四壁最下层的夜叉不再出现,其位置被供养人所占,或者被通壁大画所代替;四壁上端的天宫伎乐,亦不再沿窟旋飞,而成为"西方极乐世界"的成员,或翱翔于天空,或进入平台、乐池,围绕着佛而尽供养之职;千佛大都上升于窟顶。这样,除西壁正中为龛所占而留给塑像以外,其余三壁则绘以大型经变。通壁大画的出现,是唐代敦煌壁画的特点。它规模雄伟,人物众多,色彩绚丽。鲁迅先生在《论"旧形式的采用"》中曾说:"在唐,可取佛画的灿烂",完全如此。

唐前期的经变画有 17 种 117 幅:

有"未生怨""十六观"画面的观无量寿经变 23 幅:初唐 209、431 窟;盛唐 45、66、103、113、116、120、122、148、171(3 幅)、172(2 幅)、176、194、208、215、217、218、320、446 窟。

没有"未生怨"的西方净土经变(据《阿弥陀经》,或据《无量寿经》,或据《观无量寿经》绘制)18 幅:初唐 71、78、123、124、205(北壁)、211、220、321、329、331、334、335、340、341、372 窟;盛唐 44、205(南壁)、445 窟。

弥勒经变 25 幅:初唐 71、78、123、124、329、331、334、338、340、341、372 窟;盛唐 23、33、91、109、113、116、148、180、208、215、218、

①《续汉书》曰:"符拔,形似麟而无角。"(转引自《后汉书》注)这一记载和莫高窟第 384 窟前室、第 334 窟龛外的动物一样,过去我们称它麒麟。

387、445、446窟。

维摩诘经变 13 幅：初唐 68、203、206、220、242、322、332、334、335、341、342 窟；盛唐 103、194 窟。

涅槃经变 7 幅：初唐 332 窟；盛唐 39、46、120、130、148、225 窟。

法华经变 7 幅：初唐 5 幅：202、331、335、340、341 窟；盛唐 23、31窟。

观音经变 5 幅：初唐 205 窟；盛唐 45、126、217、444 窟。

佛顶尊胜陀罗尼经变 4 幅：盛唐 23、31、103、217 窟。

药师经变 2 幅：初唐 220 窟；盛唐 148 窟。

报恩经变 2 幅：盛唐 31、148 窟。

金刚经变 2 幅：盛唐 31、217 窟。

十轮经变 2 幅：初唐 321 窟；盛唐 74 窟。

天请问经变 1 幅：盛唐 148 窟。

华严经变 1 幅：盛唐 44 窟。

劳度叉斗圣变 1 幅：初唐 335 窟。

千手千眼观音经变 2 幅：盛唐 79、148 窟。

如意轮观音经变 1 幅：盛唐 148 窟。

不空羂索观音经变 1 幅：盛唐 148 窟。

中国佛教发展到了唐代，"无情有性"的佛教哲理流行于当时，"放下屠刀，立地成佛"也作为一种口号而正式提出来。在此情况下，经过"累世苦修"才能成佛的说教，亦随着失去作用。反映在佛教艺术上，小孩"聚沙成塔"皆可成佛的法华经变；庄稼"一种七收"，树上"自然生衣"，人们"视金钱如粪土"的弥勒经变；只要你一心念佛，"九品往生极乐世界"的观无量寿佛经变；只要诚心念阿弥陀佛，"迟则七日，快则一日"就可以"往生极乐世界"的阿弥陀经变；只要念一声"药师佛"的名号，一切无救、无归、无医、无药、无亲、无家等苦难可以得救,逢凶化吉,遇难成祥的药师经变,等等,相应而生。

唐代壁画题材,除上述经变画以外,还有密教画和三宝感应事迹画。

密教是佛教的一个派系,重禅观,奉真言,讲法术。密教形象多"变相",如观音变成"千手千眼",文殊变成"千手千钵",还有什么不空羂索观音、如意轮观音,或三头六臂,或六臂八面、十一面。密教经典的翻译,三国时候就有。从敦煌现存的壁画内容来看,西魏第285窟的部分内容就可能与密教有关。初唐第321、334窟东壁就有六臂十一面观音,至今色彩如新。但是,和密教的传播、发展相一致,敦煌壁画中的密教画在盛唐以后才普遍流行①,不过题材仍很简单,不出以上所述。

根据三宝感应事迹绘制的故事画,在唐代前期,只有初唐的第323窟有集中反映,它们是:张骞出使西域求佛名号故事、佛晒衣石故事、佛图澄故事、阿育王拜外道塔、康僧会东吴传法故事、西晋石佛浮江、东晋高悝得金像、隋文帝迎昙延法师祈雨②。

破却吐蕃收旧国,表进戈矛奉大唐 *

755 年,唐王朝统治阶级内部发生了安史之乱,历时九年,严重地摧毁了社会经济,中国封建社会由鼎盛走向衰弱,唐王朝从此一蹶不振。与这种形势相一致,敦煌莫高窟艺术也从它的顶峰跌落下来。

安史之乱以后,吐蕃奴隶主趁机占领河西。建中二年(781)敦煌

①有关密教这一段文字,摘自宿白先生的讲义《敦煌七讲》(未刊)。
②金维诺:《敦煌壁画中的中国佛教故事画》,《美术研究》1958 年第 1 期。

为吐蕃所占领①。大中二年(848),敦煌人张议潮趁吐蕃内讧,带领蕃汉人民,一举赶走吐蕃贵族,并进而收复河西。唐封张议潮为瓜、沙、伊、西等十一州节度使,建归义军,敦煌此后为张氏所统治。因此,唐后期的敦煌艺术,又可分为吐蕃统治时期和张氏统治时期。

吐蕃奴隶主很信佛,把僧侣的地位抬得很高,甚至让一些高僧直接参与政事。但其所用高僧,好多是汉人。如后来给张议潮往长安送表的悟真的师父洪誓,吐蕃时代就是知释门都法律兼摄行教授;张议潮女婿李明振的叔父僧妙弁,被吐蕃赞普留在跟前参与政事,兼"临坛供奉"。吐蕃用汉族僧人作僧官,决定着吐蕃统治时代的佛教艺术与唐前期一脉相承的大前提下打上自己的印记。比如:在壁画中,凡根据佛经需要有国王出场的地方,吐蕃赞普就在侍从的前呼后拥下站在大王小王之前,莫高窟第159窟、231窟、237窟维摩诘像下面的听法图,第158窟大涅槃像窟北壁的举哀图就是如此。到张议潮收复河西以后,吐蕃赞普的形象就悄悄地消失了。从内容方面说,凡是唐前期的题材,吐蕃时期一样不少,又出现一些新的经变画。张氏统治时期又在原有的基础上有所发展,经变画种类之多达到高峰。

唐代后期新出现的经变有:大方便佛报恩经变20幅,天请问经变18幅,金刚经变17幅,华严经变13幅,金光明经变8幅,楞伽经变5幅,贤愚经变3幅,思益梵天所问经变3幅,报父母恩重经变2幅,密严经变2幅。这时候的经变画,虽然种类增多,但是已走向程式化,每一种经变的布局如出一模;通壁大画已经不多,而是一壁画几幅经变,因此一窟可画好多种经变,最多可达15种(第85窟)。要弄清产生这种情况的各种原因,还有待于今后深入研究,下面谈点很不

---

①此据向达先生的考证,请参见《罗叔言〈补唐书张议潮传〉补正》,《唐代长安与西域文明》,三联书店,1957年。一说贞元二年(786)陷蕃。

成熟的看法。

从佛教本身的发展来看,可能和判教有关。唐以前,随着佛经的大量翻译,佛教内部长期存在着理论上的分歧。入唐以来,道教势力有所发展,也于佛教不利。同时,其他反佛教的一切理论,都从不同的方面与佛教展开了斗争。为了加强佛教在理论战线上的防御力量,共同对付来自外部的唯物主义攻击,各宗派都建立了判教的体系。判教,就是佛教各宗派根据自己的观点、方法,把所有的佛教经典著作和理论加以系统地批判和整理,重新估价、安排。其目的在于说明:佛教的一切经典著作不但不互相矛盾,而且是互相补充的,之所以有互相矛盾的现象,是因为佛对不同的听众、在不同的时机进行不同的说教。如天台宗,把佛教的一切经典著作经过他们的批判、整理以后分为五时与八教。所谓五时,就是佛讲经的五个时间:华严时、鹿苑时(阿含时)、方等时、般若时、法华涅槃时。所谓八教,就是分别佛在五个时间所讲的内容和方式。如:华严时,是佛对已有佛教深厚基本知识的听众宣传的道理,讲的是《华严经》;鹿苑时,是对一般不了解佛教的听众讲的,说的是四阿含经;方等时讲的是《维摩诘经》《思益梵天所问经》《楞伽经》《楞严经》《金光明经》等。唐代后期的敦煌壁画内容,可能和判教有着一定的关系①。

从世俗作用来说,可能和唐以后俗讲的兴盛有关。从壁画上我们往往看到许多题榜,就是用文字来注解画面内容。题榜,唐以前就有,现存最典型的是第 254 窟(北魏)的千佛题名、第 285 窟(西魏)的发愿文和供养人题名,但和讲唱无关。到了唐代,开始出现用经文、偈语来注解画面,如第 45 窟的观音经变、23 窟的法华经变。尤其是唐后

---

①"判教"一节,系采任继愈先生之说,请参见《汉唐佛佛思想论集》,人民出版社,1973 年。

期张议潮统治时代及其以后修建的洞窟，题榜上的文字，既不是经文，也不是偈语，而是"提示"性的文字。藏经洞出土的俗讲话本（变文），少数有图，多数只有文而无图，但从行文中的什么什么处有"若为陈说"来看，开讲时应是有图的。唐代的文溆在长安开讲，"听者填咽寺舍"。由此我们可以想见，敦煌此时的壁画，有图有文，以图为主，如果有俗讲法师于执话本在窟中开讲，也会是吸引"愚夫冶妇乐听其说"的。

唐代后期的壁画内容，除宣扬"快速成佛""往生极乐世界"以外，值得注意的是大方便佛报恩经变的大量绘制，报父母恩重经变的出现，张议潮夫妇出行图的出现，通壁大画劳度叉斗圣变的寓意。

唐玄宗曾御注《孝经》《金刚经》，所以敦煌遗书 P.2721 说："历代已来无此帝，三教内外总宣扬，先注《孝经》治天下，后注《老子》及《金刚》。"唐德宗大搞儒、道、佛合流，常在宫廷内举行"三教讲论"。在皇帝的提倡下，太常卿韦渠牟，是儒生，当过道士，后来又当了和尚，可谓集儒、道、佛于一身。在这样的形势下，宣传知恩报恩、报佛恩、报父母恩的报恩经变和按照《孝经》编造的报父母恩重经变，是很符合统治者需要的。

张议潮出行图和河内郡夫人宋氏出行图是张议潮收复河西以后这一特定历史时期的产物。张议潮事迹，正史无传，散见于碑刻、敦煌遗书中的材料，虽不完备，但已属字字珠玑，而这两幅出行图是他离开敦煌前出现的作品①，且不说它的艺术价值和可资考证的历史价值，仅作为他生前的遗物，也是难得的瑰宝。

劳度叉斗圣变，唐初的第 335 窟（垂拱二年，686）曾出现过一幅，

---

①根据绘有该出行图的第 156 窟前室的《莫高窟记》，此窟成于咸通六年（865）以前。咸通八年（867），张议潮入朝，十三年（872）卒于长安。

以后不见于盛唐、中唐(吐蕃统治敦煌时期)。张议潮收复河西(848)以后,也就是说,将近200年以后,突然复现舍利弗(代表佛教)如何战胜劳度叉(代表外道)的大型劳度叉斗圣变,人们很自然地联想到画中可能寄予当时当地人们抗击、驱赶吐蕃奴隶主的寓意。

唐代后期,三宝感应故事画更多,计有:于阗毗沙门决海、牛头山、毗卢舍那树下晏坐、阿育王建八万四千塔、尼波罗火池、末田伽罗送工匠上天睹释迦真容、僧伽罗国佛俯首授珠像、双头佛、张掖郡古月支王瑞像、南天竺弥勒白像等。

曹氏守瓜沙　三危夕照明

张议潮死后,归义军政权成为张氏女婿辈你争我夺的对象,事实上和藩镇割据一样,归义军衙门就是割据政权。进入五代以后,曾经当过长史的曹议金于914年掌握了归义军政权。此后,曹氏世守敦煌将近120年。因此,五代至北宋初期的敦煌,我们称之为曹氏统治时期。

五代时期,中原丧乱,地处河西走廊西端的瓜沙二州,东有回鹘称雄,西有于阗强盛,若处理不好东邻西友的关系,瓜沙就不得安宁。到了宋代,瓜沙虽为中原管辖,但一直为西夏所觊觎。在此形势下,曹氏采取了一些有效措施:五代时是东结回鹘西联于阗,具体手段是联姻;到了宋代,则远交辽以对付西夏。与此同时,终五代、宋,一直向中原各朝廷称臣纳贡,以取得承认和敕封,或争取"星使降临",用以表示其政权的合法性。就瓜沙二州内部而言,从敦煌遗书和敦煌石窟的修建、供养人题记来看,曹氏采取了如下措施:一是集政权、军权、族权、神权、财权于归义军衙门,也就是集中到曹氏手里;一是加官晋爵以笼络瓜沙望族和大小地主。曹氏时代,归义军节度衙门的官员数目庞大,职权扩大到几乎无所不包的程度。如莫高窟第98窟供养人题名中,光"节度押衙"就有97人,所见官衔有18种(按制度规定应设职官不在此列)。节度衙门不仅管军、管民,还管农业、手工业、商业、文化、教育、宗教。供养人题名结衔就有:水官、知四界平水、知打窟都计料、知木匠□□(都料)、知版筑使、雕版押衙、知金银行都料、弓行都料、都画匠作、酒司、伎匠都料、都勾当画院使等。从敦煌遗书看,归义军衙门本身就有手工业作坊,工匠编为"作坊队",有正副队长,一位叫张员进的副队长,因"奇工杰世,巧胜出群"而被提升为衙前正十将(P.3347)。文化教育方面,节度押衙随军参谋翟奉达就是有名的历学家,后来他的官衔是"朝议郎检校尚书工部员外行沙州经学博士兼殿中侍御史"(P.2623)。宗教方面,历代曹氏都信神弄鬼,尤其提倡佛教。从敦煌遗书看,不仅都僧统、僧统、临坛大德、僧正等僧官要由归义军节度使任免,而且僧尼的度牒都得由节度使批授。五代、宋时期,敦煌寺院林立,不仅有马家兰若、索家兰若等私家大族的寺院,而且僧官、尼主也都为曹氏的贵戚姻亲所把持。

五代宋时期的瓜沙,曹氏的政治经济实力比较雄厚,又有权役使人民,因此在莫高、榆林二处大兴佛教造像和洞窟修建。此前,大概在晚唐时期,莫高窟有过一次崩塌。曹氏时期曾对大面积的崖面绘画一次,并且整修了窟前栈道,修建了四座窟檐,开凿了第53、55、61、98、100、108、454等大型洞窟。从莫高窟窟前发掘清理出来的窟前殿堂遗址看,24个遗址中,五代、宋时期的就有十几个。就莫高窟外貌来说,这一时期还是颇为宏伟壮观的。

曹氏统治时期的洞窟,从现存情况看,有61个。但除了上述几个大型洞窟外,其余都是修改旧窟而成,往往下层还保存前代的原画。如果我们再仔细巡视的话,就会发现,在现存的492个洞窟中,没有被曹氏时代染指的洞窟几乎很难找到。他们或者全窟覆盖,或者把窟门缩小,在门洞两侧画上自己的供养像,哪怕在前代中心塔柱的塔基上画上几身,以满足自己"增福延寿"的愿望。

曹氏时代新开的洞窟、为了避免过多地毁掉旧窟,多半把甬道加深,避开两侧或上层的洞窟而深入崖腹,凿出方形大室,室内正中留有马蹄形(凹)佛坛,坛的后沿有一个直通窟顶的大背屏。这种形式,晚唐时期已经出现,所不同的是,窟顶四角挖进去一块,如浅龛一般,内画四天王,意思是请天王"来此镇窟"。按原修时的情况,马蹄形的坛上都有较大彩塑,现仅第55窟还残存几身,其中托莲座的天王可作宋塑的代表。

这一时期的中小型洞窟,龛内多半只塑一佛,各壁画十大弟子、四大菩萨和天龙八部,而且题榜文字都还清楚地保存着。单身造像的再一次出现,是一个值得注意的问题。

五代、宋时期的敦煌壁画,从艺术性上说,自然比不上唐代,论者用"夕阳无限好"来形容,无疑是恰当的,但并非"已是近黄昏"。从内容上说,唐代21种经变,涅槃变以外,其余全部保留,并且新出现了大型五台山图、曹议金出行图、回鹘夫人出行图、通壁大画刘萨诃和尚事迹等。就洞窟的完好程度来看,有色彩如新的第6窟,宏大、富丽的第61、98窟;从形式的新颖来看,有尚待研究的第76窟;从艺术性上说,有堪称代表的第36窟。所以笔者认为,曹氏守瓜沙,三危夕照明,而西夏、元代的莫高窟,则是整个敦煌艺术的"回光返照",已是近黄昏了。

曹氏东结回鹘、西联于阗的政策,也在壁画上反映得很充分,这就是供养人画像。其中题榜可辨的就有:"北方大回鹘国圣天可汗天公主"像,"大朝大宝于阗国大圣大明天子"李圣天的像,"北方大回鹘圣天的子敕受秦国天公主陇西李氏"像,"大朝大于阗国大政大明天册全封至孝皇帝天皇后"曹氏像,"大朝大于阗国天册皇帝第三女天公主李氏为新受太傅曹延禄姬"供养像,还有"大宝于阗国皇太子从连、琼原"的题名,等等。各族首领及其眷属集于一窟,不正是当时的现实反映吗？他们"侧立衣冠伟,分行剑佩联",为莫高窟艺术增添了不少光彩。

曹氏统治时期,东结回鹘、西联于阗,祖国西北各族不因你争我夺而兵戈不息, 人们能有一个从事生产劳动的安定环境;"自瓜沙抵于阗,道路清隘,行旅如流",有利于彼此交往;敦煌一地更是"六番之结好如流,四塞之通欢似雨"(P.2481),使者往来不断,商业兴隆。这些,都是应当肯定的。不仅如此,当时于阗、瓜沙、回鹘还时常一起派使者结伴前往中原,保持了西北各地方政权与中原王朝的联系。

羌笛夜吹蒲海月　毡庐寒阻玉关春 *

1037 年,西夏占领瓜沙二州,为时 180 多年的归义军政权从此告终。

西夏立国者赵元昊既"通蕃汉文字",又"晓佛图学"。少数民族统治先进地区,总要借助一种宗教以慑服人心,从十六国起就是如此,赵元昊也不例外。他甚至提出以"佛图安疆"的口号。因此,西夏统治下的敦煌莫高窟,200 年间留下了大量的佛教艺术作品。不过,它基本上没有新开洞窟,都是覆盖前代洞窟而绘的。根据初步排年,现存西夏洞窟 77 个(其中有 14 个洞窟同时存在两个时代的壁画)。

西夏塑像,仅存第 491 窟的两身供养天女是原作,其余能说明西夏艺术风格的不多。壁画题材简单,好些经变画只有楼台亭阁、佛说法、天人围绕、莲花、水池、化生,没有任何故事情节,竟不知所画何以为名。单身药师佛是西夏时代比较普遍采用的题材。满壁绿底色千佛,浮塑贴金五龙藻井,这是莫高窟西夏洞窟给人的突出印象。从艺术水平、历史价值方面看,第 409 窟的回鹘装西夏男女供养人和窟顶红底团花图案、第 223 窟东壁的文殊普贤变、第 130 窟窟顶的团龙藻井及飞天,可以说是西夏时代的代表作。

1227年,元太祖攻破沙州,归"八都大王"管辖,至元十四年(1277)复立沙州,十七年(1280)升为沙州路,属于甘肃行中书省。

元朝除了重视儒家思想以外,道教、佛教、伊斯兰教、基督教一起提倡,重点是儒道佛"三教平心",即"以佛治心,以道治身,以儒治世"。在提倡佛教方面,大封国师、帝师,凡设官,都是僧俗并用。

元王朝的势力到达西藏以后,西藏萨迦派密教传入内地,并流行全国,因而莫高窟也出现了藏密。

元代全国寺院四万几千所,几乎超过了佛教极盛的唐代。莫高窟窟前元代殿堂遗址的发现以及速来蛮西宁王一家重修皇庆寺,就是元代寺院林立的反映。

莫高窟现存元代洞窟9个,以第3、第465窟为代表。第3窟可以说是一个"观音洞",大大小小的观音画满了壁间,尤其是南北两壁的十一面千手千眼观音,中外观众莫不赞叹。她面部端庄慈祥,手臂珠圆玉润,素装无华,亭亭玉立。而这一切,都出自艺术家的一条"线"。美术家们普遍认为,此画创作者的线描功夫,可谓达到炉火纯青的地步。此窟的壁画制作、敷彩也是独一无二的。第465窟是藏密的代表,四壁上部画明王像,下部画织布、养鸭、牧牛、制陶、驯虎、制皮、踏碓等60多幅人物画,每幅画的侧面,都用纸笺写出画的内容,上半截是藏文,下半截是汉语。这批人物画是研究当时社会某些方面的形象资料。

风摇柽柳空千里　月照流沙别一天 *

元末明初的敦煌,记载缺乏。永乐三年(1405)于敦煌置沙州卫。正统十二年(1447)以后,沙州卫并入罕东卫。以后吐鲁番强大,侵据哈密,明政府在沙州故地设罕东左卫,以对抗吐鲁番。正德十一年

（1516），敦煌为吐鲁番所占。嘉靖三年（1524）闭嘉峪关，从此关外的情况是"风摇栱柳空千里，月照流沙别一天"。与这样一种历史现象相一致，敦煌莫高窟除了第5窟西壁有一条成化十五年（1479）的游人题记以外①，别无明代实物。

清康熙五十四年（1715）以后，嘉峪关外渐次收复。雍正元年（1723）于敦煌置沙州所，三年（1725）升为沙州卫，迁内地56州县民户至此屯田，并派光禄少卿汪漋督修沙州城，就是新中国成立前的敦煌城。汪漋勤于公务，留心文物，曾作《敦煌怀古》六首、《城工告成》四首、《登沙州城楼出郊看千佛洞墩台》二首、《游千佛洞》长诗一首②。那时的千佛洞（即莫高窟）已经是"字落残碑在，丛深蔓草缠"了。

附记：

本文虽是通俗性介绍文字，但文中涉及的莫高窟的种种材料，却是敦煌文物研究所的研究工作者多少年积累的结果，不是笔者一人所能完成的，笔者仅仅是搜集而已。又，凡有"*"的标题，均引自清朝汪漋《游千佛洞》和《敦煌怀古》诗。

（《敦煌研究》1981年试刊号）

---

①此游人题记现在能辨认的字是："陕西行□等□处番达□安妥□降□感佛威力愿番夷安妥人民□□成化十五年六月□"。

②清道光十一年（1831）修《敦煌县志》。

建平公与莫高窟

557年，宇文觉"受禅"，是为北周。敦煌从此属北周治下，直至581年杨坚代周，首尾共25年。由于北周历时不长，其间又有武帝灭佛，莫高窟又未发现北周纪年的洞窟等，70年代以前的莫高窟介绍，都没有北周洞窟。随着研究的深入，并经过石窟考古排年，现在可以肯定有北周洞窟。本文重点讲建平公与莫高窟北周洞窟的一点关系。

一　建平公考略

武周圣历元年（698）《李君（克让）莫高窟修佛龛碑》（《圣历碑》）在追述莫高窟的历史时，有这样几句："复有刺史建平公、东阳王等各修一大窟……乐僔、法良发其宗，建平、东阳弘其迹……"

北周时期，有两人被封为建平公：一是于提（《北史》作于子提），《周书·于谨传》记载："保定二年（562）以谨（儿子于谨）著勋，追赠使持节、柱国大将军、太保、建平郡公。"于提没有当过瓜州刺史，与敦煌无关。一是于义，即于提的孙子，于谨的儿子。他的事迹，《北史》附于《于栗磾传》，《周书》附于《于谨传》，只有《隋书》单独有传，但仍很简略，总共才600字左右。现将重要之处摘录如下：

> 于义，字慈恭，河南洛阳人也。父谨，从魏武帝入关，仕周，官至太师，因家京兆。义少矜严，有操尚，笃志好学。大统末，以父功，赐爵平昌县伯，邑五百户，起家直阁将军，其后改封广都县公。周闵帝受禅，增邑六百户。累迁安武

太守……进封建平郡公。明、武世,历西兖、瓜、邵三州刺史。
数从征伐,进位开府……

 及高祖作相,王谦构逆,高祖将击之……以义为行军总
管。谦将达奚惎拥众据开远,义将左军击破之。寻拜潼州总
管……时义兄翼为太尉,弟智、兄子仲文并上柱国,大将军
以上十余人,称为贵戚。

 岁余,以疾免职,归于京师。数月卒,时年五十,赠豫州
刺史,谥曰刚……

又据《隋书·高祖纪》,建平公于义死于开皇三年(583)。

据上引史传,在敦煌莫高窟"弘其迹"的建平公应是于义。就是这
位于义,与敦煌的直接关系也只有一句话:"明、武世,历西兖、瓜、邵
三州刺史。"那么,于义任三州刺史到底是哪年至哪年呢,由于缺乏记
载,只能略考其大概。

西兖州为北魏孝昌三年(527)置,此时于义尚未出世。534年分
立东、西魏以后,直至北周武帝灭齐以前,西兖州一直归东魏、北齐管
辖。西魏、北周未见另置西兖州于自己辖境的记载。因此,于义任西兖
州刺史的时间,应在建德六年(577)周武帝灭齐以后。又据《隋书·地
理志》记载,北周曾改西兖州为曹州,但未记何年改。大象二年(580),
于义随梁睿平定所谓"王谦构逆",接着出任漳州总管,一年多以后因
病回京师,开皇三年(583)病死。基于上述情况,我们估计于义任西兖
州刺史的时间,可能在577—580年之间。

邵州原来叫邵郡,地处洛阳与潼关之间,是东、西魏经常争夺之
地。557年宇文氏代西魏,558年于"邵郡置邵州"。此后任邵州刺史
者,据《周书》记载,大体是:

武帝保定元年至天和元年(561—566),梁昕为刺史。

天和二年至五年(567—570),刺史不详。

天和六年(571—?),郑诩为刺史。

建德四年(575)以前,邵州一度被北齐占领,《周书·刘雄传》记载,建德四年北周"攻邵州等城,拔之"。

北周时期当过邵州刺史的还有韩德舆,但不知何年。

根据以上记载,我们认为于义任邵州刺史的时间有三个可能:一是558—560年周明帝置邵州时期,二是567—570年之间,三是575年北周再次夺取邵州以后到577年北周灭北齐。在这三个可能性当中,又以第一个可能性较大,因为:

第一,自西魏至北周武帝以前,执政者一直把主要精力放在与东魏、北齐的争夺战上,而作为西魏、北周政权支柱的于家,任职都在长安附近(如于谨为雍州刺史,于寔历任渭州、勋州刺史,于翼接于寔任渭州刺史,于义任安武太守),或任京官(于谨曾任司空、尚书、左仆射、太傅,于寔曾任吏部中大夫、尚书,于翼曾任左宫伯等)。

第二,明帝在位只有四年(557—560),《于义传》又明确指出明帝时已做刺史。我们认为于义就在这时由安武太守升迁为邵州刺史,就时间、地点而言,都是比较合情合理的。

北周明、武时的瓜州刺史,《周书》上有记载的是:

556—557年(最迟到560年)韦瑱为刺史。

保定二年至四年(562—564)李贤为刺史。

于义任瓜州刺史的时间,可能在保定五年(565)以后,因为558—560年他可能任邵州刺史。周武帝即位以后,励精图治,国力渐强,于家的子弟也分到各地任官:于寔任延州刺史,后迁凉州总管;于绍任绥州刺史;于颢任郢州刺史;于仲文任安固太守。于义可能就是在这种情况下出任瓜州刺史的。

综上所述,于义在"明、武世历西兖、瓜、邵三州刺史"的时间大概是:558—560年任邵州刺史,保定五年至建德五年(565—576)任瓜州刺史，建德六年(577)武帝灭齐以后至静帝大象二年(580)任西兖州刺史。大象二年以后任潼州总管。《隋书》所记"西兖、瓜、邵"是一种倒叙法。这种倒叙法，史书中屡见不鲜，就以于家为例：唐太宗时的太子左庶子、高宗时的尚书左仆射于志宁是建平公于义的孙子，《新唐书·于志宁传》记载，永徽四年(653)，高宗要给志宁"赐田"，他不要，上奏高宗，说："臣家自周魏来，世居关中，赀业不坠……愿以臣有余赐不足者。"前引《圣历碑》两次说到"建平公、东阳王"，也是一种倒叙法。东阳王在建平公之前，按历史顺序，在莫高窟应该是"东阳、建平弘其迹"。

二　武帝灭佛

建平公于义在莫高窟"修一大窟"的时间，应是他刺史瓜州之时。但是，在此期间又发生过武帝灭佛。这就出现了一个问题——武帝灭佛是否为莫高窟没有北周窟的理由，这需要具体问题具体分析。

北周共历 25 年，闵、明、宣、静四帝都信仰佛教，就是武帝本身也同样信佛，法琳《辩正论》卷三记载，武成二年(560)周武帝造织锦释迦像，高一丈六尺，其上"菩萨、圣僧、金刚、狮子，周回宝塔二百二十躯"，又于"京下造宁国、会昌、永宁三寺，飞阁跨中天之台，重门承列仙之观"，"见者忘归，睹者眩目。凡度僧尼一千八百人，所写经论一千七百余部"。据《续高僧传》卷二一《释昙崇传》，武帝对大和尚昙崇"时所钦承"，敕封为"周国三藏"，"并任陟岵寺主"。周武帝在位 18 年，而他的灭佛只是临死前 4 年多的事情，其余年代，上至皇帝、达官贵族，下至僧尼佛徒，一直在造寺、建塔、度僧、写经，据《辩正论》卷三统计，"周世宇文氏，五帝二十五年，合寺九百三十一所，译经四人，一十六部"。由于"僧徒猥滥""糜费财力"，后来周武帝接受卫元嵩的建议，下令灭佛。隋费长房《历代三宝纪》卷十一载：

建德敦牲(三年,甲午,574 年)迄于作号(六年,丁酉,577 年),毁破前代关山西东数百年来官私所造一切佛塔,扫地悉尽,融刮圣容,焚烧经典。八州寺庙,出四十千,尽赐王公,充为第宅。三方释子,减三百万,皆复军民,还归编户。

《周书·武帝纪》也记载,建德三年五月"初断佛、道二教,经像悉毁,罢沙门、道士,并令还民。并禁诸淫祀,礼典所不载者,尽除之"。

从有关记载看,武帝灭佛相当坚决。据道宣《集神州三宝感通录》卷上记载,周武帝的灭佛诏令也推行到瓜沙地区,瓜州城东的阿育王寺和沙州城内的大乘寺都遭毁灭。但是,如果我们结合灭佛前后的历史和现存实物来看,对武帝灭佛的影响就不能估计过高。

靠近长安的天水麦积山石窟保存至今的北周造像不少,著名的大都督李允信(也作李充信)在武帝保定、天和年间为其亡父造的七佛龛就是其中之一。

《广弘明集》卷十记载,武帝平北齐时曾下令"凡是经像,皆毁灭之"。但洛阳龙门石窟却完好地保存着像"药方洞""路洞"那样有确凿题年的洞窟。至于北齐、北周以前的洞窟,更是安然无恙。

莫高窟现存洞窟,据敦煌文物研究所的排年分期,有北周洞窟15 个。虽然没有确切纪年的洞窟,但也不是无迹可寻。第 442 窟北壁自东向西第六身供养人像题名为:"弟……主簿鸣沙县丞张缌供养佛时。"参考其他几条题记,此条题记的全文可能是:"弟子敦煌郡主簿鸣沙县丞张缌供养佛时。"据《隋书·百官志》记载,北周时郡置太守、主簿,县置令、丞。又据《元和郡县图志》卷四〇记载,敦煌县"周武帝改为鸣沙县,以界有鸣沙山,因以为名"。《太平寰宇记》卷一五三系此事于保定三年,即 563 年。历史上的敦煌,只有北周至隋初才叫鸣沙县。上引供养人题记中的职官、地名均与北周史实相符。

总之,周武帝灭佛,不等于佛教石窟寺荡然无存。敦煌在武帝灭佛以后，很快就有开窟造像的记载，如第220窟甬道新出复壁壁画的旁边就有翟奉达的追记："大成元年己亥岁（579）□□迁于三峻□□镌龛□□□圣容立像……"①这条翟迁造窟记载足以说明，用武帝灭佛来简单地否定莫高窟北周洞窟，显然是不妥当的。

三　建平公窟的推测

按《圣历碑》记载，建平公修造的应是一个大窟。莫高窟现存北朝窟龛中，最大的莫过于第428窟，平面面积达178.38平方米，窟内供养人像1200多身。（图1）从壁画内容来看，有莫高窟最大的萨埵饲虎本生、须达拏太子本生，有前所未有的五分法身塔、卢舍那法界人中像、涅槃图。这规模宏大、盛况空前的修造，从财力、物力、人力上看，北周时代的敦煌，非建平公

图1　第428窟窟形

---

①敦煌文物研究所：《莫高窟第220窟新发现的复壁壁画》（执笔：关友惠、施娉婷、段文杰），《文物》1978年第12期。

图2 第428窟庆仙供养像

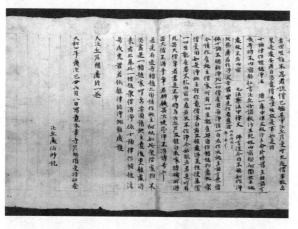

图3 S.2935 庆仙写经题记

莫属。

另外，供养人庆仙的题名也为我们提供了此窟开凿于建平公刺史瓜州时的信息。本窟东壁门南上排供养人第二身题名："晋昌郡沙门比丘庆仙供养。"(图2)庆仙其人，敦煌遗书中有明确的活动年代:S.2935《大比丘尼羯磨经》题记称："天和四年岁次己丑(569)六月八日写竟，永晕(晖)寺尼智宝受持供养，比丘庆仙抄讫。"(图3)晋昌郡即今瓜州县，当时属瓜州。庆仙比丘抄经的年代，正好是我们推算的建平公出任瓜沙之时。

第428窟现存1200多身供养人像当中，除中心塔柱周围是身份高的官宦形象外，还有许多僧尼形象，建平公的亲属也不至于有如许

之多,这又该如何解释呢? 我们认为有两种可能:

一是由建平公首先发起,作大施主,然后其余的人踊跃响应,跟着一州之长作"随喜功德"。这种情况,虽无前例,但后代却有足资证明者,第 98 窟(五代)就是如此。

二是建平公离任以后重画的。因为现存供养人不是原画,而是粉刷后重画的作品,但两次画都属于北周时代,而非后代覆盖前代的。这一点看法,敦煌文物研究所的研究人员大体一致。

建平公曾在莫高窟开窟"弘其迹",虽然有"碑"为证,但关于建平公窟的推测,只是我们粗浅的看法,还有待于求正敦煌艺术研究者。

(敦煌文物研究所编:《敦煌研究文集》,甘肃人民出版社,1982 年)

关于莫高窟第 428 窟的思考

第 428 窟是非常引人注目的一个洞窟。莫高窟北朝 30 多个洞窟中,最大的洞窟莫过于此窟,主室平面达 178.38 平方米,也是莫高窟最大的中心塔柱窟。洞窟内容也很有特点:影塑最多,共 1485 身;供养人画像最多,共 1242 身;新出现的题材也多,有涅槃图、须达拏太子本生、五分法身塔、卢舍那法界人中像、独角仙人本生、梵志摘花坠死因缘。除此之外,它的地理位置也很好,处在洞窟密集的南区中段,正对着如今参观的入口处。诸多因素加在一起,即使是莫高窟满目疮痍、一片荒凉的清代,还有一座名叫"古汉桥"的土坯砌成的台阶,从地面拾级而上直达此窟,"桥"下还有拱形桥孔,以供行人从窟前通过,宛如开启之后的"涅瓦大桥"的半截,蔚为壮观;一座牌坊,屹立于"桥"头,成为莫高窟当年的一大景点。直至新中国成立前,窟内还有供桌、灯台,是善男信女做佛事的道场。因此第 428 窟成为学者们研究早期洞窟的重点是很自然的。就笔者所知,研究过此窟的主要文章有:

1937 年松本荣一《敦煌画の研究·图像篇》中,最早(可能)对此窟的卢舍那佛定名为华严教主卢遮那佛图,指出东壁北段须达拏本生故事是依据圣坚译《须达拏太子经》绘制的,对摩诃萨埵本生图也作了详细考释和深入研究。

1982 年,拙著《建平公与莫高窟》一文发表,比较详尽地考证了建平公事迹,并首次提出他所修的"一大窟"可能就是第 428 窟(载《敦煌研究文集》,甘肃人民出版社,1982 年)。

宿白《敦煌莫高窟早期洞窟杂考》,原载《大公报在港复刊三十周年纪念文集》,现已收入《中国石窟寺研究》,文物出版社,1996年。

宿白《东阳王与建平公》(二稿),原载《敦煌吐鲁番文献研究论集》第4集,后收入《中国石窟寺研究》,文物出版社,1996年。

宿白《建平公于义续考》,同上书。

吉村怜著、贺小萍译《卢舍那法界人中像的研究》,载《敦煌研究》1986年第3期。

浅井和春《第428窟の窟内塑像について》,见昭和六十年度文部省科学研究费による海外调查《敦煌石窟艺术调查(第二次)报告书》第5章第2节,1987年。

李玉珉《敦煌四二八窟新图像源流考》,载台湾《故宫学术季刊》第10卷第4期,1993年。

李玉珉《法界人中像》,载台湾《故宫文物月刊》第11卷第1期,1993年4月。

赵声良《莫高窟北周壁画风格》,载《1990年敦煌学国际研讨会文集·石窟艺术编》,辽宁美术出版社,1995年。

贺世哲《莫高窟北朝五佛造像试释》,载《敦煌研究》1995年第3期。

在以上诸多文章中,就第428窟的壁画内容而言,李玉珉博士的《敦煌四二八窟新图像源流考》一文详细考证了第428窟新出现的内容及其源流,是最系统、最全面、最有见地的文章。

在前人研究的基础上,我想仅就我所考虑到的一些问题,作一点论述,并求教于专家学者。有关第428窟的内容、布局请见插图(图1)。

一 关于五分法身塔的定名问题

第428窟西壁的五塔(图2),此前学术界有的先生将其定名为

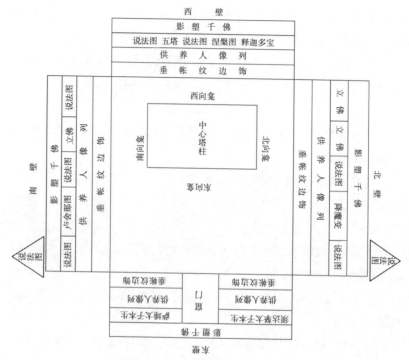

图1 第428窟示意图

金刚宝座塔。明代刘侗等著《帝京景物略》卷五记载："成祖文皇帝时，西番板的达来送金佛五躯，金刚宝座规式。诏封大国师，赐金印，建寺居之。寺赐名真觉。成化九年(1473)诏寺准中印度式，建宝座……"①这就是现在尚存的北京真觉寺的金刚宝座塔。论者据此将第428窟的五塔图也定名为金刚宝座式塔，自为一家之言。这可以说是定名的"国内依据"。

有的先生引古代印度有关记载为例。《大唐西域记》卷八《摩揭陀国·上》记载：

①刘侗、于奕正：《帝京景物略》，上海远东出版社，1996年，第294页。

菩提树垣正中有

金刚座……金刚所成，

周百余步，贤劫千佛坐

之而入金刚定，故曰金

刚座焉。

《大唐西域记》卷八又记载：

菩提树垣内四隅

皆有大窣堵波。在昔

如来受吉祥草已，趣

菩提树，先历四隅，大

地震动，至金刚座，方得

安静。

这是来自国外的"古印度依

据"。其实，关于前一段引文，我

们只能得出这样的结论，即玄奘

图2　五分法身塔

所记只是金刚座，并非金刚宝座塔。据考证，菩提树垣正中的金刚座
是公元前3世纪中叶阿育王所建，现仅存一块砂岩磨制的台基。后一
段引文也只是说菩提树垣的四角有四座塔，释迦在菩提树下成佛之
前，每到一角地皆震动，到金刚座这里，方才安静。玄奘也没有说他当
时见到的四隅有塔的形式叫金刚宝座塔或金刚宝座式塔。类似第
428窟五塔图的中国文献记载，还见于《续高僧传》卷二六《释法周
传》：

仁寿建塔，敕送舍利于韩州修寂寺……寺有砖塔四枚，

形状高伟，各有四塔镇以角隅，青瓷作之，上图本事。

修寂寺的四组五塔也是中央主塔高伟，四角各配一小塔，塔上还
绘佛传故事，而且时代亦与第428窟的相差不多，但文中并未称这种

形式的五塔为金刚宝座塔。

贺世哲先生首先把这幅五塔图定名为五分法身塔。关于五分法身塔的由来,《大唐西域记》卷八《摩揭陀国上·无忧王诸营造遗迹》中记载:

> 山西南有五窣堵波,崇基已陷,余址尚高,远而望之,郁若山阜。面各数百步,后人于上重更修建小窣堵波。《印度记》曰:"昔无忧王建八万四千窣堵波已,尚余五升舍利,故别崇建五窣堵波。制奇诸处,灵异间起,以表如来五分法身。"

这段引文至少可以说明五塔为一组,表示如来五分法身,至于是否中间高、四隅低,则不得而知。

隋代慧远《大乘义章》卷二〇记载:

> 五分法身,诸经多说。名字是何?谓戒、定、慧、解脱、解脱知见,是其五也……所言戒者,据行方便,防禁名戒。防禁诸过,永令不起。就实以论,法身体净,无过可起,故名为戒。所言定者,据行方便,息乱住缘,目之为定。就实而辨,真心体寂,自性不动,故名为定。所言慧者,据行方便,观达名慧。就实以论,真心体明,自性无暗,目之为慧。言解脱者,据行方便,免缚名脱。就实而辨,自体无累,故曰解脱。解脱知见者,据行方便,知己出累,名解脱知见。就实以论,证穷自实,知本无杂,名解脱知见。

季羡林先生等《大唐西域记校注》对于五分法身作了如下注释:

> 佛教所谓以五种功德成为佛身,故名五分法身。一、戒身,谓如来已脱离身、口、意三业的一切过非的境地;二、定身,谓如来真心寂静,脱离一切妄念的境地;三、慧身,谓如来真智圆明,了然宇宙本有的实性,达观法性的境地;四、解

脱身,谓如来身心解脱一切系缚的境地;五、解脱知见身,谓如来以其真知而解脱，获见法身。此五种程序即由戒而生定,由定而生慧,由慧而得解脱,由解脱而有解脱真知。即以抑制肉体的、精神的欲望逐渐进至所谓"解脱"的境地。①

佛教所说的法身是与生身相对而言的。当释迦牟尼佛的生身涅槃之后,众弟子深感无所依护,内心十分恐慌。为了解决这个信仰危机,就由释迦的十大弟子之一的大迦叶召集诸出家弟子,在王舍城结集释迦生前所讲的经法与戒律。所谓法身就是这些经法与戒律的概括,用现代汉语来表述,就是释迦牟尼佛的基本学说,或者基本思想。五分法身也可理解为释迦牟尼佛的五项基本思想,即戒、定、慧、解脱、解脱知见。②正因为五分法身概括了释迦牟尼佛的五项基本思想,所以,大小乘佛教,乃至密宗都很重视。

据晁华山先生研究,克孜尔石窟寺院组成中有一种五佛塔寺院。③又据宿白先生介绍,20世纪初,格伦威德尔从拉萨一位喇嘛处得到一批用古藏文写的克孜尔石窟资料,其中有一份克孜尔后山区石窟简图,图中绘有一座规模较大的寺院,完全是地面结构,位于第215—216窟之间。该寺院以一方形殿堂为中心,殿堂内立一塔,殿堂外四隅各立一塔,"此四塔与殿堂内之塔合计适为五塔。这种五塔组成的布局,和库车、拜城石窟群中的五塔组合,应有一定的联系。"④吐

---

①季羡林等:《大唐西域记校注》卷八,中华书局,1985年,第639—640页。

②印顺:《初期大乘佛教之起源与展开》第3章第3节之《现实佛与理想佛》,正闻出版社,1982年。

③晁华山:《克孜尔石窟的洞窟分类与石窟寺院的组成》,《龟兹佛教文化论集》,新疆美术摄影出版社,1993年。

④宿白:《调查新疆佛教遗迹应予注意的几个问题》,《新疆史学》1980年第1期。

峪沟石窟第 44 窟开凿于北凉统治时期,坐东朝西,主室平面近方形,高约 3 米,东西进深 3.70 米、南北宽 3.60 米。地面中央残存一土台,高 1.15 米,东西宽 1.3 米、南北宽 1.45 米,地面尚可看见立佛双脚痕迹,可能是佛坛遗迹。四壁四角各绘佛塔一座,为我国传统的木结构塔,塔内各画一佛,结跏趺坐。①我们认为这是四壁四角所绘四塔与窟室中央地面佛坛上所塑的立佛共同组成五佛塔。莫高窟第 428 窟西壁所画五塔图与上述克孜尔、吐峪沟的五佛塔属于同一类型与同一性质。晁华山先生从与佛塔相关的造像史角度分析,提出克孜尔石窟的五佛塔寺院表现的主题是如来五分法身,我很赞同。以此类推,我们认为吐峪沟第 44 窟与莫高窟第 428 窟西壁的五塔所表现的也是如来五分法身。因此,这种五塔似乎亦应叫如来五分法身塔。

二　关于第 428 窟的主题、作用问题

第 428 窟的内容是有严格规划的。它所表现的主题是什么,这个问题没有任何记载,一直困扰着我们。我曾幻想能有一部经包罗此窟的主要内容,能像有的洞窟那样称之为法华窟、涅槃窟等。探索的结果是水中捞月。说它是佛传主题吧,可它又有三则本生故事和一则因缘故事,还有释迦多宝二佛并坐,更何况还有大小 12 铺说法图。段文杰先生在《十六国、北朝时期的敦煌石窟艺术》一文中提出"428 窟组画形式的佛传"一说,②只可惜他没有加以论述,现在我只能同意段先生之说,并稍加论述。

我们知道,莫高窟第 257 窟(北魏)虽然也是一个有严格规划的

①贾应逸:《吐峪沟第 44 窟与莫高窟北凉洞窟比较研究》,敦煌研究院编《1987 年敦煌石窟研究国际讨论会文集·石窟考古编》,辽宁美术出版社,1990 年。
②敦煌文物研究所编:《敦煌研究文集》,甘肃人民出版社,1982 年,第 8 页。

洞窟，但因其南、西、北三壁中段的故事画，有本生，也有因缘，它给你的印象，还是以因缘为主，再加东壁已塌，人们不会刻意去追求什么主题；第285窟（西魏）一看洞窟形制，就知道是禅窟；第290窟（北周）故事画只有佛传，佛传就是它的主题；第296窟（北周）是一个有规划的洞窟，也是以因缘故事为主。本生故事讲佛的前世，因缘故事讲佛弟子如何事佛、信佛。然而第428窟则不同，它主要讲佛的前世与今世。前世并不存在，讲前世是为了烘托今世，因而本生可以说是佛传的延伸。再结合中心塔柱的四相，我们可以说其主题是佛传。又由于四壁共用19组不相连贯的画面来表现主题，所以又可称之为"组画形式的佛传"。

南北朝时期的中国佛教，南重义理，北重禅行，"凿仙窟以居禅"，因此北朝洞窟的内容都与坐禅有关。不过，第428窟与众不同，在1242身供养人像中，僧尼像占了732身，①有这么多僧尼的功德窟，所反映的禅修思想，自然更深邃一些。这是此窟内容给予我们的启示。

僧尼们禅观，首先要入塔观像。《观佛三昧海经》卷九《观像品》说："佛告阿难：'佛灭度后……欲观像者，先入佛塔。'"入塔观像首先要观释迦牟尼像。同经卷一《序观地品》云："佛告父王：'若有众生……欲知佛苦行时者，欲行佛降魔时者，欲知佛得阿耨多罗三藐三菩提者，欲知如来转法轮时者……随彼众生心想所见，应当次第教其系念。'"第428窟中心柱四面的题材为四相成道，这正是入塔观像所要"观"的内容。

---

①关于该窟的供养人像人数，各家数量略有差别，此依据范泉《周武灭法与敦煌北周石窟营造的关系——以莫高窟第428窟供养人图像为中心》一文的统计，《敦煌学辑刊》2008年第4期。

图3　影塑千佛

图4　坐佛

四壁上层影塑千佛5排（图3），代表三世十方诸佛，亦是礼佛观像之需（说见《思维略要法》）。《妙法莲华经·安乐行品》有云"深入禅定，见十方佛"，也说明坐禅观佛得观十方诸佛。

北、西、南三壁共有七铺坐佛说法图（图4）和三铺立佛说法图（图5），人字披下还有两铺坐佛说法图，因无明显特征，我们无法定名为何时何地说法，但古代画工是明确的。不过若按《观佛三昧海经》卷九《观像品》的要求，僧尼坐禅观像时，还需观坐像与立像：

谛观一像，极令了了。观一成已，入定出定，恒见立像在行者前。

……尔时世尊复为来世诸众生故，更说观像坐法。观像坐者……请诸想像令坐宝花。众像坐时，大地自然出大白光，如琉璃色，白净可爱……若有众生观像坐者，除五百亿劫生死之罪，未来值遇贤劫千佛。

图5　立佛

又，鸠摩罗什译《禅秘要法经》卷中亦云：

见坐像已，复更作念，世尊在世，执钵持锡，入里乞食，处处游化，以福度众生。我于今日但见坐像，不见行像，宿有何罪？作是念已，复更忏悔。既忏悔已，如前摄心，系念观像。观像时见诸坐像，一切皆起，巨身丈六，方正不倾，身相光明，皆悉具足。见立像已，复见像行……

降魔成道是四相成道的组成部分，是佛传的主要题材，当然是禅观的重要内容之一。前面已经叙述，不再赘述。

观释迦多宝并坐，是禅观中很重要的一观，名叫法华三昧观。鸠摩罗什译《思维略要法》是指导禅观的重要著作，其中《法华三昧观法》中说：

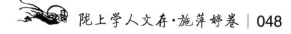

三七日一心精进,如说修行,正忆念《法华经》者,当念释迦牟尼佛于耆阇崛山与多宝佛在七宝塔共坐,十方分身化佛遍满所移众生国土之中……所说《法华经》者,所谓十方三世众生,若大若小,乃至一称南无佛者,皆当作佛。

释迦涅槃像亦称卧像,而观卧像又是僧尼观像的科目之一。《观佛三昧海经》卷七《观四威仪品》云:

观如来卧者,先当观卧像。见卧像已,当作是念,佛在世时所以现卧,诸佛如来体无疲倦,但为降伏刚强力士及诸邪见不善众生,或复慈愍诸比丘故,现右胁卧。如来卧者是大悲卧,欲观佛卧,当行慈心。

鸠摩罗什译《禅秘要法经》卷中亦云:

世尊在世教诸比丘右胁而卧,我今亦当观诸像卧。寻见诸像叠僧伽梨,枕右肘,右胁而卧,胁下自然生金色床。

以上有关禅观部分,参照了贺世哲《敦煌莫高窟北朝石窟与禅观》一文。①

如来五分法身塔与僧尼观像的关系更为密切。当代著名佛学家印顺法师云:

古代佛弟子的念佛(按:即"观佛")就是系念这五分法身,这才是真正的佛。②

《观佛三昧海经》卷九《观像品》云:

此想(按:指观像行)成时,当念如来戒身。念戒身时,见诸佛影,眉间光明犹如白丝,空中清净,至行者前。行者见已,当作是念:"释迦牟尼多陀阿伽度阿罗诃三藐三佛陀,过

---

①敦煌文物研究所编:《敦煌研究文集》,甘肃人民出版社,1982年。
②印顺:《初期大乘佛教之起源与展开》,正闻出版社,1982年,第162页。

图6　涅槃变

去世时以大戒身而自庄严,是故今日得戒、定、慧、解脱、解脱知见。"

该经卷九《本行品》亦云:

当复系念佛功德。念佛功德者,所谓戒、定、智慧、解脱、解脱知见。

第428窟的设计者将涅槃图(图6)与五分法身塔共置于西壁,自有其佛教思想的内在联系,即涅槃图表示释迦已经结束了他一生的教化生涯,而五分法身塔则要表明释迦思想的永存。

卢舍那法界人中像(图7),是佛的法身。法身佛也是观像的对象之一。S.2585《佛说观经》云:

法身观者,已于空中见佛生身,当因生身观内法身、十力、四无所畏、十八不共法、大悲无量善业,如人先见金瓶,内有宝珠。所以法身真妙,神智无比,无近无远,无难无易,

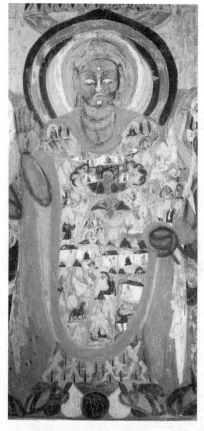

图7　卢舍那佛

无过世界,悉在目前,无有一法而不知者,一切法无所不了。是故行人当专念,不令散乱。若有余缘,即摄之令还。

昙摩蜜多译《五门禅经要用法》说:"得观佛定已,然后进观生身。"所谓"生身",是指释迦牟尼为普度众生而化生的各种肉身(包括人或其他动物)。这些业绩,包括佛传故事画、本生故事画、因缘故事画。于是此窟题材的设计者,就在东壁窟门两侧安排了三铺本生故事画和一铺因缘故事画。

三　关于"东来""西来"问题

敦煌艺术的"东来""西来"之说,向为艺术史家所关注。仁者见仁,智者见智,各有所据,自有其理。我们不是搞艺术的,不敢妄加评论。在这里,我们仅就第428窟的具体画面,能说清楚的,说一点看法,为东来、西来说提供一点具体资料。

降魔意味着释迦即将成佛,因此,这段经历在佛教造像中历来备受重视。早在公元前1世纪的印度山奇第1塔上就出现了降魔图。画面以菩提树下的圣坛象征释迦。圣坛右侧则簇拥着魔众。其后在古代印度的佛教造像中广泛流行着降魔图,构图大多以释迦为中心,周围造魔王、魔女以及魔众等。4世纪中叶,我国古龟兹克孜尔石窟开始出现降魔图,现存6铺,分别画于第76、98、110、163、171、175等窟。我国中原地区的降魔图见于北魏太和年间(477—499)开凿的云冈第6窟西壁,构图为中间开一尖拱龛,龛内造释迦佛,结跏趺坐。龛楣及龛两侧刻群魔围攻释迦,其中有猪首、牛首、虎首、象首等的形象。下部刻魔女,南侧的三魔女作妖媚诱惑状。麦积山第133窟内10号碑左侧下部也刻有降魔图。

莫高窟的降魔图始见于北魏,画于第254、260、263窟,加上第428窟,北朝的降魔图共存4铺,其中第254窟的降魔图不仅时代最早,而且人物刻画也最生动。莫高窟北朝降魔图与古印度的降魔图比较,从构图到情节,基本上大同小异,区别主要在于古代印度降魔图中魔众源自印度主司丰饶和再生的民间信仰神的形象,给人以幽默感,而莫高窟降魔图中的魔众,则源自我国东汉以来传统的鬼神图

图8　降魔变

像,给人以恐怖感。

关于释迦多宝二佛并坐,仅云冈昙曜五窟就有 120 多铺。有纪年的北朝金铜、玉石二佛并坐造像,我所经眼者已达 49 件,当时的信仰热可想而知。惠祥《弘赞法华传》卷一载西域祇洹寺"塔内有释迦多宝二像说《法华经》第七会者",然而在印度与西域的考古遗物中至今没有发现有关实物。释迦多宝二佛并坐可能属于我国汉地佛教造像的独创。

涅槃图是佛教艺术的一种古老的题材。公元 2—3 世纪以后,犍陀罗浮雕佛传中涅槃图大量盛行。其图像一般为释迦右胁、枕手、累足而卧,周围浮雕赞叹的天人、哀悼的弟子、抚摸佛足或询问外道的迦叶以及执杵的密迹金刚等。随着佛教的东渐,大约在公元 4 世纪,我国新疆境内的古龟兹石窟中出现涅槃图,并且日益盛行。据贾应逸先生统计,克孜尔石窟现存绘有壁画的 80 个洞窟中,53 个窟内有涅槃图,占有壁画洞窟的 66%。[1]克孜尔石窟,公元 4—5 世纪的涅槃图受犍陀罗的影响较大,一般构图也是释迦右胁、枕手、累足而卧,释迦身光后画举哀圣众,头侧画须跋陀罗身先入灭,脚后画迦叶抚摸佛足等情节。6—7 世纪的涅槃图中新出现火化佛骨、八王分舍利、首次集结、阿阇世王闻佛涅槃而闷绝苏醒等情节,涅槃图成为克孜尔石窟的主要塑绘题材之一。

大约在 4 世纪上半叶,我国东部汉地佛教艺术中产生并发展起另外一种别具特色的涅槃图。刘义庆《世说新语·言语》云:"庾公尝入佛图,见卧佛,曰:'此子疲于津梁。'于时以为名言。"卧佛即涅槃像。庾公即庾亮(288—340),字元规。这就是说,4 世纪上半叶江南佛寺中

①贾应逸:《克孜尔与莫高窟的涅槃经变比较研究》,《龟兹佛教文化论集》,新疆美术摄影出版社,1993 年,第 229 页。

已有涅槃像。《世说新语·言语》中还记述了一个有趣的故事：张玄之、顾敷是顾和的外孙和家孙，二人都很聪明。顾和偏爱顾敷。有一次，顾和与他俩至寺中，见佛般泥洹像，弟子有泣者，有不泣者。顾和问二孙。玄之说是被亲故泣，不被亲故不泣。顾敷说不然，"当由忘情故不泣，不能忘情故泣"。顾和（287—351），字君孝。从这个故事可以进一步看出4世纪上半叶江南寺院里的涅槃图已有泣与不泣的弟子像，已经发展成涅槃变。十分遗憾的是，这批涅槃造像早已不存，今人无法睹其造像特征。

与江南不同，北方的涅槃造像虽然缺乏文献记载，但是现存早期的涅槃造像颇多，尚未形成固定的格式，各具特色，大放异彩。例如云冈第11窟西壁中层佛龛下部有太和年间（477—499）造的小型涅槃图1铺。画面为：以娑罗双树为背景，释迦身体微侧，两手平伸，卧于方形床上。释迦床头前立一比丘，面向佛，这可能是表现阿难。据《根本说一切有部毗奈耶杂事》卷三七记载，释迦临涅槃时，"阿难在佛背后，凭床而立，悲啼号哭，出大音声"，并请教佛："天德世尊般涅槃后，我当云何恭敬供养如来法身？"释迦双足后跪一比丘，面向佛足，这是表现迦叶。白法祖译《佛般泥洹经》卷下云："迦叶熟视佛黄金棺，意自念言：'吾来晚矣，不及吾师，不知世尊头足所在。'佛便应声出两足。迦叶即以头面著佛足。"释迦涅槃像两头，还各造二供养比丘，一哀悼的狮子。

大约完工于正光末年即524—525年间的龙门石窟普泰洞北壁的涅槃图又是另外一种形式：释迦卧于床上，头前跪一比丘，合十。这是表现接受释迦临终遗教的阿难。释迦身后造一方形障物。工匠的本意是想在障物后造四身举哀比丘，但由于技巧拙劣，给人的感觉好像是在障物上放置了四颗比丘头（已缺一），看起来很不舒服。龙门石窟魏字洞开凿于正光四年（523）以前，北壁也有1铺小型涅槃图，其中的释迦涅槃像也是仰卧。

麦积山第 133 窟内 10 号造像碑属于北魏晚期的作品。此碑正面左上角开一帐形小龛,龛内造释迦涅槃像,头枕雕花枕,两手平伸,仰卧于床上。释迦脚后跪一比丘,手摸佛足,无疑是迦叶。迦叶上部刻一人,头披长发,面向释迦,双手合十跪地,这可能是表现纯陀。《大般涅槃经》卷二《寿命品》记载:"尔时会中有优婆塞,是拘尸那城工匠之子,名曰纯陀……偏袒右肩,右膝着地,合掌向佛,悲泣堕泪,顶礼佛足。"纯陀是世俗佛弟子,所以头披长发。释迦身后并列刻三位女子,均裸上身,下身着裙,头披长发,面带愁容。右端一身,一手抚佛额,一手摸佛胸,似慈母视爱子。这可能是表现佛母摩耶夫人。《佛母经》记载:"佛母闻子涅槃,如须弥山崩,遍体而现如波罗奢花,闷绝躄地。时有二天女,将水噀之,良久还醒。尔时佛母将诸徒众,恭敬围绕,从忉利天下至娑罗双树间,正视如来,殡殓以讫……绕棺三匝,却住一面,闷泪而言,告言慈子:'汝是我子,我是汝母,汝今入般涅槃,云何不留半偈之法?'"其余两位女子可能是陪伴摩耶夫人的二天女。释迦佛头前一人,高发髻,背包袱向前行走状。这可能是表现力士"严办供养之具"。《摩诃摩耶经》卷下云:"尔时阿难即便入城,普告力士:'如来昨夜已入涅槃,汝等宜应供养阇维。'诸力士等闻此语已,心大苦痛,皆悉相随至双树所。既见世尊已般涅槃,闷绝震动,不能自胜,即问阿难:'我等不知云何阇维如来之身?'阿难答言:'我于昨日已咨问佛,世尊遗敕,令如转轮圣王阇维之法。'阿难具为次第说之。诸力士众闻此语已,即便严办供养之具,事事皆依阿难所说,如转轮圣王棺殡之法。"

甘肃省博物馆收藏一件四面五层造像塔,大约属于北魏晚期的作品。塔上左面第四层造涅槃图一铺:释迦仰卧于床上,身后六弟子皆高举双手,似痛不欲生。释迦头前跪一比丘,可能是阿难。释迦脚后跪一比丘,抚摸佛足,肯定是迦叶。罕见的是,佛棺下部刻一人,身上带铃,手舞足蹈,两侧各刻一人,吹奏号角。这是表现天人歌呗赞叹。法显译《大般涅槃经》卷下云:"佛棺绕城一匝,从北门入,住城之中,听诸天人恣意供养,作妙伎乐,烧香散花,歌呗赞叹。"

日本东京国立博物馆收藏一件惠祖等造龙树菩萨像座,纪年为"大齐天宝十年(559)"。座上刻佛传故事,其中最后一个情节是涅槃图。画面为:八棵娑罗树,释迦头枕方枕,两手平伸,仰卧于方形床上。释迦脚后刻迦叶抚摸佛足。释迦头前跪一人,可能是佛母摩耶夫人。娑罗树间共刻九位举哀弟子。特别有趣的是有一比丘,身着袈裟,伏卧于地哭泣状。这是表现阿难哀悼释迦。《大般涅槃经·后分》卷上《遗教品》云,阿难闻佛即将涅槃,"身心战动,情识茫然,悲哽暗咽,深没忧海,举体迷闷,昏乱浊心,投如来前,犹如死人"。

南响堂第5窟(北齐)与河南浚县酸枣庙村发现的北齐武平三年(572)四面造像塔上的释迦涅槃像也都是头枕方枕,两手平伸,仰面而卧。

麦积山第26窟(北周)窟顶北披(即正面)所画涅槃图,是现存北朝时期规模最大的一铺涅槃图,释迦佛着白色袈裟,头枕方枕,两手平伸,仰卧。

以上不厌其烦地列举这么多造像实例,目的就是为了说明北朝时期中原地区的涅槃图是有别于西域的独立发展起来的一种涅槃图,其中有的附属于佛传图中,有的是独立的。出现的人物也不固定,有阿难、迦叶、纯陀、佛母、天女、力士、天人、伎乐等。但所有这些涅槃图都有一个十分明显的共同特征——释迦佛仰卧。莫高窟第428窟的这铺涅槃图中的释迦也是头枕方枕,两手平伸外露,仰卧于白色床上。据此可知,第428窟的涅槃图,主要源于中原。

五分法身塔是我国南北朝佛教艺术遗存中的孤例。佛教传入中国以前,中国没有塔。因此,求本溯源,塔应是"西来"之物。不过,据萧默先生考证,第428窟的五塔"为我国在当时已出现了金刚宝座塔和已经采用砖木混合的结构提供了证据""塔的发展,显示了传统文化与外来文化互相融合的生动过程"。①前揭李玉珉先生在《敦煌四二八窟新图像源流考》一文中说:"目前受限于资料之不足,笔者很难肯定,四二八窟金刚宝座塔之图像源头为何,可是此塔的中层绘诞生图恰与《续高僧传》所言'上图本事'相符,而且图中主塔有斗拱和中国式殿堂的屋宇,这些或许可视作此塔与中原传统相关的一些线索。"看来,五分法身塔是中西合璧之作,当不会大谬。

关于卢舍那法界人中像的源头问题,日本学者松本荣一、吉村怜均指出第428窟的卢舍那图是受到丝路北道的克孜尔等地的影响。台湾李玉珉先生在前揭文中有中原卢舍那像、西域卢舍那像的长篇论述,并附有中原方面的北齐、丝路南道的于阗、丝路北道的克孜尔石窟三方面的卢舍那造像图,与第428窟相比较。她的结论是:"敦煌四二八窟卢舍那佛主要的特征有二:一是以须弥山为中心,另一则为描绘六道世界,这两点正与中原系统的法界人中像相同。前文已述,6世纪法界人中像在中原地区已十分流行,故笔者认为四二八窟卢舍那佛的图像来自中原的可能性较大。"在实物图像面前,我们也认为李玉珉先生的结论是正确的。

关于萨埵太子本生的源头,新疆石窟里虽然很多,但都很简单。同时,新疆的人物造型、衣冠服饰都与第428窟大异其趣(图9)。我们认为,第428窟与龙门宾阳中洞有着承接的关系。另外,洛阳龙门宾阳中洞门两边的布局为:一幅横卷式的大画面,分为上、中、下三段,上段为维摩诘经变,文殊、维摩对坐于门的两边而论道;中段为萨埵

①萧默:《敦煌建筑研究·塔》,文物出版社,1989年,第152、175页。

图9 萨埵那太子本生

太子本生、须达挐太子本生分置两边;下段为帝王、帝后礼佛图分置门的左右两边。这种布局也为第428窟所接受。所不同的是,第428窟将上、中、下三段都用来描绘一个故事,把故事描绘得淋漓尽致。这种横卷三段式,莫高窟是首次出现。

关于须达挐太子本生的源头,我想多说几句。

第428窟的须达挐太子本生(图10),是莫高窟首次出现的新题材。但在古代印度,早在公元前1世纪营建的巴尔胡特佛塔就出现了浮雕须达挐太子本生图,情节较简单,仅仅表现须达挐施象给婆罗门。[1]犍陀罗石雕中的须达挐太子本生图已出现连环形式:

1. 须达挐一手持水瓶给婆罗门洗手,一手牵象给婆罗门;
2. 须达挐驱车载妃及儿女向檀特山行进,遇婆罗门乞马;
3. 须达挐肩负儿子,曼坻肩负女儿,徒步行进;
4. 婆罗门至草庐乞施二小孩为奴;

---

①高田修、上野照夫:《インド美术史》(1),日本经济新闻出版社,1964年,第126图。

图 10　须大拏太子本生

5. 婆罗门鞭打二小孩；

6. 狮子挡道而蹲，阻止太子妃回草庐。

随着佛教的东渐，在我国新疆境内的丝路南道米兰（今若羌县东北约 75 公里）佛教遗址中发现大约绘于 3 世纪的须达拏太子本生壁画，残存三个情节：中间画须达拏右手执澡瓶，左手牵象给婆罗门；右边画须达拏向送行的大臣、城民告别；左边画三马驾车，载太子妃及二孩儿，须达拏乘马随后，向檀特山行进。这是我国现存最早的须达拏本生连环图。丝路北道的克孜尔石窟中，须达拏本生图较多，可分为两类：一类是单幅式，占多数，见于第 14、38、198 等窟，着重表现须达拏施二儿女给婆罗门为奴的情节；另一类是连环式，占少数，见于第 81 窟主室左右两侧壁，上下两排连续表现须达拏太子本生。可惜大部分画面已经模糊不清，现在尚能看清的情节为须达拏及其妃乘车行进与施车给婆罗门。

中原地区的须达拏太子本生图，最早见于永平二年（509）造像碑。此碑现存陕西省博物馆，正面造一佛二菩萨，背面刻佛传与须达拏太子本生图。后者位于下部，并列刻八婆罗门翘一脚，立于须达拏面前,左侧刻榜题:"诣太子宫门□□时。"须达拏上部刻八婆罗门共骑一头大象而去,左侧刻榜题:"婆罗门八人乞得白象而去。"

开凿于500—523年的龙门石窟宾阳洞窟门北侧浮雕须达拏太子本生,实物已遭破坏,水野清一、长广敏雄著《龙门石窟の研究》中有线描图,为连环式,共有三个情节:须达拏太子及其妃告别前来送行的两位大臣;太子抱儿,妃抱女,徒步向檀特山行进;须达拏向阿斯陀仙人请教何处居住为好。每个情节之间都用高山丛林隔开,人物服饰全部汉化。

河南省新乡市博物馆收藏一件东魏武定元年(543)道俗90人等造像碑,背面线刻5层画像,从下往上,第1层供养人像,第2层是造像记,第3层是须达拏太子本生,第4层三分之一是须达拏太子本生,三分之二是佛传图,第5层是佛传图。须达拏太子本生共有4个情节、6条榜题,从右向左:

1. 线刻5女子,象征500夫人,均立。榜题:"五百夫人皆送太子向檀特毒山辞去时。"

2. 一马驾车,车后站须达拏夫妻及二小儿,马前站一跷脚婆罗门。榜题:"随太子乞马时。"一婆罗门骑马行进。榜题:"婆罗门乞得马时。"

3. 太子抱儿,妃抱女,渡河。榜题:"太子值大水得渡时。"

4. 画面接续第4层左端,婆罗门妇在井边打水,旁边站3青年。榜题:"三年少笑婆罗门妇。"婆罗门妇跪于房内。房前榜题:"此婆罗门妇即生恨心,要婆罗门乞好奴婢逃去时。"

美国宾夕法尼亚大学博物馆收藏一件北齐天保二年(551)九尊坐佛碑,碑两侧面浅浮雕须达拏太子本生,每侧从下至上分3层,共计6个情节:

1. 须达拏外出游观,遇诸贫穷残疾人。

2. 婆罗门至宫门乞象与得象而去。

3. 须达拏跪别父王及驾车载妻儿离国而去。

4. 太子负儿,妃负女渡河。

5. 婆罗门寻访须达拏及猎师捆打婆罗门。须达拏施儿女给婆罗门为奴及婆罗门鞭打二小孩。

6. 太子妃急欲归草庐及狮子挡道。

从上举实例中可以看出莫高窟第428窟的须达拏太子本生图在情节的选取、连环画形式等方面,既与西域的有相似之处,又与中原的有一致的地方。比较而言,似乎受中原的影响更大一些。例如八个婆罗门均跛一脚,至太子宫前乞象,然后共骑一象而去,这一情节与永平二年(509)造像碑很相似。又如每个情节之间,以高山丛林相隔,与龙门宾阳中洞的相同。前揭段文杰先生在《十六国、北朝时期的敦煌石窟艺术》一文中也说"这幅画以'己'字形连环式构图……人物形象、衣冠服饰,均为中原式,并以山峦、树木、房屋作为故事情节的间隔和连接,把人物活动放在一定的环境之中,使画面富于生活气息,这是早期故事画受到中原绘画影响后的一个新发展。"总之,古代敦煌地区的无名艺术家是借鉴、融会了东西两方面的优点,在莫高窟首次创作出这铺内容空前丰富、场景空前巨大的须达拏太子本生连环故事画,无论在当时,或者是现在,都可以说是稀世珍品。

在故事情节的选择上,第428窟的须达拏太子本生图还打上了明显的时代烙印,即宣传儒家的孝道。例如当须达拏将车、马、衣服全部施舍给婆罗门后,夫妻分别肩负儿女,徒步行路,饥渴难耐。这时忉利天变化出一座美丽的城市,出现在须达拏夫妻面前,城门口还有乐队欢迎。太子妃建议进城暂作休息,太子坚持反对,认为这样做"违父王命,非孝子也"。这独一无二画面的出现,与北周朝廷提倡儒学有关。

四　关于第 428 窟的艺术成就

让学历史的人来谈艺术，往往是隔靴搔痒，说不到点子上，因此我们不想强不知以为知。现在仅就我们请教过美术家的一些必不可少的问题作些交代。

英国人威廉·荷加斯（1697—1764）在《美的分析》一书中提到："避免单调是绘画构图的一个不变的规则。"①莫高窟任何一幅画都可以为这句话作注解。第 428 窟（其他许多洞窟也一样），不光要避免构图单调，还要避免重复，而这一点更为重要。通过调查我们得出结论：第 428 窟没有一个菩萨、没有一条边饰、没有一个供养人是完全相同的。只要是第 428 窟的照片，无论哪一张，都可以找到它在壁面上的位置。此窟平面面积为 178.38 平方米，是莫高窟大型洞窟之一，要在这么大空间的四壁及顶部画满壁画而不单调、不重复，谈何容易，可是画师们做到了。

一进洞窟，迎面而来的是彩塑。第 428 窟的彩塑，由于后代的上色、粉脸、描眉而不被人们重视。美术家告诉我们，只要将它们的"化妆"去掉来欣赏，还是北周原貌。第 290 窟是第 428 的姐妹窟，彩塑原作未动，谢成水先生曾对第 290 窟的塑像做过专门研究。他以敦煌研究院美术临摹工作者的眼光，反复审视过第 290 窟的塑像，写出了见解独到的文章，恕我不再鹦鹉学舌。读者如有兴趣，请读《敦煌石窟艺术·莫高窟第二九○窟》一书。②

几十年以前，我们刚到莫高窟工作，老同志们就给我们介绍北魏千佛的"小字脸"，即每个千佛脸上都是白鼻梁、白眼圈，在变了色的

---

①威廉·荷加斯：《美的分析》，人民美术出版社，1986 年，第 29 页。

②谢成水：《敦煌石窟艺术·莫高窟第二九○窟》，江苏美术出版社，1994 年。

黑脸上特别醒目。我们不搞美术,搞不清楚为什么要像小丑一样画成白鼻梁、白眼圈,也不求甚解。第428窟,则更有甚者,有三白脸——白鼻子、白眼睛、白下巴颏;有四白脸——白鼻子、白眼睛、白下巴颏、白眉毛;还有五白脸——白鼻子、白眼睛、白下巴颏、白眉毛、白嘴唇。当我们必须介绍第428窟时,这个问题自然浮现在眼前,不能回避。经过请教美术家,经过仔细调查对比,想说几句外行人的话:我们认为,这是一种画法,一种画风。因为,同是第428窟,东壁的故事画中的人物,一白也不用。恰恰相反,眉毛、眼球、颧骨,凡是脸部的高处都用黑或红(红已变黑)色。画法和画风,显示了画家的追求,即脸部的高处通过艺术处理,能"高"起来,立体感更强。这种处理本来是科学的。然而经过长年累月的变化,脸部的乳白色全部变黑,黑眼珠多数褪去,白色不变,成了反差很强的"黑白分明"。新疆克孜尔石窟也有不少这种人物像,但由于脸部没有怎么变色,至今色彩尚属协调。就第428窟而言,也有极个别没有变色的,如南顶平棋叉角的几身飞天,至今完好如新,但"三白""四白"也隐约可见。看来,我们在欣赏这些作品时,如果懂得变色,把黑色还原成皮肤颜色,白色的色调自然减弱,柔和端庄的佛、菩萨也就呈现在我们面前了。

第428窟佛、菩萨众多,好多都是灰色。对于这种灰色,美术家们有两种截然不同的看法。有的认为是瓦灰,它不变色。正由于窟中有此色调,才使得第428窟至今整窟色彩稳重调和。有的认为是变色所致,古人对佛尊崇备至,哪能会给佛爷上灰色?瓦灰说是一个新问题,我不懂,提出来请教于专家学者。

五　画师的创造问题

画工在艺术上的创造问题,我说不出个一二来,只谈一点从经到画之间画工的成就。

　　画面中有一些情节为经文中所无，是纯属古代画家根据自己对于生活的理解演绎出来的。例如萨埵太子本生中三位太子射猎的场面，虽然有悖于佛教不杀生的教义，但却合乎王公太子们的生活情趣，并且增强了画面的生动感。又如王宫后面树下画一马，空鞍，马的前蹄腾空，显得烦躁不安。我们猜想，此马应是萨埵太子的坐骑。古代画工将萨埵太子生前的坐骑画在父王王宫后面的树下，并且腾跃不安，既符合现实生活中常见的善马对于主人的怀恋之情，也强化了父王母后思念太子之情。萨埵舍身饲虎后，二位兄长飞马回宫向父王禀报噩耗，也是古代画工的演绎之作：若按常理，马向前奔驰，路侧的树枝应该往后倾倒，才能更好地烘托出奔马的飞速，可是现在的画面正好相反。也有的美术家认为这是为了适应构图的需要，如果树枝往后倾倒，就会挡住后面的人马。当然，这也不无道理。我们所要强调的是这一情节没有经文依据，而是画工的创造。

（《敦煌研究》1998 年第 1 期）

读《翟家碑》札记

　　P.4640《翟家碑》是敦煌遗书中一件为敦煌文献学界尽人皆知的"名品"，最早对该文书进行释文的是蒋斧和王仁俊两位先生。此后，十余位学者相继对该文书进行过录文和考释。到目前为止，《翟家碑》录文已有 11 家之多，现据录文刊布时间顺序概述如下：

　　1. 王仁俊（人称"捍郑太守"）录文。1909 年，法国人伯希和在北京展示了他于 1908 年从敦煌巧取的部分敦煌文献，当时在京的许多著名学者如蒋斧、王仁俊等都前往伯希和住处参观、抄录。同年 9 月，王仁俊出版了他辑录的《敦煌石室真迹录》，其中收有《翟家碑》录文。[①]王仁俊的《翟家碑》录文是到目前为止，最接近原文的录文（详后）。

　　2. 蒋斧录文。蒋斧在伯希和住所抄录后编成《沙州文录》，收入罗振玉和蒋斧辑录的《敦煌石室遗书》。[②]后罗福苌辑有《沙州文录补遗》，1924 年罗振玉将蒋斧《沙州文录》一卷与罗福苌《沙州文录补遗》一卷及罗振玉《附录》一卷合在一起出版，书名题作《沙州文录》。[③]上述两书皆收有蒋斧《翟家碑》录文。

　　3.《甘肃通志稿》录文。杨思、张维等纂《甘肃通志稿》卷一一二《金

---

　　①王仁俊：《敦煌石室真迹录》，1909 年国粹堂石印本。

　　②罗振玉、蒋斧：《敦煌石室遗书》，1909 年 12 月诵芬室刊印，收入《敦煌丛刊初集》第 6 册，新文丰出版公司，1985 年，第 203—209 页。

　　③蒋斧：《沙州文录》，1924 年上虞罗氏编印，第 13—14 页。

石二·石刻》①收有《翟家碑》录文,录文前有小字注云:"原石今不存。敦煌莫高窟藏本有其全文,近人吴县蒋斧考定印行《沙州文录》。"②

4.《陇右金石录》录文。张维《陇右金石录》卷二收有《翟家碑》录文,③录文后小字注云:"《新通志稿》,翟家碑,原石今不存。敦煌莫高窟藏本有其全文,近人蒋斧采入《沙州文录》。"考《新通志稿》即张维等纂《甘肃通志稿》,据此可知,张维《陇右金石录》与《甘肃通志稿》均引录自《沙州文录》。

5. 石璋如录文。见《敦煌千佛洞遗碑及其相关的石窟考》。④

6. 苏莹辉录文。见《敦煌翟家碑时代考》。⑤

7. 唐耕耦、陆宏基录文。见《敦煌社会经济文献真迹释录》第 5 辑

---

①1929 年,由国民党驻甘总司令刘郁芬主持,下设通志局,第三次修纂省志,1932 年改为通志馆,杨思任馆长,张维任副馆长。1936 年初稿终于完成,定名为《甘肃通志稿》,凡 130 卷。1934 年曾将卷一《甘肃省县总分图》和卷二、卷三《甘肃地理沿革图表》作为单行本铅印出版,其余稿件因抗日战争爆发未及付梓,新中国成立前十余年,张维持清抄本进行了增补。新中国成立后原稿本及清抄本交由甘肃省图书馆收藏,1964 年甘肃省图书从原稿中抽出油印了 13 种,其中便有《甘肃金石志》,1994 年中华全国图书馆文献缩微复制中心,将《甘肃通志稿》作为稀见方志影印出版。

②杨思、张维等纂:《甘肃通志稿》,收入《中国西北文献丛书》第 1 辑《西北稀见方志文献》第 29 册,兰州古籍书店影印,1990 年,第 69—70 页。

③张维:《陇右金石录》,甘肃省文献征集委员会校印本,1943 年,第 57—58 页。

④石璋如:《敦煌千佛洞遗碑及其相关的石窟考》,载历史语言研究所集刊第 34 本《故院长胡适先生纪念论文集》(上册),1962 年,第 74—79 页。

⑤苏莹辉:《敦煌翟家碑时代考》,《大陆杂志》第 36 卷第 10 期,后收入苏氏著《敦煌论集》,(台北)学生书局,1979 年,第 427—434 页。

《(二)墓碑、邈真赞、别传、功德记等》。①

　　8. 郑炳林录文。见《敦煌碑铭赞辑释》。②

　　9. 马德录文。见《敦煌莫高窟史研究》。③

　　10. 邓文宽录文。见《敦煌写本〈翟家碑〉校诠》。④

　　11. 陈菊霞录文。见《敦煌翟氏研究》。⑤

　　以上共 11 家《翟家碑》录文,我们通过比较,发现没有一家是完全相同的,甚至连王仁俊与蒋斧的都不一样。王仁俊发表时用的是手写石印本,个别难认的字,几近临摹,而蒋斧《沙州文录》(笔者所见)的本子是铅字排印本,个别地方不一样。王、蒋二位先辈学者都没有对录文进行句读。以愚意度之,一是他们急于公布资料,以利世人研究;二是他们都很慎重。尤其是公布资料的壮举,让人敬佩不已!自石璋如以下各家录文都有标点,但由于各自对碑文的理解不同,因而标点断句也不尽同,特别是一些关键性的文字,因释文断句不同而文意各异。

　　上海古籍出版社出版《法藏敦煌西域文献》以后,其图版比原来的缩微胶卷清晰多了,为敦煌学者提供了极大的方便,过去无能为力的,现在有办法了。比如:个别难认的字,不清楚的字,可以先拍照,再在电脑上用图片浏览器放大阅读,绝大多数问题都能解决。为了给读

---

　　①唐耕耦、陆宏基:《敦煌社会经济文献真迹释录》第 5 辑,全国图书馆文献缩微复制中心,1990 年,第 86—90 页。

　　②郑炳林:《敦煌碑铭赞辑释》,甘肃教育出版社,1992 年,第 54—62 页。

　　③马德:《敦煌莫高窟史研究》,甘肃教育出版社,1996 年,第 303—305 页。

　　④邓文宽:《敦煌写本〈翟家碑〉校诠》,《中国敦煌吐鲁番学会 2008 年度理事会议暨敦煌汉藏佛教艺术与文化学术研讨会论文集》,三秦出版社,2011 年,第 74—83 页。

　　⑤陈菊霞:《敦煌翟氏研究》,民族出版社,2012 年,第 350—353 页。

者一个"原卷面貌"的描述,我思之再三而冒昧地再发一次录文如下:

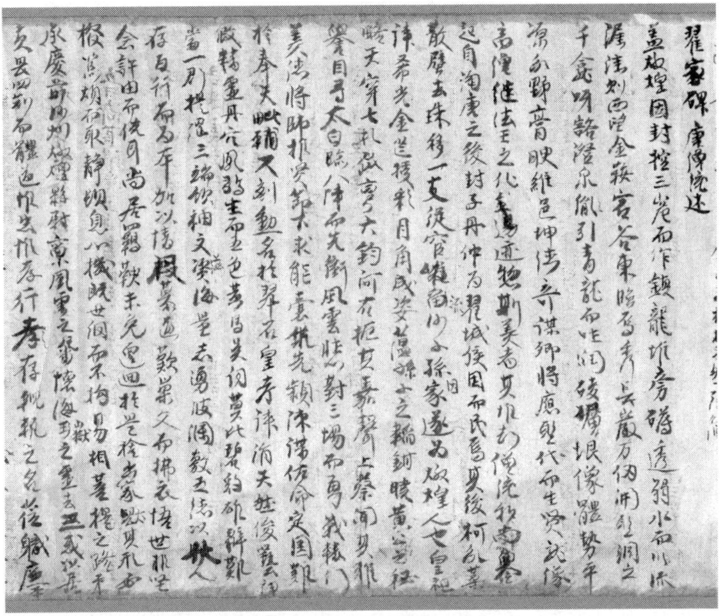

图 1　P.4640《翟家碑》

一　《翟家碑》录校

1. 录文(图 1)

录文说明:(1)录文据原文用简体字释录,用阿拉伯数字标明行次。(2)录文中笔者所增补的字置于□内。(3)圆括号里的字表示应以此字替换而文通。(4)缺字用□表示。(5)校记分别标以[1]、[2]、[3]……置于录文后。

　1. 翟家碑　　唐僧统述

　2. 盖敦[1]煌固封,控三危而作镇。龙堆旁礴[2],透弱水而川流。

3. 渥洼则西望金鞍,宕谷[则]东临焉秀(岩岫)[3]。长岩万仞,开圣洞之

4. 千龛;呀豁澄泉,引[4]青龙而吐润。磷磳垠像,体势平

5. 源[5]。分野膏腴,维邑坤德。奇谋卿将,应圣代而生贤;龙像

6. 高僧,继法王之化[6]迹。总斯美者,其惟都僧统。和尚[7]

7. 起自淘(陶)[8]唐之后,封子丹仲为翟城侯,因而氏焉。其后柯分叶

8. 散,壁(璧)[9]去珠移,一支从宦[10]唯流[11]沙,子孙因[12]家,遂为敦煌人也。皇祖

9. 讳希光。金芒授彩,月角成姿。蕴孙子之韬钳(钤)[13],晓黄公之秘

10. 略。矢穿七札,弧弯六钧。河右振其嘉声,上蔡闻其雅

11. 誉。目寻太白,临八阵而先冲;风云壮心,对三场而勇战。辕门

12. 羡[14]德,将帅推贤。节下求能,囊锥先颖。陈谋佐命,定国难

13. 于奉天;毗辅一人,刻勋名于翠石。皇考讳涓。天然俊艺(逸)[15],神

14. 假精灵。丹穴凤雏,生而五色。黄马英词莫比,碧鸡雄辩难

15. 当[16]。一郡提纲,三端领袖。文兹[17]海量,志涌波澜。敷五德以伏人,

16. 存百行而为本。加以情殷慕道,叹巢父而拂衣;悟世非坚,

17. 念许由而洗耳。尚居羁绁,未免遭回。于是舍俗[18]出家,毁其形好。

18. 拨嚣烦而取静,顿息心机□□;既(慨)[19]世网而不拘,易相菩提之路。弟

19. 承庆,前沙州敦煌县尉。禀风云之气,怀海岳[20]之灵。去三惑以居

20. 贞,畏四知而体道。惟忠惟孝,行存[21]轹轩之名;莅职廉平,

21. 颖拔貂蝉之后。岂谓风灯运促,黄雄(熊)[22]之祟妖侵。手足长辞,

22. 痛鹡鸰之失羽。侄男怀光。智等松筠,情同铁石。提戈远镇,

23. 荷戟从军。敦戎[23]习七德之谋,对敌好六奇之勇。轻财重义,

24. 施惠求能。爱抚七尺之刀,声播五凉[24]之俗。次侄怀恩。龆龀聪惠(慧)[25],

25. 智有老成。文勘(堪)[26]师古[27],文(武)[28]济临危。佥谓卓荦丈夫,寔兮

26. 鼎甗。僧统先任沙州法律僧政。四轮□宝,三学枢机。定慧将

27. 水镜俱青(清)[29],戒月以(与)[30]金乌争晶。慈悲善诱,摄化随宜。五乘

28. 之奥探玄,七祖之宗穷妙。威棱侃侃,凌霜之气有殊;处

29. 众甡甡,独显卓然之象[31]。名驰帝阙,□□□□;誉播秦京,敕赐紫衣。

30. 陞阶出众,麟角之美更新;风靡咸从,顶(顷)[32]省青云之士。施则

31. 弥纶法戒(界)[33],说真俗而并存;卷之入一毫端,谭[34]空有而双遣。

32. 然则存不违遣,二利之行方圆;遣不违存,更建者[35]阇之窟。

33. 四弘之誓,寒松之操不移;克意修营,铁石之怀耿介。倾

34. 耸骑,躬诣先(仙)[36]岩。陵(凌)[37]朝阳亦槃回,巡岠峰而瞻仰。璞

35. 琢有地,缔构无人。遂罄[38]舍房资,贸工兴役。于是鋆锤

36. 竟奋,块圠磅礴。硗确砠山,宏开虚洞。兴功自敦牂之岁,

37. □□□大渊之年[39]。郢人尽善[40]以釫镘,匠者运斫而逞

38. 巧。香厨办供,每设芳筵。爰[41]召僧瑶(繇)[42]横真(逞)[43]缋圣,内龛朔(塑)[44]

39. 诸形象等。若乃释迦轮足,化□缘而已周;弥勒垂踪,显当来

40. 之次补。十地菩萨,妙觉功圆;八辈声闻,□□□测[45]。多闻护世,奋

41. 赫奕之威光;力士呀哆,破耶(邪)山之魔鬼。莲花藏界,观行

42. 澄澄;十首楞伽,亲承教教[46]。净名方便,汲引多门;萨埵投

43. 崖,舍身济虎。十二上愿,化尽东方;十六观门,应居西土[47]。

44. 金刚了义,赞善现而解空;天请报恩,□降魔而成道。焜

45. 煌火宅,诱驾三车。中观灵岩,上承珠缀。飞仙缭绕,散

46. 空界之天花;净(清)[48]信熙怡[49],献人间之供养。盘龙秀出,舞

47. 凤扬翔。嶝道逶联,云楼架迥(回)[50]。峥嵘翠阁,张鹰翅而腾

48. 飞;栏槛[51]雕楹,接重轩而璨(灿)烂。绀窗晓露,□分星月之明;阶

49. 阙藏春,朝度彩云之色。溪蓁道树,遍金地布[52]森林;涧

50. 澄河□,泛涟淀(漩)而流演[53]。清凉圣境,僧宝住持。诱物知津,

51. 使归桃喻[54]。苦集之因绝蔓,菩提种智抽芳。弘誓

52. 克周,咸通随念。乃轸[55]陵成碧海,□谷变岘山。勒刻石铭,

53. 朴略颂记。其词曰:我僧统兮德弥天,戒月明兮定慧

54. 圆。导群生兮示真诠,播芳名兮振大千。勒(敕)[56]赐紫兮日下

55. 传,镌龛窟兮福无边。五彩[57]庄严兮模圣贤,聿

56. 修厥德兮光考先。刻石铭兮宝刹前,劫将坏兮斯

57. 迹全。

2. 校记:

[1]"敦"字,原卷作"燉",按:"燉"与"敦"通,本文均录作"敦"。

[2]"旁礴"二字,诸家录文校作"磅礴",或作"旁薄",考"磅礴"亦作"旁礴",故从原卷为是。

[3]"则"字,据上文补。又"焉秀",当作"岩岫"。按:"渥洼则西望金鞍,宕谷则东临焉秀"为对仗文,"渥洼"对"宕谷","西望"对"东临","金鞍"对"三危"应该说比较合理,但碑文第一句就有三危,为避免重复,改用"岩岫",因音同而误作"焉秀"。

[4]"引"字前,原有"胤"字,旁标有删除符号,故不录。

[5]"源"字,原卷作"源",为"源"字之俗写。

[6]"化"字后原有二字,写后涂掉。

[7]"尚"字后原有二字,写后涂掉。

[8]"淘"字,当作"陶"。

[9]"璧"字,当作"璧"。

[10]"从宦" 二字, 诸家的录文不外乎三种情况:"从官""徙官""从宦"。"从"字,敦煌写本往往写作"徙",《翟家碑》也是如此。"宦"字,原卷作"寉",考《干禄字书·去声》:"宦、寉,上俗下正。"《康熙字典·午集下·穴部》:"寉,《篇海》俗宦字。"从字义上讲,"宦"指仕宦,又释为"学",指学职事为官。"官"虽有多义,但也可释为"宦",故当据原文作"宦"。

[11]"唯流"二字,原卷作"为留",后在"为"字上直接改成"唯",而在"留"字旁作删去的记号,校改作"流"。邓氏校注认为"若作'唯留流沙'则义通,抄者只改'留'为'流',而未删'唯'字,便不成句。"

[12]"因"字,原卷后加。

[13]"钳"字,按:"钳"通作"铃"。

[14]"羑"字,诸家录文多数作"羑",个别作"美"。考原文绝非"羑"或"美"。羑(音诱)德即诱德。"羑"作导引解。"辕门羑德,将帅推贤",愚意以为"辕门"指军事指挥机关,而翟希光处于其中能诱人以德,故而"将帅推贤"。原件第8—13行写的是翟法荣的祖父翟希光的。此人是《翟家碑》所列人物中最有实绩的一位。他的事迹,从蒋斧的《沙州文录·翟家碑·跋》开始,至今尚未理顺,笔者正在努力中,容后再议。

[15]"艺"字,当作"逸"。

[16]"黄马英词莫比,碧鸡雄辩难当"句,"碧鸡"诸家均录作"碧豹"。"鸡"与"豹"虽然只是一字之差,却说来话长。原卷的"鸡"字,谁看了都会释成"豹"。繁体字的"鸡",有两种写法:一种是左半边为"奚",右半边为"鸟";另一种写法左半边为"奚",右半边为"隹"。写卷用的是前者。让人容易误释的是:左边潦草到"奚"非"奚","豸"非"豸";右边的"鸟"草写成"勹"非"勹",一笔画成个"秤钩"。把原件照片放大以后,反反复复地看,可以肯定左半边是"奚"而非"豸",因而右边的"鸟"也就可以认可了。

"黄马英词莫比,碧鸡雄辩难当",这是一个有出处的典故,我辈自然生疏。如果当年蒋斧、王仁俊老前辈们能悟到此字虽然像"豹",实乃"鸡",早就迎刃而解了。黄马、碧鸡的故事,发生于西汉。不过,原始的故事不是"黄马碧鸡",而是"金马碧鸡":汉宣帝(前74—前33年在位)时期,"天下殷富,数有嘉应","是时,上颇好神仙",[1]到处祭祀。皇帝好神仙,方士就逢迎,"或言益州有金马、碧鸡之神。如淳注曰:'金形似马,碧形似鸡。'可醮祭而致,于是遣谏大夫王褒使持节而

---

① 《汉书》卷六四下《王褒传》,中华书局,1962年,第2821—2828页。

求之"。①王褒是与刘向、司马相如齐名的人物。②他接受使命以后还写有《碧鸡颂》(也称《祭金马碧鸡文》)。请神返京途中,王褒"于道病死"。使命虽然没有完成,但他的《碧鸡颂》却很有名,后人还有为他打"抱不平"的,说是"空枉碧鸡命,徒献金马文"③。不过,由于我同情王褒,反倒认为,王褒病死于道是最好的结局。试想,方士说的"金马碧鸡神"是会"时时显灵"的,如果王褒能回到长安,修了神祠,但金马碧鸡之神不能显灵(这是可以肯定的),岂不是有"欺君之罪"?说不定比"病死于道"更惨!

　　至于"金马碧鸡",成了"黄马碧鸡",目前还没有找到可靠的证据,推测有两种可能:一是《庄子·天下》中惠施"黄马骊牛三"④的哲理。我第一次接触这句话时,简直是一头雾水,但古代文人都很熟悉。一是孔子弟子中"善为坚白之辩"的公孙龙《变通论》第四,其中有"黄其马也,其与类乎?碧其鸡也,其与暴乎?"⑤之句。这也是古代文人所熟悉的,明代顾起元《说略》卷十九《冥契》中说到金马碧鸡时,就想到了《公孙龙子》里的我在前面引的这几句话。因此,黄马、碧鸡作为骈文对称,古人并不陌生。

　　①《汉书》卷二五下《郊祀志下》,第1250页。
　　②《北史》卷四二《常爽传附孙景传》载:"司马相如、王褒、严君平(严遵)、扬子云等四贤,皆有高才而无重位。"(中华书局,1974年,第1557页)。又《史记》卷一一二《平津侯主父列传》载:"孝宣承统,纂修洪业,亦讲论《六艺》,招选茂异,而萧望之、梁丘贺、夏侯胜、韦玄成、严彭祖、尹更始以儒术进,刘向、王褒以文章显。"中华书局,1982年,第2965页。
　　③《魏书》卷八二《常景传》,中华书局,1974年,第1802页。
　　④张耿光译注:《庄子全译》,贵州人民出版社,1991年,第620页。
　　⑤公孙龙著,庞朴译注:《公孙龙子·通变论》,上海人民出版社,1974年,第27页。

《翟家碑》的作者唐僧统,对黄马、碧鸡也不会生疏。不过,碑中所云"黄马英词莫比,碧鸡雄辩难当",当来自[梁]刘峻(461—531)的《广绝交论》。《广绝交论》是一篇骈文名作,后被收入《昭明文选》。①一入《昭明文选》,文章就会传之万代。又因为《广绝交论》是刘峻见任昉诸子在其父死后生活"游离不能自振,生平旧交莫有收恤",深感"素交"尽而"利交"兴,于是奋笔疾书,恣横酣畅地把当时社会上的"五交""三衅"说了个透彻。再加上他的文字淋漓尽致,影响就更加深远。他把当时人际交往中的"利交"归为五类:势交、贿交、谈交、穷交、量交。说到"谈交"时,其中有"骋黄马之剧谈,纵碧鸡之雄辩"两句,这就是《翟家碑》"黄马英词莫比,碧鸡雄辩难当"的出处。或许有人要问:刘峻的"骋黄马之剧谈,纵碧鸡之雄辩"在其《广绝交论》中乃贬义,而《翟家碑》中的"黄马英词莫比,碧鸡雄辩难当"却是褒词。刚接触刘峻有关"谈交"这一段文字时,我也是这样想的。后读《六臣注文选》,唐人吕延济有一段话打消了我的想法。他说:"黄马骊牛三,谓黄、骊、色为三也,言辩者以此为剧谈也。王褒为《碧鸡颂》,雄盛辩(辞)之谓也。"光是"骋黄马之剧谈,纵碧鸡之雄辩",说不上什么褒与贬,更何况悟真很会用典,他改成了"黄马英词莫比,碧鸡雄辩难当",用于对翟涓能言善辩的形容,文字优美,内容贴切。

[17]"兹"字,原写作"资",后标删除符号,旁改写为"兹",后人把

---

①刘峻比昭明太子萧统早生40年,而《广绝交论》又是骈文名篇,萧统自然要收入他编的《文选》。见《昭明文选》卷五五《论五》(中华书局,1986年,第365页)。又因为《广绝交论》的写作由任昉儿子的遭遇而起,后来的《梁书》《南史》都收入《任昉传》里,见《梁书》卷十四《任昉传》(中华书局,1973年,第250—258页)。又《南史》卷五九《任昉传》(中华书局,1975年,第1452—1459页)。《艺文类聚》卷二一《人部五·绝交》(中华书局,1965年,第397—399页)也收有此文。唐以后收录或引文者更多,可见此文影响之深远。

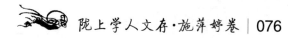

删除符号当成三点水,误录为"滋"。

[18]"俗"字,据上下文意补。

[19]"既"字,当作"慨"。

[20]"岳",原卷误作"𡴳",后在其旁改写为"岳"。

[21]"存"字前,原有"孝"字,后标删除记号。

[22]"雄"字,当作"熊",邓氏录文同,其余诸家录文均作"黄雄"。考"黄熊之祟"的典故出自《左传》。《春秋左传》"昭公七年"载:"郑子产聘于晋,晋侯有疾,韩宣子逆客,私焉。曰:'寡君寝疾,于今三月矣,并走群望,有加而无瘳。今梦黄熊入于寝门,其何厉鬼也?'对曰:'以君之明子为大政,其何厉之有。昔尧殛鲧于羽山,其神化为黄熊,以入于羽渊,实为夏郊,三代祀之。晋为盟主,其或者未之祀也乎。'韩子祀夏郊,晋侯有间。"①

[23]"敩戎",诸家录文均误。王仁俊、蒋斧老前辈释成"即戎",但原文一点"即"的形象都没有。他们之所以释成"即戎",是他们对《周易·下经·夬传》所载"自邑不利即戎"这一典故太熟悉的缘故。"即戎"就是"用兵"的意思。王、蒋以降,多数学者随之,只有个别学者改为"和戎"或"驱戎"。对照原卷,"和戎""驱戎"就差得更远了。原卷"敩"字左边的"学",上半截挤成了分不清笔道,但下半截的"子"字清楚,右边的"攵",从草书或行草的角度来看,可以认同,于是我想到了这是个"敩"字。"敩"字有两个意思:敩,教也;敩,即效也。"戎"字多义,其中一项是军队、士兵之意。因此,此处的"敩戎"既可以作"教育士兵"解,也可以作自我军事修养解。碑文"敩戎习七德之谋,对敌好六奇之勇",说明怀光其人很懂军事,带兵打仗也很有指挥才能。

---

①杨伯峻:《春秋左传注》第4册,中华书局,1990年,第1289—1290页。

[24]"凉"字，原写作"梁"，直接在其上改成"凉"。

[25]"惠"字，"惠"通作"慧"。

[26]"勘"字，当作"堪"。

[27]"古"字前，原有"固"字，标删除记号，接写"古"字。

[28]"文"字，本句与"文堪师古"为对文，"文"与"武"对，据上下文文意当作"武"。

[29]"青"字，当作"清"。

[30]"以"字，当作"与"。

[31]"处众扰扰，独显卓然之象"句，诸家录文或作"甡甡"，或校改作"兢兢"，均误。一是"扰扰"二字清晰得很；二是"处众扰扰，独显卓然之象"文意本通，有"鹤立鸡群"之意。又"显"字，原写作"献"，后标删除记号，旁边改写为"显"。

[32]"顶"字，当作"顷"。

[33]"戒"字，当作"界"。

[34]"谭"字，同"谈"。

[35]"耆"字，原写作"祇"，标删除记号之后，在旁边加上"耆"。

[36]"先"字，当作"仙"。

[37]"陵"字，今多作"凌"，考《别雅》卷二："凌轹、陵轹也，按陵轹者，谓以势加乎人之上而欺侮之也，用陵字为正，今多通借为凌。"

[38]"磬"字，原字的下半截，既非石，也非缶，而像立。

[39]"大"字前，本有三至四字，后又覆盖掉。邓氏录文补作"毕功于"。

[40]"尽善"二字，原作"善尽"，"尽"字旁倒乙符号，据此乙正。

[41]"爱"字，原写作"远"，后在其旁加写"爱"。

[42]"瑶"字，当作"繇"。

[43]"真"字，疑当作"逞"。"横逞"有"充分施展"之意。

[44]"朔"字,当作"塑"。

[45]"测"字前,旁有三个小字,曰"少三字"。故加三个"口"。

[46]"莲花藏界,观行澄澄;十首楞伽,亲承教教"句,"澄"和"教"两字后有重文符号,王仁俊、蒋斧、张维、石璋如都释成"观行澄之","亲承教之",没有看成重文。陈垣先生在论"重文误为二字例"中说:"古书遇重文,多作二画,元刻《元典章》重文多作两点,沈刻既改为工楷,故有两点变为'二'字者……亦有误两点为'之'字者"。(陈垣著《校勘学释例》,中华书局,2006年,第29—30页。)陈先生举的一些例子,让人看了哭笑不得。敦煌遗书中的重文,书写者不同,表示方法也不尽相同,但以两点居多。

[47]"西土"二字,原写作"土西","西"字旁有倒乙符号,据此乙正。

[48]"净"字,当作"清"。

[49]"熙怡"二字,原卷作"熙佁",显系笔误。

[50]"逈"字,当作"回"。

[51]"栏槛"二字,原作"槛栏",在"栏"字右上方给有倒乙符号,据此乙正。

[52]"布"字,诸家录文均作"而",邓氏录文校改作"如"。原件本写成"而",后稍加改动,成为"布"。"而"字是《翟家碑》中出现频率最高的字之一。原卷的书写者,同一个字,经常写法不一,但对"而"字,我注意了一下,却是相同的。因此"遍金地布森林"的"布",字、义均通。

[53]"洞澄河口,泛涟淀而流演"句,"洞"字为第49行的最后一字,与第50行第一字"澄"相连。自郑炳林先生之后,都认为本句有脱文,只是脱字置于何处有分歧。愚意以为,此句与上一句是骈文式,故当作"溪蓁道树,遍金地布森林;洞澄河口,泛涟淀而流演。"又"淀"

字,各家都释成"泩",考《说文解字·水部》:"渷,回泉也,从水旋省声,似沿切。"《康熙字典·巳集上·水字部》:"渷,《广韵》:'辞恋切,音旋。义同。渷通作漩。'"故当作"渷"。

[54]"清凉圣境,僧宝住持。诱物知津,使归栿喻"句,其中"诱物知津,使归栿喻"的"诱"字,各家都未能正确释读。王仁俊几近临摹,又似是而非。蒋斧录作"望"。其余诸家作"济"。马德作"□"。实际上,原卷此字的左半边为简体的"言"字旁,是很清楚的,右边的"秀"却让人费猜疑。《翟家碑》中共有三个"诱"字,写法各不相同,但其他两个都好认。学者们都认为《翟家碑》是抄件(因为没有碑额原文),因此我估计,这个"诱"字,当年的抄录者也是"照猫画虎"。其实,"诱物知津,使归栿喻"的"栿喻"出自《金刚经》,"栿"通作"筏"。以翟僧统为窟主的莫高窟第85窟窟内画有《金刚经变》,在敦煌莫高窟,"栿喻"是确认《金刚经变》的标志性画面:只要看见某幅经变画中有一个"竹栿"在水中漂浮,那肯定就是《金刚经变》。所谓"栿喻",是指修行者要想到达"彼岸",就像过河渡海需要船、筏一样。但是,《金刚经》云:"如来常说,汝等比丘,知我说法,如筏喻者,法尚应舍,何况非法!"这就是说,渡河须用栿,到岸必弃船。这才是"栿喻"的完整意思。《金刚经》的"筏喻"很有点《庄子·外物》"荃者所以在鱼,得鱼而忘荃"(张耿光《庄子全译》,第497页)的意思。《翟家碑》中的"诱物知津,使归栿喻",诱者引导之意,物者除我以外之人,直白地说,就是指翟僧统不仅引导善男信女找到通往"彼岸"的渡口,而且让人们懂得"栿喻"的真正含义。"诱物知津"是都僧统的神圣使命——让人相信:只要信佛,便可以到达彼岸,而"使归栿喻"则是他需要更进一步宣传的哲理——到岸弃船。

[55]"轸"字,原作"軡",《康熙字典·酉集下·车字部》:"軡,俗轸字。"

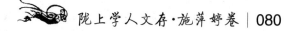

[56]"勒"字,当作"敕"。

[57]"彩"前,原写有一"采"字,后涂掉。

二 关于碑文的标点和"□"之我见

1. 关于标点

对一篇古文献的标点,也许不会有两人是完全相同的。就《翟家碑》而言,王仁俊、蒋斧、张维三位前辈的录文都没有句读。自石璋如先生以下,各家的录文都有标点,但没有一家是相同的。我做《翟家碑》录文时曾想:用句读最简单。殊不知句读也不容易,个别地方,你都不知道应在哪里画圈,断不了句。既然如此,干脆迎难而上,还是用标点符号为好。对于作者来说,一篇文章中的标点符号,不光表示语感,甚至包含着他的激情。古人的文章,我们现在代为标点,本来就勉为其难,更何况现在的标点符号用法,有的符号,如分号,有的时候可用可不用。拿骈文来说,"四六文"的句式,往往对偶排比,两句之间,可以用句号,也可以用分号。我的《翟家碑》录文,对于这种句式,多采用分号。恕我冒昧,自我感觉是:用分号不仅有层次感,而且韵味更浓。此外,我的标点与诸家不同者,略为辨析如下:

第6行"总斯美者,其惟都僧统"。凡有标点者,都是"总斯美者,其惟都僧统和尚"。又因为原件在"和尚"二字之后涂掉二字,于是有的录文就释成"其惟都僧统和尚欤!"实际上,"和尚"二字是下一句的主语:"和尚起自陶唐之后",文清理顺。敦煌文献碑、铭、赞中,这种句式何止一二!

第29—31行,不加标点的原文为:"名驰帝阙誉播秦京敕赐紫衣陛阶出众麟角之美更新风靡咸从顶(顷)省青云之士施则弥纶法戒(界)说真俗而并存卷之入一毫端谭空有而双遣",正因为各家只注意前面16字为"四言",而没有考虑对偶,即使前面四句勉强可通,后面的全就"拧"了。我从四言对偶考虑，认为前面16个字之间有脱文，因而我的标点就成了：

> 名驰帝阙，□□□□誉播秦京，敕赐紫衣。

根据这一句式，我认为四字脱文应该是"迁加僧统"。于是行文就成了：

> 名驰帝阙，迁加僧统；誉播秦京，敕赐紫衣。

考 P.4660《河西都僧统翟和尚邈真赞》"名驰帝阙，恩被遐荒；迁加僧统，位处当阳。"按："名驰帝阙"对"誉播秦京"；"迁加僧统"对"敕赐紫衣"，应该说对仗还是可以的了。《翟家碑》原件是 P.4640 中的第4件。P.4640 共有 11 件碑、铭、赞，是一份"档案"性质的重抄的文书，既不是碑文原稿，更不是拓片，因而讹字脱文在所难免。接下来的文字，按骈体文来梳理，就比较顺利了：

> 陛阶出众，麟角之美更新；风靡咸从，顷省青云之士。施则弥纶法界，说真俗而并存；卷之入一毫端，谭空有而双遣。

这几句文字，两句"四六文"，是接着前面的"名驰帝阙，迁加僧统；誉播秦京，敕赐紫衣"，说翟法荣都僧统的地位特殊（"陛阶"有"地位"之意），原本就是凤毛麟角之人，而今更好。"风靡"有"倾倒""仰慕"之意。玄奘《大唐西域记》载："彼大自在天、婆薮天……佛世尊者，人皆风靡，祖述其道。"[1]因此"风靡咸从"乃仰慕相随之意。"顷省青云之士"的"顷"即"倾"，许慎《说文解字》："顷，头不正也。"[2]段玉裁《说文解字注》曰："……引申为凡倾仄不正之称，今则倾行而顷废"。[3]

---

①玄奘：《大唐西域记》卷十一《摩腊婆国》，季羡林等《大唐西域记校注》，中华书局，1985年，第904页。

②许慎：《说文解字》，中华书局，1979年，第168页。

③段玉裁：《说文解字注》，上海古籍出版社，1981年，第385页。

"省"应读"醒",音、义均同。"青云之士"可有多种解释,愚意以为此处指的是"文士之追随者"。

至于"施则弥纶法界,说真俗而并存;卷之入一毫端,谭空有而双遣",是从隋代嘉祥大师吉藏(549—623)的《法华玄论》发展而来的。吉藏的原文是:"卷之则不留一毫,舒之则弥纶法界。"①到了唐代澄观(738—839)的笔下则有"舒则弥纶法界,卷则足迹难寻"之句,②把吉藏的句子颠倒了一下。《翟家碑》的语序与澄观相同,其譬喻则近于吉藏。走笔至此,有两点需要说明:一是"舒则弥纶法界"的"舒"字,碑文作"施",这大概是当年抄录者的西北方音所致;"谭空有而双遣"的"谭"字同"谈"。一是为什么碑文成了"施则弥纶法界,说真俗而并存;卷之入一毫端,谭空有而双遣?"因为碑文说的是都僧统翟法荣如何在敦煌讲经弘法,把吉藏的话发挥了一下,使之更接近翟法荣的实际。吉藏对"施则弥纶法界"和"卷之入一毫端"的解释是:"虽舒而不有,虽卷而不无"。澄观的解释是:"即舒恒卷,即卷恒舒。即展卷无碍。"

2. 关于"□"

本文录文中的"□"有三种情况:一是本文所加;二是原件有空白;三是原件上写有"少三字"的小字注,本文把它改成"□□□"。现把本文所加的"□"解释如下:

中国的文章,自从汉魏时期出现骈文以后,人们习以为之,后来竟成了"自古文章珍骈俪"。到了唐代,流行一种以四字六字相间对句的骈文,也叫"四六文",四字在前,六字在后,形式活泼,对仗工整,文

---

①吉藏:《法华玄论》卷一,《大正藏》第 34 册,第 361 页。
②澄观:《华严经行愿品疏》卷一,《大正藏》第 5 册,第 51 页。

字优美,音调铿锵。柳宗元曾说"骈四俪六,锦心绣口"。①骈俪作记、序、碑、碣,成为有唐一代的文体。洪迈《容斋随笔四笔》曰:"王勃等四子之文,皆精切有本,原其用骈俪作记、序、碑、碣,盖一时体格如此。而后来颇议之。杜诗云:'王杨卢骆当时体,轻薄为文哂未休。尔曹身与名俱灭,不废江河万古流。'正谓此耳。'身名俱灭'以责轻薄子,'江河万古流'指四子也。"②《翟家碑》之文,也是骈文。我自从悟得"碧鸡雄辩难当"之后,时不时重读郑炳林先生的《敦煌碑铭赞辑释》,对比之下,唐悟真的行文,无愧于前人。我约略统计了一下,通篇有四六文17对,至于四言对偶、七言对偶,随处都是。本文中的"□",有的就是在琢磨唐人以"骈俪作记、序、碑、碣"的启发下悟出来的。如:

第18行"拨嚣烦而取静,顿息心机□□,既(慨)世网而不拘,易相菩提之路",如果我们把它们摆成对联,就成了:

拨嚣烦而取静,顿息心机□□;慨世网而不拘,易相菩

提之路。

以愚意度之,这两个框框,可能是"之谋"或"之门"二字。

第26行"四轮□宝,三学机枢",从行文上看,绝对不会是原卷上的"四轮宝,三学机枢"。而从对偶上讲,"四轮"对"三学",既是名词对名词,又是数字对数字,那么后面就应该是"□宝"对"机枢"。这个"□"能用的字"法""圣""胜"皆可。

第29行"名驰帝阙,□□□□;誉播秦京,敕赐紫衣。"正像"誉播秦京,敕赐紫衣"那样,前面的"名驰帝阙"也应紧跟着四个字,这四个

---

①柳宗元著,廖莹中编注:《柳河东集》卷十八《骚·乞巧文》,上海人民出版社,1974年,第316页。

②洪迈著,鲁同群、刘宏起校注:《容斋随笔四笔》卷五《王勃文章》,中国世界语出版社,1995年,第437页。

字当为"迁加僧统"。如此则既符合翟法荣的身份,也使句式完整。

第39行—40行"若乃释迦轮足,化□缘而已周;弥勒垂踪,显当来之次补"。这一组文字,最前面的"若乃"是冠词,统摄二组"四六文"。从内容来看,说的是释迦涅槃、弥勒成佛。因此,没有脱字的原文应该是:"释迦轮足,化前缘而已周;弥勒垂踪,显当来之次补。"

第44行"金刚了义,赞善现而解空;天请报恩,□降魔而成道。"说的是窟内壁画的内容(碑文从38行后半起,说的是85窟窟内壁画、塑像的内容)。"金刚了义,赞善现而解空",指的是《金刚经变》,而"天请报恩,□降魔而成道"则指的是《思益梵天所问经变》《报恩经变》《劳度叉斗圣变》。从句式的对仗来看,"□"可能是"颂"的脱字。

第48—49行"绀窗晓露,□分星月之明;阶阙藏春,朝度彩云之色。"这一组说的是环境。根据后一句"阶阙藏春,朝度彩云之色",反转来看前头那一句,则立即可以得出"绀窗晓露,夜分星月之明"。因而得知原文不但脱一字,而这一脱字为"夜"字。

第49—50行"溪藑道树,遍金地布森林;涧澄河□,泛涟淀而流演"。我根据最后一句"泛涟淀而流演",认为前面那一句应是"涧澄河清",原卷的脱字在"河"之后。"涧"者,两山之中的小溪也;澄者,清澈也。"涧澄河清,泛涟淀而流演"说的是小溪大河,川流不息。至于把脱字放在"涧"之后,成了"涧□澄河"或释为"涧□澄荷",似乎都未理顺,因为"澄河""澄荷"作为词语,颇难理解。

第52行"乃轸陵成碧海,□谷变岘山",指的是翟法荣和尚的功绩。原文为"乃轸陵成碧海,□谷变岘山"。从对仗来看,"轸陵"必须对"□谷"。此句的"轸陵成碧海"比较难解。《说文解字》曰:"轸,车后横木也。"只此一说。现在"轸"字多义,与"轸"相连的词,有"轸石""轸丘",但没有"轸陵",而"轸"又作"方"解,"轸石"即方石、"轸山"即方山也。《康熙字典·酉集下·车字部》曰:"轸……地形盘曲貌。"这样,就字面而言，"轸陵成碧海"就可以勉强解释为：盘曲的大土山变成了碧海。那么后面的一句应该是什么□"谷"变"岷山"呢？我第一次琢磨此句时，直觉告诉我："宕谷变岷山"。理由是："岷山"——小而高的山岭，莫高窟在宕泉河谷的山上，至今敦煌当地人还称到莫高窟去为"上山""去山上"。又，岷山是山名，全国共有两处——湖北襄阳、浙江湖州，这两处岷山都因文人、名士的"常登临"而成为名山。现在我们再把话拉回到《翟家碑》：从第50行"清凉圣境，僧宝住持"开始，说的是都僧统翟法荣对敦煌佛教的宣传、管理——"诱物知津，使归栀喻。苦集之因绝蔓，菩提种智抽芳。弘誓克周，咸通随念。"而"轸陵成碧海，宕谷变岷山"是对其成绩的比喻。

三　一点感想

1909年，伯希和在北京给中国文人展示他从敦煌巧取到的部分敦煌文献之后，当时在京的许多著名学者如刘廷琛、柯劭忞、曹元忠、蒋斧、王仁俊等纷纷前往伯希和住处参观、抄录，罗振玉因感冒未能前往。蒋斧1909年编辑了《沙州文录》，他在《序》中说："今年秋，遇法兰西学士伯希和于京师，读其所获敦煌石室书卷，其完整者已由同人集金影写，所余丛残文字，皆足考见沙州沿革而补正旧史，乃与同县王捍郑太守尽二日之力，手录之，得碑赞敕牒杂文二十余篇。碑赞皆当时寺僧传写之本，潦草讹夺或至不能句读。审谛揣摩，仅乃缮写。其不可辨者，缺之，命之曰《沙州文录》。"①王仁俊同年编的《敦煌石室真迹录》则曰："伯君来都，贤士大夫咸往访之，俊则赍油素，握铅椠，怀

———

① 蒋斧：《沙州文录·序》，1909年12月收入罗振玉编《敦煌石室遗书》，诵芬室刊行。

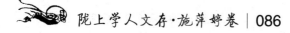

饼就钞者四日。"①余每读至此,前辈敦煌学者的酸楚,感同身受,对他们的尊敬油然而生。蒋、王二位老前辈对《翟家碑》的录文,是《翟家碑》释文的基础,是他们学识的体现。如对"鹈鸰"二字的释读,如不知其典,便无能为力,因为原文的"鸟"字非常潦草,且两个"鸟"写法不一,"鹈"又写作"鹇",两字音义皆同。

笔者平时读书所做的札记里面,常记一些"兴之所至"的东西,其中有唐人刘知几《史通》言:"笑前人之未工,忘己事之已拙,上知犹其若此,而况庸庸者哉!"②我无疑是庸庸者,因此,在《翟家碑》的研究上,岂敢"笑前人之未工"!陈寅恪先生在《三论李唐氏族问题》一文中说:"夫考证之业,譬诸积薪,后来者居上,自无胶守所见,一成不变之理。"③我也是"积薪"者之一,某些方面肯定也是"后来者居上"。当然也是"自无胶守所见,一成不变之理"!在批评声中前进,其步伐往往更矫健,我将翘首以待。

(《兰州大学学报》社会科学版 2009 年第 5 期)

三界寺·道真·敦煌藏经

一 三界寺

　　三界寺建于何时,到目前为止,尚未查到明确记载,因此研究者们只能作一些推测。有绝对年代题记的资料,最早为 S.1824《受十戒文》题记:"光启四年(888)戊申五月八日三界寺比丘僧法信于城东索使君佛堂头写记,丁卯年(天祐四年,即 907 年)后正月(此乃敦煌历,中原天祐三年置闰,闰十二月,与敦煌历正好差一个月)十四日写《受十戒文》卷。福岩记之。"敦煌文献中最晚为 S.4915,时间为雍熙四年(987)。天禧三年(1019),敦煌 9 寺 26 人结社在莫高窟建造一塔,《造塔记》提到三界寺僧善惠、法盈参与了这次活动。

　　有关三界寺的敦煌写经,能确定的有 91 件。其卷号为 S.0093、0173、0296、0330、0347、0375、0528、0532、0707、1183、1364、1587、1635、1824、2129、2448、2566、2614 -2、3147、3565、3624、3755、3788、4115、4160、4378-2、4504、4844、4861、4864、4868、4869、4876、4915、4916、5313、5448、5663、5855、5892、6191、6225;P. 2097、21302、2161、2193、2233、2836、2930、2994、3010、3051、3121、3140、3143、3189、3203、3206、3207、3238、3320、3336、3352、3367、3392、3398、3414、3439、3455、3482、3483、3582、3706v、3917a、4518-19、4611、4779、4959、5568;北图地 12、奈 88、余 18、雨 63、咸 75、黄 11、服 30V、续 0329;敦研 345、322;上图 086;津 194(详见附录一《关于三界寺的资料》)。

　　这些写经归纳起来有这样几方面:

1. 与地方统治者关系。S.0707《孝经》。其后有题记:"同光三年(925)乙酉岁十月日三界寺学仕郎郎君曹元深写记。"S.3565 为曹元忠布施疏,文曰:"弟子归义军节度使检校太保曹元忠,与衙内龙楼上,开龙兴、灵图(旁注"请大德九人")二寺大藏经一变,启扬鸿愿,设斋功德疏:施红锦壹匹,新造经帙贰拾壹个,充龙兴寺经衬。楼绫机壹匹,经帙拾个,充灵图寺经衬。生绢壹匹,经帙拾伍个,充三界寺经帙。马,壹匹,充见前僧□。"曹元深曾是三界寺的学仕郎,曹元忠给三界寺布施,说明五代时期敦煌的统治者与三界寺关系密切。

2. 三界寺藏经印。写经的首部或尾部盖有"三界寺"藏经印的共15件。这当然远远不是三界寺藏经的全部。因为这 15 个印集中在《大般涅槃经》《大般若波罗蜜多经》两部经上,三界寺绝对不止这两部经;长兴五年(934)该寺比丘道真曾发起"寻访古坏经文,收入寺中,修补头尾"的活动,当时三界寺就有佛经 166 种(详后)。

3. 授戒牒。有 25 件,授戒师大多数是道真,有的还有道真的署名(有的是亲笔签名),即使没有署名,从时间上看,授戒师也只能是道真。

4. 寺学。三界寺有寺学,该寺学仕郎抄写有《孝经》《咏孝经》《苏武李陵往还书》《开蒙要训》,共 4 件。

5. 道真。该寺道真受持的佛经、编制的目录、抄写的文献、发布的告示等 20 件。如果加上道真为授戒师的戒牒 25 件(33 通),共计 45 件,那么,在有关三界寺的 88 件敦煌遗书中,直接与道真有关的就占半数以上。

6. 其他较重要的写卷。反映三界寺日常生活的文书有 22 件,其中比较重要的有:S.1824《受十戒文》(有光启四年即 888 年题记),P.3051《频婆娑罗王后宫婇女功德意供养塔生天因缘变》,P.3352榜书底稿(背为三界寺账目)等。

二　道真

道真俗姓张,19 岁时已是三界寺的沙门。北图奈 88《佛名经》题记:"沙门道真修此经,年十九,俗姓张氏。"该件纸背骑缝处有"三界寺道真念"①。道真的生卒年代不详,有绝对年代的记载,最早为五代后唐长兴五年(934)(见敦研 345《三界寺应有藏内经论目录》和北图续 0329《三界寺见一切入藏经目录》),最晚为 S.4915 宋雍熙四年(987)的《南赡部洲大宋国沙州三界寺授菩萨戒牒》。这就是说,有绝对年代的记载告诉我们,道真在三界寺生活了 53 年,他把毕生精力献给了三界寺。即使假设上引北图奈 88《佛名经》题记"沙门道真修此经,年十九"为长兴五年,即 934 年,他至少活了 72 岁。道真其人,名不见经传,其事迹全赖敦煌藏经洞出土的敦煌遗书而得知。有关道真的敦煌写经,现在能确定的有 52 件,卷号是:S.0330、0347、0532、1183、1635、2448、2635、3147、3452、4115、4160、4844、4915、5313、5448、5663、6191、6225;P.2130、2161、2193、2270、2340v、2641、2836、2930、2994、3140、3143、3203、3206、3207、3238、3320、3392、3414、3439、3455、3482、3483、3917-1、4712、4959;北图余 18、奈 88、咸 75、服 30v、张 62、续 0329;敦研 345、322;台北 124。另有莫高窟第 108 窟前室题记一条(详见附录二《关于道真的资料》)。

道真的结衔,最常见的是比丘、沙门。从我们已知道的写经题记来看,自从长兴五年(934)他发起"寻访古坏经文,收入寺中,修补头尾,流传于世"以后,935 年就已是"修大般若经兼内道场课念沙门";

---

①许国霖《敦煌石室写经题记与敦煌杂录》将道真误录为道贞,黄永武:《敦煌丛刊初集》第 10 册,新文丰出版公司,1985 年,第 27 页。陈垣《敦煌劫余录》录为道真。

据敦研 322《辛亥年（951）腊八燃灯分配窟龛名数》，该年道真已是释门僧政；964 年为授戒师主释门僧政赐紫沙门。但后来的戒牒只题"授戒师主沙门道真"，或仅题"比丘道真"，可见其人只做实事而不图虚名。S.0532《南赡部洲婆婆世界沙州三界寺授八关斋戒牒》是年代最晚的一份戒牒（987 年），结衔为传戒师主都僧录大师赐紫沙门。P.3917-1《中论》卷一末尾有题记而无纪年，文曰："三界寺律大德沙门道真念已。"律大德和授戒师主的身份是一致的，应该说在担任授戒师之前就已经是律大德，而道真担任授戒师的最早记载为宋乾德二年（964），也就是说，964 年以前道真已是律大德。

道真的事迹，主要有以下几项：

作为授戒师，道真为不少信徒授戒并颁发了戒牒，仅保存下来的有他署名的就有 33 通。日本学者小川贯弌《关于敦煌的戒牒》一文附有《沙州三界寺道真授与的戒牒年谱》也收入了 33 通，但稍有出入。他收入了散 0212、散 0215，我没有收，因为这是李盛铎之物，现在在何方不得而知。我收入的 P.3320 和 P.3439 中的第 3 件，小川先生未收①。戒牒有五戒牒、八戒牒（亦叫八关斋戒牒）、菩萨戒牒，还有罕见的三戒牒、千佛大戒牒。值得注意的是，保存下来的这些戒牒，受戒者都是在家的善男信女，可见道真当时作为僧政，很注意推广民间信仰，对敦煌的世俗信仰起了很大的作用。

道真签发的《辛亥年腊八燃灯分配窟龛名数》，为我们保存了研究莫高窟窟龛分布及佛事活动的绝好资料。金维诺先生、吴曼公先生及敦煌研究院敦煌遗书研究所的马德同志对此件已有较深入的研

①小川贯弌：《敦煌的戒牒》，龙谷大学史学会编《龙谷史坛》第 73、74 号合刊本，1973 年。

究①，尤其是通过此件考证石窟分布和某些石窟的名字，收获不少，恕不赘述。

道真为我们保存了十分重要的研究敦煌的资料《敦煌录》。遗憾的是，笔者至今没有机会看到原件，这里介绍的是从缩微胶卷上见到的情况：S.5448为小册子，第1页上写着"敦煌录一本""道真""道真""道真"。道真的名字是道真的手笔，与其他文书中道真的签名一致。敦煌的"敦"为火字旁，"敦煌录一本"5字疑为当年斯坦因的"助手"蒋孝琬的手笔，与斯坦因劫经中屡屡可见的蒋孝琬的字迹完全相同，是蒋孝琬帮助斯坦因整理所得敦煌文献时写上去的。现存的《敦煌录》始于"效谷城……"似乎不是文章的起首，因而应该称其为"前缺"。尾部题曰"敦煌录一卷"。《敦煌录》的作者是否为道真，尚待研究，上面写了三个"道真"，说明是道真的本子，因而说《敦煌录》赖道真而保存到今天，是千真万确的。《敦煌录》引用的人很多，录文也不止一种，虽各有所长，但都不无遗憾。校录容后再作。现将我在前人基础上所作的录文移于下，以期便于研究者应用：

> 效谷城本是渔泽，汉孝帝时崔不意教人力田得谷，因名，后为县。
>
> 贰师泉去沙州城东三程。汉时李广利军行渴乏，祝山神以剑札山，因之水下，流向西数十里黄草泊，后有将渴甚，饮

---

① 金维诺：《敦煌窟龛名数考》，《文物》1959年第5期。吴曼公：《敦煌石室腊八燃灯分配窟龛名数》，《文物》1959年第5期。孙修身：《敦煌石室〈腊八燃灯分配窟龛名数〉写作年代考》，《丝路访古》，甘肃人民出版社，1983年，第209—215页。马德：《吴和尚·吴和尚窟·吴家窟——〈腊八燃灯分配窟龛名数〉丛识之一》，《敦煌研究》1987年第3期。马德：《灵图寺·灵图寺窟及其他——〈腊八燃灯分配窟龛名数〉丛识之二》，《敦煌研究》1989年第2期。马德：《都僧统之"家窟"及其营建——〈腊八燃灯分配窟龛名数〉丛识之三》，《敦煌研究》1989年第4期。

水泉侧而终,水遂不流,只及平地,后来若人多即水多,若人少即水少,若郡众大唤,水则猛下,至今如然。其二师庙在路旁,久废,但有积石驼马,行人祈福之所。次东入瓜州界。

州南有莫高窟,去州二十五里,中过石碛带,山坡至彼斗(陟)下谷中,其东即三危山,西即鸣沙山,中有自南流水,名之宕泉。古寺僧舍绝多,亦有洪钟。其谷南北两头有天王堂及神祠,壁画吐蕃赞普部从。其山西壁南北二里,并是镌凿高大沙窟,塑画佛像,每窟动计费税百万。前设楼阁数层,有大像堂殿,其像长一百六十尺,其小龛无数,悉有虚槛通连巡礼游览之景。

次南山有观音菩萨曾现之处,郡人每诣彼,必徒行来往,其恭敬如是。

鸣沙山去州十里,其山东西八十里,南北四十里,高处五百尺,悉纯沙聚起。此山神异,峰如削成。其间有井,沙不能蔽,盛夏自鸣,人马践之,声振数十里。风俗端午日,城中士女皆跻高峰,一齐麾下,其沙声吼如雷,至晓看之,峭嵲如旧。古号鸣沙,神沙而祠焉。近南有甘泉,自沙山南,其上源出大雪山,于西南寿昌县界入敦煌,以其沃润之功,俗号甘泉。

金鞍山在沙山西南,经夏常有雪。山中有神祠甚灵,人不敢近。每岁士主望祀,献骏马驱入山中,稍近,立致雷电风雹之患。

州西南有李先王庙,即西凉昭王先世之庙。乾封年,庙侧得瑞石,其色翠碧,有赤文古字云:"卜世三十,卜年七百。"今人呼为李庙。

州西有阳关,即故玉门关,因沙州刺使(史)阳明诏追拒命,奔出此关,后人呼为阳关。接鄯善城,险阻乏水草,不通人行,其关后移州东。

城西八十五里有玉女泉,人传颇有灵,每岁此郡率童男女各一人,充祭湫神,年则顺成,不尔损苗。父母虽苦生离,儿女为神所录,欢然携手而没。神龙中,刺史张孝嵩下车,求郡人告之,太守怒曰:"岂有川原妖怪害我生灵!"遂设坛,备牲泉侧,曰:"愿见本身欲亲享。"神乃化为一龙,从水而出,太守应弦,中喉拔剑斩首,亲诣阙进上。玄宗嘉称再三,遂赐龙舌,敕号龙舌张氏,编在简书。

郡城西北一里有寺,古木阴森,中有小堡,上设廊殿,具体而微,先有沙□张球,已迈从心,寓止于此。虽非博学,亦甚苦心,盖经乱年多,习业人少,遂集后进,以阐大猷,天不憖遗,民受其赐。

石膏山在州北二百五十六里乌山峰,山石间出其膏,开皇十九年乌山变白,中验不灵,遣道士皇甫德琮等七人祭醮,自后望如雪峰。

河仓城,州西北二百三十里,古时军储在彼。长城在州北,其城六十三里,正西入碛,前汉所置,北入伊州界。

敦煌录一卷

道真最大的功绩是由他发起的"寻访古坏经文""修补头尾",并进而引起敦煌各寺院清理佛经、补写佛经以及向中原"请经"。作为发起者,作为僧政,道真身体力行,兢兢业业地给三界寺修经、写经、施供器法器、造刘萨诃和尚像。

S.5663《中论》卷二题记:

乙未年正月十五日三界寺修《大般若经》兼内道场课念沙门道真,兼条诸经十一部,兼写《报恩经》一部,兼写《大佛名经》一部，道真发心造大般若（经）帙六十个，并是锦绯绵绫俱全。造银番（幡）伍拾口，并施入三界寺。铜令（铃）香卢（炉）壹，香樸壹，施入三界寺。道真造刘萨诃和尚，施入番（幡）二七口，铜令（铃）香卢（炉）壹，香樸，花毡壹。已上施入，和尚永为供养。道真修《大般若》壹部，修诸经十三部，番（幡）二七口，铜令（铃）香卢（炉）壹，香樸壹，经案壹，经藏一口，经布一条，花毡壹。以上施入经藏供养。

题记的纪年为"乙未"，而道真经历的"乙未"只能是935年。前一年，也就是长兴五年（934），他发起"寻访古坏经文，收入寺中，修补头尾，流传于世"，第二年（乙未）就完成了上引"兼条修诸经十一部，兼写《报恩经》一部，兼写《大佛名经》一部""修《大般若》壹部，修诸经十三部"。仅《大般若波罗蜜多经》一部就是600卷，光是修补头尾的工作量就相当大，何况还要新写大部头的《大方便佛报恩经》和《佛名经》呢。没有兢兢业业、废寝忘食的精神是根本办不到的。至于题记中说到的造法器及刘萨诃和尚等，孙修身先生已有文章论及[1]，笔者认为题记只说"道真造刘萨诃和尚"一句，只知道道真"造刘萨诃和尚"而已，姑且存而不论。

三　敦煌藏经

在敦煌写经中，有将近90件是与敦煌藏经有关的佛经目录。其卷号为 S.0375、0476、0817、1364、1519-2、2140、2142、2447、2872、3522、3538-2、3565、3607、3624、4447、4627、4640、4665、4686、4688、4900、5002-2、5045、5046、5523、5525、5676、5782、5895、5925、5943、5982、5985、5991、5995、6039、6055、6069、6135、6200、6225、6314；P.2472、2722、

---

①孙修身：《敦煌三界寺》，《甘肃省历史学会论文集》，1982年。

2726、2727、2840、2987、3010、3060、3138、3150、3187、3188、3202、3279-2、3302、3337、3406、3432、3444、3459、3543、3654、3851、3852、3853、3854、3855、3869、3948、3986、4000、4039、4607、4611、4664、4668、4741、4754、4779、4786、4962、5586；敦研345；北图续0329、文54、收94。这些只是与敦煌藏经有关的目录，而不包括中国历史上形成的《众经目录》《开元释教录》等。这些目录，如果归纳一下，大致有这样几方面：

1. 道真发起的三界寺几次佛经清理，卷号有敦研345、北图续0329、S.3624。S.3624只存25行，共录佛经21种。北图续0329存188行，共录佛典171种，有长兴五年(934)的发愿文。敦研345存196行(包括背面2行)，收录了166种佛典，经目中间有题记，文曰(图1)：

长兴五年岁次甲午六月十五日，弟子三界寺比丘道真

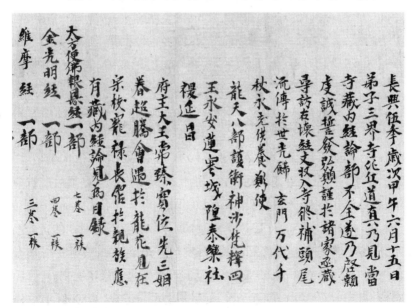

图1　敦研345道真写经题记

乃见当寺藏内经论部（帙）不全，遂乃启颡虔诚，誓发宏愿。
谨于诸家函藏寻访古坏经文收入寺，修补头尾，流传于世，
光饰玄门，万代千秋永充供养，愿使龙天八部护卫神沙，梵
释四王永安莲塞，城隍泰乐，社稷延昌，府主大王常臻宝位，
先亡姻眷超腾会遇于龙花（华），见在宗枝宠禄长沾于亲族。
应有藏内经论见为目录。

以上三种目录虽同为一件事，但正好是道真发愿"寻访古坏经
文，收入寺，修补头尾，流传于世"这一活动的三个阶段，即：敦研 345
是第一步，清理登记了三界寺本寺所藏经卷，因为发愿文的最后一句
说得很清楚——"应有藏内经论见为目录"。此卷的最后有"此录不
定"4 字，也是一个很好的说明。北图续 0329 是第二步，即道真所说
的"寻访古坏经文，收入寺中"之后所进行的登录，因而道真在发愿文
中除了修改个别字以外，最后一句的行文明确——"应有所得经论，
见为目录，具数如后"，不是以前的"藏内经论"，而是"所得经论"。这
个目录，尽管是残卷，但还是能反映出"寻访"的成绩：600 卷的《大般
若波罗蜜多经》下注一"全"字，说明已经收全，这是件了不起的工程
（详后）；在得到前一目录中没有的许多经中，《金字菩萨戒》1 本、《银
字大佛名》1 卷、官写《大佛名经》1 部 18 卷，很引人注意，前二经不易
得，后一经的入藏，正说明贞明六年（920）曹家"敬写"了"《大佛名经》
188 卷"，所以三界寺能得到"官写"的佛名经。S.3624 是最后的誊抄
本，格式统一，字迹规整，可惜只有 20 几行。

2. 向中原求经的目录。敦煌向中原求经，五代、宋时期的正史上
不乏记载，但可能与藏经洞有关的，仅至道元年（995）曹延禄派使者
向宋朝"求赐予新译诸经"那一次。从我此次清理目录情况来看，张氏
时代，官府曾有一次向朝廷请经，似乎正史没有记载。P.4962v 有这样
几句话：

　　准数分折奏闻

　　陷蕃多年，经本缺落，伏乞

　　宣赐，兼降宣命，诏当道在朝（下缺）

　　在"当道"二字旁边有小字注"先请经僧正"，说明在此之前已有一位僧正先行到达中原。从"陷蕃多年"几字可以推测出此事在张议潮收复河西以后不久，可惜目前还不能确定哪些卷号的目录与此有关。曹氏时代，现在能肯定的向中原求经的目录有 S.2140、3607、4640，P.3851、4607。这五个卷子放在一起排比，正好又反映了一件事情的首尾：

　　P.4607 只有五行，经目只有一行，全文移录于下：

　　　　沙州藏内部帙中遗失经律论数目，今于上都求觅，唯愿信心上人同沙州藏内部帙中现有失却经律论卷轴，无可寻觅，比欲上都求乞者《法集经》一部六卷或八卷（元魏天竺三藏菩提留支译，一百六十七纸），须求八卷西来也。

　　上录括弧内的文字为双行小字注（下同）。这件是没写几行就作废的底稿。S.2140 是初稿，为便于说明问题，此件须全文照录：

　　　　沙州先得帝王恩赐藏教，即今遗失旧本，无可寻觅，欠数却于上都乞求者：《法集经》一部六卷（有）或八卷（无，一百二十七纸），《央崛魔罗经》一部四卷（七十八纸），《大乘造像功德经》一部二卷（三十一纸），《造塔功德经》一部一卷（二纸），《菩萨内习六波罗蜜》一部一卷（三纸），《优波塞戒经》一部七卷（一百三十一纸），《菩萨戒羯磨》一部一卷（七纸），《大乘阿毗达摩集论》一部七卷（无著菩萨造，一百三十纸），《大乘法界无差别论》一部一卷（六纸），《小乘楼炭经》一部六卷（西晋沙门释法立、法炬译，一百三纸），《广义法门经》一部一卷（陈天竺三藏真谛译，九纸），《根本说一切有部毗奈耶杂事》一部四十卷(六百四十四纸),《根本说一切有部戒经》一部一卷(二十五纸),《四分僧戒》一部一卷(二十三纸),《解脱戒本》一部一卷(二十二纸),《沙弥十戒法并仪》一部一卷(二十一纸),《根本说一切有部百一羯磨》一部十卷(一百四十六纸),《四分杂羯磨》一部一卷(四十纸),《四分僧羯磨》一部三卷(八十纸),《五百问事经》一部一卷(三十三纸),《根本萨婆多部律摄》一部二十卷(尊者胜友集,二百七十七纸),《大乘修行菩萨行门诸经要集》一部三卷(八十一纸),《菩萨善戒经》九卷或十卷(三十品,一百八十纸),《菩萨戒本》一部一卷(出《地戒品》中,慈氏菩萨说,十纸)。

上件所欠经律论本,盖为边方邑众,佛法难闻,而又遗失于教言,何以得安于人物?切望中国坛越慈济乞心,使中外之藏教俱全遣来,今之凡夫转读,便是受佛付嘱,传授教敕,得法久住世间矣。

上引文字可以分为前言、佛经目录、后语三部分,即:从第1行的"沙州先得"到"上都乞求者"为前言,然后是"《法集经》一部六卷"等为佛经目录,最后为后语。

S.4640是第二稿,亦是三部分:前言、佛经目录、后语。前言稍不同,文曰:"沙州先于帝王请得藏经,自后遗失旧本,无可寻觅,今却入朝国求乞欠数者。"改动后的前言,文字比初稿通顺,但把"上都"改成"朝国"却有点费解。佛经目录部分,经名、次序都与初稿一致,唯在一些经的旁边注"罢却"二字,其罢却的佛经有《法集经》《央崛魔罗经》《大乘造像功德经》《造塔功德经》《菩萨内习六波罗蜜经》《菩萨善戒经》《菩萨戒本》(两种)《菩萨戒羯磨文》《大乘法界无差别》《广义法门经》《根本说一切有部戒经》《四分僧戒本》《解脱戒本》《沙弥十戒法并

威仪》《根本说一切有部百一羯磨》《四分律羯磨》《五百问事经》。后语部分(写于此件背面)亦有较多改动,文曰:

> 上件所欠经律论本者,盖为边方人众,佛法难闻,中国诸贤,能满乞愿,惟望十信坛越,一切好心,随喜写之,所欠教言,普使传之,边人转读,亦是受佛教敕,付嘱传授,令法久住世间矣。

这一改动,目的明确,是请"中国诸贤(施主)""随喜写之",而不是无目的地"俱全遣来"。从行文来看,初稿寄希望于朝廷或官府,现在寄希望于施主。可以看出,这是经过慎重考虑之后比较实际的想法。

P.3851是第三稿,全文如下:

> 沙州准目录欠藏经数:
>
> 《优婆塞戒经》一部七卷（切要求觅来也——旁注,下同）(一百三十一纸),《大乘阿毗达摩集论》一部七卷(无著菩萨造,一百三十七纸),《小乘楼炭经》一部六卷(一百三纸),《根本说一切有部毗奈耶杂事》一部四十卷(切要求觅来也)(六百四十四纸),《沙弥十戒法并威仪》一部一卷(二十一纸),《四分杂羯磨》一部一卷(四十纸),《根本萨婆多部律摄》(切要求觅来也)一部二十卷(尊者胜友集,二百七十七纸),《大乘修行菩萨行门诸经要集》一部三卷（八十一纸）。
>
> 上件所欠经律论本者,盖为边方人众,佛法难闻,中国诸贤,能满乞愿,切望十信坛越,一切好心,随喜写之。所欠教言,普使传之,边人转读,亦是受佛教敕,付嘱传授,令法久住世间矣。(如或写者,切须三校,不请有留错字也。)

第三稿的佛经目录,除《沙弥十戒法并威仪》可能有错外,正好是第二稿"罢却"以后所要向中原"乞求"的。此稿的前言,不再申述理由,而后语则加了一个注:"如或写者,切须三校,不请留有错字也。"这一句话,不仅反映了当时佛经抄写的校勘制度——务必三校,而且反映了沙州当时对此事的认真,可以说是诚惶诚恐,兢兢业业。

S.3607 是当年这件事情的"后语"底稿,它与上引几件基本相同,为节省篇幅,从略。

3. 分配写经记录,比较明确的有 P.3948。

4. 校勘佛经的记录,有 P.4000、4779。前者为戊寅年报恩寺的经目,后者为记载某寺某人校勘某人写经的目录,是残卷,其寺院名称有莲台、开元、三界、灵图、报恩、龙兴、显德、永安等。

5. 佛经交割手帖,有 S.2447、P.3188。P.3188 为乾元寺的移交目录,共 12 行,题曰:"乾元寺前经司大慈手上藏内经,现分付后经司广信,谨具数目。"(后有 781 帙目录,略)S.2447 所谓手帖,分两部分:手帖正文和佛经卷帙登录。正文为:

> 壬子年二月二日共前知经藏所由伯明交割经论律等,除先亥年九月算计目录上欠数及判状教填欠少者外,见应交得都计若仟卷,其数内又欠若仟卷,伯明云:"其欠经律先日诸人请将为本抄写,未收入藏。"昨交割曰:"其应在诸人上经论律等,准交历,并收入见在额数。"其在诸人上经论律等并仰前所由伯明勾当收什,限至丑年五月十五日已前并须收入,分付后所由光灿等讫,如违限不收什,一任制夺家资什物,充填经直。如中间伯明身或不在,一仰保人填纳,恐后无凭,故勒手帖为记。

此后是《手帖》中称之为"交历"的 7 行文字(即佛经卷帙登录)。其后无保人姓名,无花押,因此也是一份底稿。虽然如此,仍然不失为一件重要文献:第一,管理佛经的人叫"知经藏""知经藏所由"(简称

"所由"）或"经司"。第二，知经藏新老交替时有严格的点交手续，如有欠缺，限期交全，而且要订立契约式的"手帖"。第三，如违限不交，"一任制夺家资什物，以充经直"。这就是说，如管理不善，有倾家荡产的可能。它也告诉我们，对寺院来说，佛经也是庙产。

6. 各寺院请经目录有 S.0375、0476、1364；P.3138、4611、5586。至于向谁请经，"请经"的确切含意，因缺乏记载，不甚了了。从付给这个维那、那个上座来看，各寺院之上有人统一管理着佛经。

7. 佛经清理目录。这是数量最多的。其卷号有 S.0817、1519-2、2142、3522、3538-2、4447、4627、4686、4688、4900、5002-2、5045、5046、5523、5525、5676、5782、5895、5925、5943、5985、5991、6039、6055、6059、6200、6225、6314；P.2726、3010、3060、3150、3187、3202、3279-2、3302、3337、3406、3432、3444、3459、3543、3654、3852、3853、3854、3855、3986、4039、4664、4741、4754、4962。

8. 可能属于五代以前的目录有 S.2872，P.2472、2722、2840。

9. S.3565v、P.2987 为《西天大小乘经律论并在唐都数目录》（原题）。这两件将来专题论述，此处不赘。

10. 虽属目录，或仅存题签，或只有一行，等等，说明不了任何问题的有 S.4665、5982、5995、6135，P.4668、4786。

数量最多的第 7 类中，有真正的藏经目录，如 P.3010，可以说它还是一个分类目录，其子目有《□年九月一日已（原字如此，下同）后新写藏经入藏目录》《戌年七月一日新写藏经入藏录》《寅年七月八日后装黄（原字如此，下同）经律几经同帙（录）》《卯年三月十九日后装黄经论戒律几经同帙（录）》；有某经某帙由谁负责的记录（可能是负责写，也可能是负责清理），如 P.3060（两面书写），而且与 P.3010 是一个人的手笔；有的是有组织地对敦煌各寺院清理佛经，如 P.3138、3853、3854、3855、4611、5568；有某某经"写了"的登记，如 S.5525；有某一寺院专门清理,如 P.3202 为《龙录内无名经论律》(原题,下同),P.4962 为《龙大录内无名藏中见有经数》,P.3853 题为《戊辰年九月七日奉处分龙兴寺大藏经准入藏录点勘经律论集传等除见在无者仅具数目如后》,紧接着有统计数字"准录见欠经□□七十三卷,共欠律八十□卷,论共欠三百一卷,集共欠一十四卷,贤圣传共欠二十一卷,经、律、论、传、集等都共欠八百八十八卷";有某一经的清理,如 P.3543 是《四分尼戒本》,P.3406 是《妙法莲华经》,P.3150 是《大般涅槃经》,而《大般若波罗蜜多经》的清理则不仅卷号众多——S.4447、4627、4688、5045、5782、5985、5991、6039、6059、6314;P.3302、4668、4686(无法判断的当然也不少),而且有道真说的须要"修补头尾"的,如 S.5046 等常注有"欠头,要接","无表,头破,要接","无头,要接","要接头"。《大般若波罗蜜多经》共 60 帙,这已被好多个目录所证实。S.5991 残卷从第 1 帙到第 22 帙登录了每帙的欠缺数,但好多又涂掉了,这说明登录者当时采取的办法是:来一卷涂掉一个欠数。如第 8 帙原欠 7 卷,后来全涂掉了。

在 88 件目录中,有年代题记的除长兴五年(934)道真发愿文外,只有 S.2142 有"跋",文曰:"右件当寺上藏诸杂部帙,缘无经录,不知部帙数多少,今见看阡子抄录帙数,一一谨具如前。已上都计诸杂经帙一百六帙,《大般若》六十帙。"此件最后有另一人书写的有具体年代的题记,曰:"大唐(应为宋)乾德二年(964)岁次甲子四月廿三日,经司僧政惠晏、法律会慈等点检《大般若经》两部,欠数教(较)多,未得成就。同日法律海诠请藏《大佛顶略咒本》一卷,法律会慈请藏细字《最胜王经》两卷,计一部。"

当我们检索完 88 件佛经目录之后,自然得出这样一个概念,即:五代、宋时期,也可以说以三界寺比丘道真发愿"寻访古坏经文,收入寺,修补头尾,流传于世"为契机,似乎有一个以都僧统为统帅的清理、修补、新写、请经等有关佛经收藏的一系列活动，而且做得很认真。如 S.4447 是《大般若波罗蜜多经》的清理，清理者在一些帙的上面画了个圈，最后有个说明："有圈者未得本。"另外，在某帙的旁边注曰"仆射将写去"，说明连最高官员都参与其事，更可知僧尼、百姓踊跃参与其事。前引 S.2447 就说到"若仟（干）卷"经被"诸人请将为本抄写"去了，因而移交的时候交不出来，只好具结订立"手帖"。道真更是不遗余力。S.6225 是道真手迹，两面书写：一面写"三界寺比丘道真诸方求觅诸经随得杂经录记"，遗憾的是只有这样一个题目；一面写"集《大般若经》一部六百卷，俱全。又集《大般若经》一部，未全。《大涅槃经》三部，《大悲经》三卷，俱全。经录一本"。S.6191 只有一行，是一个标签，题曰"杂大般若经"，下面双行小注："或有施主及官家缺帙号处，取添帙内，计十卷。"这一行字的字迹与上引 S.6225 相同，是道真手笔。它说明道真很爱惜他"诸方求觅"所得的残经，这 10 卷《大般若经》准备随时让人拾遗补阙之用，其兢兢业业之心跃然纸上。

在上述第七类"清理佛经目录"中，"几经同帙"的记载很多，藏经洞发现之后，从伯希和拍的照片中可以看到没有被打开的一帙一帙堆放的情形。"几经同帙"当年是不允许搞乱的。

四　一点猜想

有的学者认为，藏经洞内存放的那么多的古写本是"废纸"，本人不敢苟同。且不说藏经洞内还有那么一些绢画、纸画、法器等（法器部分至今情况不明），就写经而言，920 年曹家在"敬写《大佛名经》一百八十八卷"，可谓"功德无量"而耗纸颇多；934 年道真发起访经、寻经，进而修补头尾，可谓惨淡经营；964 年"经司僧政惠宴、法律会慈等点检《大般若经》两部，欠数较多，未得成就"，惋惜之情跃然纸上。上引题记又说："同日，法律海诠请藏《太（大）佛顶略咒本》一卷，法律会慈请藏细字《最胜王经》两卷,计一部",说明某寺 964 年还在不断"入藏",自然是"多多益善",何"废"之有？987 年道真尚健在,他煞费苦心主持收集的佛经,自然视为至宝。总之,藏经洞有年代题记的古写本,学术界目前公认的最晚为 1002 年,因而笔者认为,10 世纪末孜孜以求的佛经,11 世纪初叶绝对不会那么快就成为"废纸"。同时,我想,我这篇肤浅之作的第三部分也可以作为我的论证。

我的结论是:三界寺既是道真立身之所,又是因道真而名存史册的一个寺院。三界寺因道真而兴旺,敦煌写经因道真的提倡、身体力行而增多,道真在敦煌佛经史上的地位,应与法护、乐僔、洪䛒、悟真齐名。敦煌藏经洞所藏之佛经与当年道真的努力有直接关系,我想大概不会有人怀疑吧。

一点猜想:公元 1002 年,道真可能 82 岁,如果他当时健在,那么在这一时期, 如果发生什么威胁佛经存在的危急情况, 道真以其身份、地位主持将佛经封存,是完全可能而合乎情理之举。道真为敦煌写经所付出的心血,已经不是什么猜想,本文已经引用过的敦研 345,北图续 0329,S.3624、6225、6191 等文献就是佐证。

附录一

关于三界寺的资料

有关道真的资料,本来也是三界寺的一部分,为便于利用,特将其别立为《关于道真的资料》,请见附录二。

1. S.0093《大般涅槃经》卷九(有三界寺藏经印)。

2. S.0173《李陵与苏武书》《穷囚苏武与李陵书》。题记:"乙亥年六月八日三界寺学士郎张英俊书记之也。"

3. S.0296《大般若波罗蜜多经》卷一〇三(有三界寺藏经印)。

4. S.0375v"《摩诃般若经》九卷,付界张和尚"。"界"即三界寺之简称。

5. S.0528v《三界寺僧智德申请补助文》(拟)。

6. S.0707《孝经》。题记:"同光三年(925)乙酉岁十月日三界寺学仕郎郎君曹元深写记。"

7. S.1364《三界寺法旻等欠经账》。

8. S.1587《大般若波罗蜜多经》卷四四〇。尾有三界寺藏经印。又,经题之上亦钤一印,印文不明。

9. S.1824《受十戒文》。题记:"光启肆年(888)戊申五月八日三界寺比丘僧法信于城东索使君佛堂头写记。丁卯年(天祐四年,即907年)后正月十四日写《受十戒文》卷。福岩记之。"

10. S.2129《大般涅槃经》卷二〇(有三界寺藏经印)。

11. S.2566–1《大悲启请》(首题)。

S.2566–2《佛顶尊胜加句灵验陀罗尼启请》。题记:"比丘惠銮今者奉命书出,多有拙恶,且副来请,谨专奉上,伏乞授持,同沾殊利,时戊寅岁一月十七日,在沙州三界寺观音内院,写《大悲心陀罗尼尊胜陀罗尼》同一卷毕。"参 S.4378。

12. S.2614–2《敦煌各寺僧尼名簿》,有三界寺僧尼名簿。

13. S.3565《曹元忠布施疏》:"弟子归义军节度检校太保曹元忠于衙内龙楼上,开龙兴、灵图(旁注:"请大德九人")二寺大藏经一变,启扬鸿愿,设斋功德疏:施红锦壹匹,新造经帙贰拾壹个,充龙兴寺经衬。楼绫机壹匹,经帙拾个,充灵图寺经衬。生绢壹匹,经帙拾伍个,充三界寺经帙。马壹匹,充见前僧□。"

14. S.3624《三界寺见一切入藏目录》。

15. S.3755《大般若波罗蜜多经》卷第一(首题)。题记:"僧法济勘了。"(有三界寺藏经印)。

16. S.3788《大般若波罗蜜多经》卷第三四三(有三界寺藏经印)。

17. S.4378–2《佛顶尊胜加句灵验陀罗尼启请》。题记:"持课诸功德,回施诸有情,我等与众生,皆共成佛道。比丘惠銮者今奉命书出,多有拙恶,且副来请,谨专奉上状,伏乞受持,同沾殊利。时己未岁十二月八日在江陵府大悲寺经藏内,写《大悲心陀罗尼》《佛顶尊胜陀罗尼》同一卷了。"(按:S.2566 有此人戊寅年在三界寺写有同样的经,题记亦基本相同。)

18. S.4504《乙未年三界寺僧福员牒》。

19. S.4861《大般涅槃经》卷第十六(首题)(后有三界寺藏经印)。

20. S.4864《大般涅槃经》卷第十五(尾题)(后有三界寺藏经印)。

21. S.4868《大般涅槃经》卷第三(后有三界寺藏经印)。

22. S.4869《大般涅槃经》卷第十二(尾题)(后有三界寺藏经印)。

23. S.4876《大般涅槃经》卷第八(首题)(后有三界寺藏经印)。

24. S.4916《大般涅槃经》卷第十三(后有三界寺藏经印)。

25. S.5663《中论》卷第二(尾题)。题记："己亥年七月十五日写毕，三界寺律大德沙门惠海诵集。乙未年正月十五日三界寺修《大般若经》兼内道场课念沙门道真兼条修诸经十一部，兼写《报恩经》一部，兼写《大佛名经》一部，道真发心造大般若(经)帙六十个，并是锦绯锦绫俱全，造银番(幡)伍拾口，并施入三界寺。铜令(铃)香卢(炉)壹，香㯊壹，施入三界寺。道真造刘萨诃和尚，施入番(幡)二七口，铜令(铃)香卢(炉)壹，香㯊，花毡壹，已上施入，和尚永为供养。道真修《大般若》壹部，修诸经十三部，番(幡)二七口，铜令(铃)香卢(炉)壹，香㯊壹，经案壹，经藏壹口，经布一条，花毡壹，以上施入经藏供养。"

26. S.5855《雍熙三年(986)阴存礼请三界寺都僧录等牒》。

27. S.5892《礼三宝文》(拟)。题记："甲戌年三(月？)十日三界寺僧法弥、法定师记耳。"

28. P.2097《大般若波罗蜜多经》卷一三八(有三界寺藏经印)。

29. P.2161《大乘百法明门论开宗义记》一卷(昙旷撰)。有"三界寺比丘道真诵□五行"一行,写后涂掉。

30. P.2233《大般若波罗蜜多经》卷第一九六。卷内有"三界寺藏经"墨印、"报恩寺藏经印"朱印。

31. P.3010:"戊子年五月十七日三界寺借将《四分律》陆帙并锦帙写去记。"

32. P.3051《频婆娑罗王后宫婇女功德意供养塔生天因缘变》。末题:"维大周广顺三年(953)癸丑岁肆月廿日三界寺禅僧法保自手写记。"(仅存后半,前半应接 S.3491,有原题。背有丙辰年僧法宝借券一件。)

33. P.3121 某寺庙图,背有"三界寺"字样。

34. P.3189《开蒙要训》(尾题)。末题:"三界寺学仕郎张彦宗写记。"

35. P.3336《丑年寅年赞普新加福田转大般若经分付诸寺维那历》。内有三界寺。

36. P.3352 壁画榜书底稿4种,背为三界寺账目(乙巳年或885年,或945年)。

37. P.3367《己巳年宋慈顺为故男小祥日设斋请三界寺僧疏》。

38. P.3398 小册两本。第二本为占卜书残卷,末题:"辛□年四月廿壹日三界寺法律。"

39. P.3582《杨满山咏〈孝经〉一十八章》。末题:"维大晋天福七年(942)壬寅岁七月二十二日三界寺学士郎张富□记。"

40. P.3706《大佛名忏悔文》。背有"三界寺僧戒慈《略忏》一部"题衔及残契约等。

41. P.4518-19 千手千眼菩萨像,有题记,左 2 行,右 3 行。左 2行的题记为:"清信弟子大云寺弥海□律持念《金光经》。"(左书)右 3行的题记为:"清信弟子三界寺僧沙弥友信持念《大悲经》并咒一躯,奉为龙天八部,永充供养。"(左书)菩萨像旁有榜书:"大悲佛并经"。像的右下还有"弥会昌"3 字。

42. P.4611《付各寺佛经记录》,其中有三界寺,曰:"三界维那海藏付一帙,全。"

43. P.4779《佛经目》,记勘对人姓名,两面抄,其中有三界寺。

44. P.5568《付各寺佛经记录》,其中有三界寺。

45. 北图地 12《佛说佛名经》卷一六(有三界寺藏经印)。

46. 北图雨 63《金光明最胜王经》,题记:"丙午年正月十四日三界寺□□。"

47. 北图黄 11《佛说八阳神咒经》,题记:"三界寺沙弥海子读《八阳经》。"

48. 北图续 0329《三界寺见一切入藏经目录》(长兴五年,即934年)。

49. 敦研 345《三界寺应有藏内经论自录》(长兴五年,即934年)。

50. 上图 086《佛说父母恩重经》。题记:"显德六年(959)正月十九日三界寺沙弥戒轮书记。"

51. 津 194《大乘百法名门论》。背有朱书:"三界寺论。三界寺量和尚论尽了也。三界寺梁和尚文书。三界寺。"还有其他杂写。

附录二

关于道真的资料

1. S.0330《南赡部洲娑婆世界沙州三界寺授八戒牒》，有戒牒6通：

(1)《雍熙二年(985)五月十四日道真为女弟子惠意授戒牒》，"授戒师主沙门道真"。

(2)《太平兴国九年(984)十月十五日女弟子惠意授戒牒》，"授戒师主沙门道真"。

(3)《太平兴国七年(982)五月十四日道真为女弟子程氏授戒牒》，"授戒师主沙门道真"。

(4)《太平兴国七年(982)正月八日道真为女弟子程氏授戒授牒》，"授戒师主沙门道真"。

(5)《太平兴国九年(984)正月廿八日道真为女弟子程氏授戒牒》，"授戒师主沙门道真"。

(6)《太平兴国七年(982)正月八日道真为女弟子惠弘授戒牒》，"授戒师主释门道真"。

2. S.0347《南赡部洲娑婆世界沙州三界寺授八关斋戒牒》。此为宋乾德三年(965)正月二十八日授戒师道真授戒牒。

3. S.0532《南赡部洲娑婆世界沙州三界寺授八关斋戒牒》，有戒牒3通：

(1)《乾德二年(964)五月十四日道真为李憨儿授戒

牒》,"授戒师主释门僧政赐紫沙门道真"。

(2)《乾德二年(964),五月廿三日道真为女弟子张氏授戒牒》,"授戒师主释门僧政赐紫沙门道真"。

(3)《乾德三年(965)正月十五日道真为女弟子娘子张氏授戒牒》,"授戒师主释门僧政赐紫沙门道真"。

4. S.1183《三界寺授戒牒》。此为太平兴国九年(984)三界寺授戒牒,授戒师为道真,受戒弟子为住奴。戒牒首尾及正中各有1方印,印文由18佛像所组成(每印佛像3行,每行佛像6躯)。

5. S.1635《泉州千佛新著诸祖师颂》,终南山僧慧观撰序(首行),"宋(?)招庆明觉大师述"(原题)。背有"释门僧政京城内外临坛供奉大德阐扬三教大法师赐(紫)沙门道真"一行。

6. S.2448《南赡部洲娑婆世界沙州三界寺授八戒牒》。此为太平兴国九年(984)为女弟子菩提受戒牒,"授戒师主沙门道真"。

7. S.2635《金刚般若波罗蜜经》。题记隐约可见,可能为朱书"三界寺比丘僧道真自手记"。

8. S.3147《佛说阎罗王受(授)记四众逆修生七斋往生净土经》。题记:"界比丘道真受持。"("界"为三界寺之简称,下同。)

9. S.3452《佛说无量寿宗要经》。背有题记:"三界寺沙门道真转帖。"

10. S.4115《南赡部洲娑婆世界沙州三界寺授八戒牒》。此为雍熙二年(985)五月十五日女弟子法清受戒牒,"授戒师主沙门道真"。

11. S.4160《四分律略颂》。题记:"三界寺比丘道真□。"

12. S.4844《南赡部洲娑婆世界沙州三界寺授五戒牒》。此为乾德四年(966)正月十五日道真为弟子菩提最授五戒牒,"授戒师主释门僧政赐紫沙门道真"。

13. S.4915《南赡部洲大宋国沙州三界寺授菩萨戒牒》。此为雍熙四年(987)五月(?)日道真为女弟子智慧花授菩萨戒牒,"传戒师主都僧录大师赐紫沙门道真"。

14. S.5313《乙丑年九月戒牒》。按:此乙丑只能是乾德三年,即965年,其上有方形千佛印5方,授戒师为道真。

15. S.5448《敦煌录》。此为小册子,封面上有三处道真的题名。

16. S.5663《中论》卷第二,龙树菩萨造,鸠摩罗什译。题记:"己亥年七月十五日写毕,三界寺律大德沙门惠海诵集。乙未年正月十五日三界寺修《大般若经》兼内道场课念沙门道真,兼条修诸经十一部,兼写《报恩经》一部,兼写《大佛名经》一部。道真发心造《大般若》(经)帙六十个,并是锦绯锦绫俱全,造银番(幡)伍拾口,并施入三界寺。铜令(铃)、香卢(炉)壹,香櫢壹,施入三界寺。道真造刘萨诃和尚,施入番(幡)二七口,铜令(铃)香卢(炉)壹,香櫢、花毡壹,已上施入,和尚永为供养。道真修《大般若》壹部,修诸经十三部,番(幡)二七口,铜令(铃)、香卢(炉)壹,香櫢壹,经案壹,经藏壹口,经布一条,花毡壹,以上施入经藏供养。"

17. S.6191 杂《大般若经》(或有施主及官家缺帙号处,取添帙内,计十卷)。该卷仅此23字。括号内的字,原卷为双行小字注。

18. S.6225《佛经目录》。字迹与S.6191相同,后另有

"三界寺比丘道真诸方求觅诸经随得杂经录记"一行。

19. P.2161《大乘百法明门论开宗义记》一卷，昙旷撰，有"三界寺比丘道真诵□五行"1行，但写后涂掉。

20. P.2193《目连缘起》。末有"界道真本记"1行。

21. P.2270《大乘五方便北宗》《五更转颂》。题记："三界寺道真。"

22. P.2340《佛说护身命经》。背有："界比丘道真。"

23. P.2836《佛经疏释》。末有"三界寺道真记"一行，背有天福四年(939)节度押衙贾奉玖疏。

24. P.2930《诸杂斋文》。末有："三界寺比丘道真持念。"

25. P.2994《李憨儿受八关斋戒牒》。末有甲子年(应为964年)道真署名。

26. P.3140《南赡部州娑婆世界沙州三界寺授八关斋牒》(原题无"戒"字)。此为乾德四年(966)正月十五日道真为弟子李憨儿授戒牒，"授戒师主释门□□"。按：乾德四年的授戒师舍道真莫属。

27. P.3143《南赡部洲娑婆世界沙州三界寺授千佛大戒牒》。此为乾德三年(965)正月十八日道真为女弟子提菩最最授千佛大戒牒。"提菩最最"四字很清楚。"提菩"非菩提之误，没有勾乙符号。"授戒师主释门赐紫道真"，"道真"二字与牒文不同，是本人的签名。

28. P.3203《太平兴国七年（982）三界寺邓惠集受戒牒》。"授戒师主沙门道真"。

29. P.3206《南赡部洲娑婆世界沙州三界寺授八戒牒》。此为太平兴国九年(984)邓住奴受戒牒，授戒师残缺，太平兴国九年，舍道真莫属。

30. P.3207《南赡部洲娑婆世界沙州三界寺授八戒牒》。此为太平兴国八年(983)弟子李憨儿受八戒牒，"授戒师主释门道真"，"道真"二字为本人签名。

31. P.3238《乾德二年（964）三界寺受戒女弟子张氏牒》。末有道真署名。

32. P.3320《三界寺授女弟子张氏五戒牒》。时为乾德二年(964)，末有道真署名。

33. P.3392《三界寺授菩提最八关斋戒牒》。末有甲子年(按：应为乾德二年，即964)及道真署名。

34. P.3414《三界寺授李憨儿八关斋戒牒》。末有甲子年(按：应为乾德二年，即964)及道真署名。

35. P.3439《南赡部洲娑婆世界沙州三界寺授八戒牒》：

(1)太平兴国八年(983)正月八日道真为弟子李信住授八戒牒，"授戒师主释门道真"(签名)。

(2)(年月不详)道真为弟子李胜□授八戒牒，"授戒□主□□道真"(签名)。

(3)太平兴□□□五日为李胜住受戒牒，"授戒师主沙门"(未署名)。

36. P.3455《三界寺授李憨儿五戒牒》。时为乾德三年(965)，末有道真署名。

37. P.3482《三界寺授八关斋戒牒》。时为乾德二年(964)，末有道真署名。

38. P.3483《三界寺授张氏三戒牒》。时为雍熙二年(985)，末有道真署名。

39. P.3917-1《中论》卷一。题记："三界寺律大德沙门道真念已。"另一页写："《中论》第卷下，尾《广明》，道真施入目录。"

40. P.4959《三界寺授李憨儿戒牒》。时为太平兴国□年,末有道真署名。

41. 北图余18《大般若波罗蜜多经》。题记:"界比丘道真受持。"

42. 北图奈88《佛说佛名经》。题记:"沙门道真修此经,年十九,俗姓张氏。"背有:"三界寺道真念。"按:以上题记中的"道真"二字,许国霖《敦煌石室写经题记与敦煌杂录》误录作"道贞",陈垣《敦煌劫余录》录作"道真"。

43. 北图张62《大般若波罗蜜多经》卷三四三。背有:"界比丘道真。"

44. 北图成75《佛说阎罗王授记劝修七斋功德经》。题记:"比丘道真受持。"

45. 北图服30v《和戒文》。题记:"《金光明最胜王经》卷第三,界道真受持。"

46. 北图续0329《三界寺见一切入藏经目录》(长兴五年,即934年)。中有道真的发愿文:"长兴五年岁次甲午六月十五日弟子三界寺比丘道真,乃见当寺藏内经论部帙不全,遂乃启颡虔诚,誓发宏愿,谨于诸家函藏寻访古坏经文收入寺中,修补头尾,流传于世,光饰玄门,万代千秋永充供养。愿使龙天八部护卫神沙、梵释四王永安莲塞,城隍泰乐,社稷延昌,府主大王常臻宝位,先亡姻眷超腾会遇于龙华,见在宗枝宠禄长沾于亲族,应有所得经论见为目录,具数于后。"

47. 敦研345《三界寺应有藏内经论目录》(长兴五年,即934年)。目录中间有道真发愿文一篇,文字与北图续

0329 只有两处不同：一是"收入寺中"，此件只作"收入寺"；一是"应有所得经论"此件作"应有藏内经论"最后无"具数于后"四字。

48. 敦研 322《辛亥年腊八燃灯分配窟龛名数》。题记："辛亥年十二月七日释门僧政道真。"

49. 台北"中央"图书馆 124《净名经关中释抄》卷上。题记："戊戌年(938)夏五月二十日，三界寺沙门道真念记，俗姓张氏。"

50. 敦煌莫高窟第 108 窟前室题记："因从台驾随侍□□□□□□道真等七人就三危圣王寺□下霸道场记维天福十五年五月八日游记之耳。"

作者追记：承蒙谭蝉雪相告，P.2641v 有道真等十人做诗题壁之底稿，时道真结衔为"观音院主"。

1992.3.27

（1991 年 1 月初稿于东京。《1990 年敦煌学国际研讨会文集·石窟考古编》,辽宁美术出版社,1995 年）

敦煌经变画

敦煌艺术包括彩塑艺术、壁画艺术和建筑艺术。本文只谈敦煌壁画艺术，而且仅限于"敦煌经变画"。

敦煌莫高窟有 45000 平方米壁画。在统计数字常有不实的今天，我在动手写此文之前，突发悬念：如今人人皆知的 45000 平方米这一数据何时开始的呢？根据是什么呢？请试想：假如我们把莫高窟的壁画按一平方米的高度连接起来，足足 45 公里！它是世界壁画第一长廊，谁会说不是？如果我们的数字不实，岂不有负天下人？我请教元老级的石窟保护所所长孙儒僩先生，他说："你算问对了，那是本人带着一些人，一个个洞窟挨着丈量出来的。最后统计时，我还把实在破烂的面积减去了一些。"悬念落地，我如释重负，也算得到一点收获，并"夹带"在此文的开端，万望读者见谅。

一　什么是"经变画"?

在佛教艺术中，把佛经内容、故事、哲理画成画，或雕刻成图像，就可以叫作"变"，或称之为"变相"，或称之为"经变"。

最早记载的"变"，见于东晋时的《法显传》。法显印度取经时，在师子国见到了由真人扮演的睒子变等："佛齿常以三月中出之……王便夹道两边，作菩萨五百身已来种种变现，或作须大拿，或作睒变，或作象王，或作鹿、马。如是形像，皆彩画庄校，状若生人。然后佛齿乃出，中道而行。"东晋支道林(314—366)《阿弥陀佛像赞并序》对西方极乐世界进行了描述,可能是中国最早的经变。①到了唐代,佛教"经变"得到了空前发展,单《历代名画记》就记载了维摩诘经变、地狱变、西方变(净土变)、千钵文殊变、降魔变、涅槃变(灭度变相、八国王分舍利)、弥勒经变、本行经变、华严经变、金刚经变、金光明经变、法华经变、观无量寿佛经变、阎罗王变、日藏月藏经变、业报差别变、十轮经变、药师经变、十善十恶变19种。当时的上都长安、东都洛阳,寺院很多,各寺皆有经变画。武则天信佛,她又常去洛阳,因此当时的洛阳敬爱寺就有法华太子变、十六观(观无量寿佛经变)、阎罗王变、华严变、西方(变)、弥勒变、日藏月藏变、业报差别变、十轮经变、西方变。画圣吴道子在长安、洛阳都画过寺院壁画,计有地狱变、金刚经变、西方变、维摩变、弥勒下生变、日藏月藏经变、业报差别变等。

佛经有长短、繁简之分,最长的经是玄奘译的《大般若波罗蜜多经》,共600卷,而同为玄奘所译的《般若波罗蜜多心经》(即人们非常熟悉的《心经》)仅260字。一般说来,凡长一点的佛经都分卷,卷下还分"品"。佛经浩如烟海,据佛经绘制的画亦多种多样,应分门别类。上面罗列的画史上的这变那变,是广义上的经变。我们所说的敦煌壁画中的"经变",既有别于本生故事画、佛传故事画、因缘故事画,又有别于单身尊像,而专指将某一部佛经的几个"品",或几部相关之佛经组成首尾完整、主次分明的大画。画史上所记的经变,早已不存,而莫高窟壁画上却留有"妙法莲华经变""东方药师净土变""西方净土变"等等题记,是我们使用"经变"这一概念的依据。

---

①陈明、施萍婷:《中国最早的无量寿经变》,《敦煌研究》2010年第1期。

二 有代表性的经变画

在敦煌壁画中，数量最多、内容最丰富、延续时间最长、艺术成就最辉煌的是"经变画"。按我们的概念，敦煌莫高窟共有"经变"33种，详情请见附表。限于篇幅，这里介绍最有代表性的几种：

1. 福田经变

始于北周，终于隋。这"昙花一现"，也是莫高窟壁画中仅有的一例。它也是敦煌第一种经变画，绘于莫高窟第296窟（北周）和第302窟（隋）。由于是初创，在形式上与当时的本生故事画、因缘故事画没有区别，即"横卷式"，而且与它们画在一起，但这并不影响它在敦煌经变画上的代表性。

福田经变的经文依据是西晋沙门法立、法矩共译的《佛说诸德福田经》。经文不长，大意为：帝释天（佛教三十三天之主）问佛：有人想"种德求福"，有没有种下"头发丝"那么一点"德本"而获无量"福田"的？释迦没有正面回答，而说了两种情况能得"福田"：一个是出家，另一个是"复有七法广施，名曰福田。行者得福，即生梵天。何谓为七？一者，兴立佛图、僧房、堂阁；二者，园、果、浴池，树木清凉；三者，常施医药，疗救众病；四者，作坚牢船，济度人民；五者，安设桥梁，过度羸弱；六者，近道作井，渴乏得饮；七者，造作圊厕，施便利处。是为七事，得梵天福。"——也就是做七种善事。福田经变画的就是人们在做这七种善事，因而生活气息极浓。如工人和泥、送料、砌砖，正在修"浮图"（即塔）；佛堂东西两面各有一身画工正挥笔作画；一座果园，三人在树下休息；有一病人，由二人扶坐，另一人给他喂药；一辆骆驼车，骆驼已经卸下，正伏卧在井旁等待饮水，二人正在打水，井旁有一水槽，驴、马在饮水，其后有一骆驼病卧地上，一人掰开骆驼的嘴，另一人正往骆驼嘴里灌药，十分生动。敦煌45000平方米壁画中，"给骆驼灌药"只此一幅！至于"安设桥梁,过度赢弱",在该经变中占的面积最大,桥上有驴驮着货物匆匆通过,两边是等着过桥的人骑或驮着货物的驴、骡、骆驼,这不是"过度赢弱",而是丝绸之路上过往行人的真实写照。(图1)①

2. 维摩诘经变

《维摩诘经》现存有三种译本,最流行的是后秦鸠摩罗什译本。《维摩诘经》三种本子都是十四品。《维摩诘经》中的主角是维摩居士,按照佛家的说法,他曾经是"佛",名"金粟如来",为了教化人们,他又来到释迦牟尼佛的娑婆世界。他家产万贯,风流倜傥,"辩才无碍","善于智度",他的这些特点很受魏晋名士高僧们的赞赏。东晋画家顾恺之曾画《维摩诘像》,还留下一段千古佳话:哀帝(362—365)时瓦棺寺初建,僧众设会,请朝臣贤士注疏(在化缘簿上写名)捐钱。当时,士大夫没有超过十万的。顾恺之注了百万。恺之素贫,众人都认为他是

图 1　第 296 窟福田经变

①关于福田经变的论文有:史苇湘:《敦煌莫高窟中的"福田经变"壁画》,《文物》1980 年第 9 期。史苇湘:《福田经变简论》(《向达先生纪念文集》,新疆人民出版社,1986 年)。孙修身:《敦煌莫高窟 296 窟"佛说诸德福田经变"研究》,《北朝研究》1991 年第 1 期。

在说大话。寺众请他"勾疏"(即交钱以后再将自己名下所注的钱数勾掉),他让他们准备一堵墙壁,把自己关了一个多月,画了一幅《维摩诘》,"点睛"之前,他告诉寺僧:"第一日观者请施十万,第二日可五万,第三日可任例责施。"据说,等他把门打开,"光照一寺,施者填咽,俄而得百万钱。"①

敦煌的维摩诘经变始于隋而终于宋,有 70 多铺,全经十四品中,有十三品见于敦煌壁画(最后一品"嘱累品"未见)。隋代的维摩诘经变共 11 铺("铺"是佛画的量词,造像题记上往往写着造什么佛"一铺",也可以称"幅"),多数画于佛龛的两边,画面较小,内容也只有佛国品、文殊师利问疾品、香积佛品等少数几品。维摩诘经变从一开始就以《文殊师利问疾品》为中心,这是画家或画工们对佛经烂熟于胸的绝妙设计。这种以文殊、维摩"坐而论道"为中心的构图理念,一直贯穿到宋代。《文殊师利问疾品》的大意是:维摩诘"表示"有病,释迦牟尼派弟子去慰问,十大弟子派了个遍,派谁谁不去,而且都有不去的理由。五百人中,没有一个敢去的。佛派文殊师利菩萨前去"问疾",文殊答应了。于是乎八千菩萨、五百声闻、百千人天("天"是佛教人物之一)全去听他们说法。隋代是维摩诘经变草创期,画面简单:龛外一侧,画一殿堂,内有维摩诘隐几而坐,手持麈尾,与对面的文殊"坐而论道",周围坐着听法的人;龛外另一侧,与维摩相对,也画一殿堂,内坐文殊师利菩萨,周围也坐着一些听法的人。属于这种形式的洞窟有 5 个。另外还有隔龛对站式、同殿对坐式、隔弥勒经变对坐式、隔阿修罗对坐式。形式虽有不同,内容却都是表示文殊、维摩相对论道。

唐前期的中国,政治、经济、文化都是世界之最。说到敦煌经变画,我总是感到有一种莫名的神奇力量使其一夜之间"春色满园"。其

---

① 张彦远:《历代名画记》卷五。

图 2　第 220 窟维摩诘经变

中的维摩诘经变,于哲理,则珠玉纷陈;于常理,则妙趣横生。莫高窟第 220 窟是一个有贞观十六年(642)题记的代表窟,其中的维摩诘经变(图 2)又是代表中的"代表"。此经变画于窟门两侧(即东壁),面积比隋代大了许多。画面仍以《文殊师利问疾品》为中心。南侧画维摩诘在床帐内,头束白纶巾,身穿鹤氅,右手执麈尾,凭几而坐。他并没有"清羸示疾"之容,而是神采飞扬,身体微微前倾,嘴微启,一副与对面的文殊谈兴正浓的样子。北侧画文殊师利菩萨,头戴宝冠,身披天衣,项挂璎珞,右手握如意,左手上举,伸出食指和将指(今俗语叫中指),在诸菩萨、大弟子及诸天人簇拥下,如众星捧月,结跏趺坐在方床上,举止庄严,神态自若。按经文,维摩诘本来就没病,而是"其以方便,现身有疾"。文殊师利菩萨问他:"居士是疾,何所因起?"维摩诘说:"从痴有爱,则我病生。一切众生病,是故我病;一切众生得不病者,则我病灭。"以上问答,文字简练,语言优美,思想深邃。至于文殊师利菩萨手伸二指,这是《入不二法门品》的绝妙表示。维摩诘问大家:诸位,什么是"菩萨入不二法门？各随所乐说之"。有法自在菩萨、德守菩萨等三十位菩萨回答了什么是"不二法门"。维摩诘都不满意，于是转问文殊"何等是菩萨入不二法门？文殊师利说："于一切法无言、无说、无示、无识，离诸问答，是为入不二法门。"接着，文殊师利对维摩诘说：我们都已各陈己见，该你说了。可是维摩诘"默然无言"。文殊师利十分感叹地说："善哉善哉！乃至无有文字、语言，是真入不二法门！"——这就是文殊师利菩萨伸二指的缘由！几十个人的发言，一场关于什么是"不二法门"的大讨论，画家用"伸二指"解决了，一切都在不言中！画家这样处理，既合乎佛教哲理，又巧妙地运用了艺术手段，何等的智慧！

由《文殊师利问疾品》还带出了其他各品：

1.《不思议品》：为引人辩论，文殊师利他们来之前，维摩诘"以其神力空其室内"，唯留一床（古代的床，就是坐具）。人来了都站着。佛十大弟子之一的舍利弗见此室中没有床座，心想：这么多人坐哪里？维摩诘知道他想什么，就戏弄他：你是为求法而来，还是为床座而来？舍利弗说是为求法而来。维摩诘于是就"求法"为题，发了一大堆议论。然后大现"神通"，让须弥灯王佛送来"三万二千师（狮）子座"，飞到维摩诘的"方丈"之中。由于师子座"高广严净"，谁都因"见所未见"而惊叹不已，而且谁也坐不上去。维摩诘让众人向须弥灯王顶礼，众人方得坐于师子座。故事很好玩，而哲理却是"大小无碍"或"芥子纳须弥""须弥入芥子"之意。此品画面，置于维摩诘床座的上方，画面不大，画若干师子座从远处飞来。这一品，佛经简称为"借座灯王"。在莫高窟，"借座灯王"画得最好的是敦煌大姓李氏所修的第332窟，"床座"乘彩云飞来，满壁风动，气势磅礴（图3）。

2.《观众生品》，人们称之为"天女散花"。正当文殊、维摩在辨析"云何观于众生"的时候，有一天女"现身"，以天花散在菩萨、弟子的

图3 第332窟不思议品

身上。飘到菩萨身上的鲜花,不着身而落地;飘到弟子身上的鲜花,粘在身上,即使"用神力"也抖不掉,十分尴尬。接下来的经文十分通俗:"天问舍利弗:何故去花? 舍利弗言:此花不如法,是以去之。"但是,这"天女散花"的哲理却很深奥:天女说:"勿谓此花为不如法,所以者何? 是花无所分别,仁者自生分别想耳!"什么意思? 僧肇有一注解:"花岂有心落与不落? 分别之想出自仁者""如法不如法,在心不在花"。按经文,"结习未尽,花着身耳;结习尽者,花不着也"。什么叫"结习未尽"? "结"就是烦恼;"习"就是习气。按我这大俗人的理解:佛教不是讲究"六根清净"吗? "结习未尽"就是六根还不清净。第220窟画有此品,但"天女散花"画得最好的是第334窟龛顶,画面为:维摩方丈前有一位天女,头戴步摇、花钗,身穿袿衣(古代妇女的上等长袍),神态飘逸;她左手挥扇,右手散花,于是天花乱坠(图4)。全画十分精美,实乃同类题材中的佳作。

3.《香积佛品》。经中说:
眼看吃饭的时间到了,舍利弗
心想,我们可以要饭(去讨
饭),菩萨们吃什么呢?维摩诘
知道舍利弗心之所想,说:想
吃饭吗?请稍等。于是他"化
出"一位菩萨,让其到众香国
的香积佛那里去"请饭",就说
把你们"所食之余"拿到娑婆
世界去"施作佛事","使此乐
小法者得弘大道"。于是香积
如来用香钵盛满香饭,给了
"化菩萨"。化菩萨捧一钵饭回
来,有人认为不够吃,化菩萨
说:"四海有竭,此饭无尽。"第

图 4 第 334 窟天女

220 窟此品很简单,只画"化菩萨"飞去,而第 332 窟则不仅画了"化菩
萨"捧着饭回来向维摩诘禀报,还画了她将小钵往外倒饭,钵未倒完,
饭已成山(图 5)。菩萨体态婀娜,乃初唐杰作。

第 220 窟维摩诘经变还有三个画面不能不谈:一是维摩诘"手接
大千",即《见阿閦佛品》:佛告诉舍利弗,维摩诘是从妙喜国来的一位
菩萨,其国也是"极乐世界"。于是,维摩诘就伸手把"妙喜国"接来了。
画面为:一朵祥云徐徐降落在维摩的手心,云中有须弥山,有天宫,有
大千世界。"手接大千"画得最好的是晚唐时的第 9 窟。二是维摩方丈
以下的"大王小王问疾图",出自《方便品》。三是文殊菩萨以下的"汉
族皇帝问疾图",我们习惯称之为《帝王图》,也出自《方便品》。其实两

图 5　第 332 窟香积佛品

幅画所依据的佛经只有一句话："以其疾故，国王、大臣、长者、居士、婆罗门等，及诸王子并余官属，无数千人，皆往问疾。"但是，从艺术上讲，第220窟的《帝王图》是可以与阎立本的《帝王图》相媲美的稀世珍品(图6)。①

3. 弥勒经变

也是始于隋而终于宋，有 100 多铺。弥勒经有《上生经》(全称《佛说观弥勒上生兜率天经》)和《下生经》(全称《佛说弥勒下生成佛经》)。其中《下生经》有五种译本，最流行的是鸠摩罗什本。

弥勒上生经变流行于隋代。佛经比较简单，说的是：弥勒菩萨命终后生兜率天，天上五百亿天子都为弥勒造宫殿，有的大神为弥勒造"善法堂"。宫殿无比美妙，"天乐不鼓自鸣""诸天女竞起歌舞""若有

---

①关于维摩诘经变的论文较多，调查较完整的是贺世哲：《敦煌莫高窟壁画中的"维摩诘经变"》，《敦煌研究》试刊第 2 期，1982 年。修订本《敦煌壁画中的维摩诘经变》，敦煌研究院编《敦煌研究文集·敦煌石窟经变篇》，甘肃民族出版社，2000 年。

往生兜率天上，自然得此天女侍御"，谁想做弥勒的弟子，只要修善、持戒，或"造立形象"，弥勒就会来迎接此人。据经而绘制的壁画，最有代表性的是第423窟：一座大殿，两边各有一座三层的侧殿，大殿内弥勒菩萨交脚而坐，四菩萨侍立两旁，侧殿内天王守卫、天女歌舞。殿外两边，上有飞天散

图6 第220窟帝王图

花，下有众多供养菩萨双手捧物，毕恭毕敬站立听法。主画而外，一边画弥勒接受供养，一边画弥勒为信仰者"摩顶授记"。

莫高窟有两尊大像，一尊高35米（第96窟），始建于690年；一尊高26米（第130窟），始建于开元九年（721），据文献记载都是弥勒佛。这是唐代敦煌佛教弥勒信仰的标志。在论述唐代弥勒经变之前，这是必须要交代的。

从唐代开始，弥勒经变就成了"上生"与"下生"相结合的经变。《弥勒下生经》的大意是：舍利弗问释迦佛：弥勒下生作佛，其功德、神力、国土如何？众生如何才能见弥勒佛？释迦的回答是这样：那时的人间世界，地广无边，城邑鳞次栉比；有一"翅头末"城，福德之人居住其中，有大力龙王，常半夜降细雨洒扫；大街小巷，处处有"明珠柱"，家

家户户不用点灯；所有房屋纯以金沙铺地；"若有便利不净，地裂受之,受已还合"；时世安乐,"无有怨贼劫窃之患"；人们视金钱如粪土,夜不闭户；风调雨顺,庄稼一种七收。人的寿命八万四千岁,女人五百岁出嫁；人在将死之时,"自然行诣冢间而死"。此时,其国有转轮王,名曰儴佉。王有七宝:金轮宝、象宝、马宝、珠宝、女宝、主藏宝、主兵宝。又其国土有七宝台,儴佉王率诸大臣持此宝台奉上弥勒。弥勒将此宝台施给婆罗门。婆罗门立即将其拆掉、分掉。弥勒见此七宝台须臾无常,悟出一切法也是如此,因此出家学道,坐于龙华树下"修无常想",当天就得成佛。儴佉王与八万四千大臣亦出家学道。儴佉王宝女,与八万四千媒女也一起出家。于是无量千万亿人皆于弥勒佛法中出家。弥勒佛不失时机地为他们说法。三次大会说法,几百亿人得阿罗汉(仅次于佛的"果位")。故事的最后,弥勒佛与四众一起前往耆阇崛山,于山顶上见大迦叶(释迦佛的十大弟子之一),迦叶将释迦的袈裟传授给弥勒,是为"衣钵相传"。

唐代的弥勒经变,最有代表性的有二窟:一是盛唐的第445窟;一是吐蕃占领敦煌前修的第148窟。第445窟北壁的弥勒经变为通壁大画(即该窟的一面墙壁只画一幅画),虽过去被烟熏过,但仍有一些画面是莫高窟仅有的佳品:(1)描述弥勒世界"一种七收"的"耕获图",其中有一农夫用"曲辕犁"耕地,这种犁,在当时的中原地区都是最先进的农具。(图7)中国历史博物馆曾据此图复原了一张"曲辕犁",以作展品。(2)儴佉王献给弥勒的"七宝台",底部有四个轱辘,其上为两层楼阁。就是在今天,它也是先进的"移动式"建筑(彩车)!更值得一提的是:为了说明婆罗门"拆台",画面表现为婆罗门已经拆去橡望,正往地面上传递构件,而露出来的梁架,向观者展示了当年的房顶结构,为今天的建筑师们留下了1300多年以前的结构图。(3)儴佉王出家、儴佉王宝女出家图,我们称之为"男剃度""女剃度",场景

图 7　第 445 窟曲辕犁

生动,人物描绘细腻,尤其是"女剃度",描绘了一群年轻宫廷女性正在剃度、等待剃度——"五味杂陈"的心情。(4)弥勒世界"女人五百岁出嫁",用了很大的场面,画了一幅《婚礼图》。此图的特点,其一是印证了唐段成式《酉阳杂俎》引南陈江德藻《聘北道记》的记载:"北方婚礼必用青布幔为屋,谓之青庐。于此交拜,迎新妇。"画面与记载完全吻合:一座豪宅外面的东北角,搭建了青庐,内坐宴饮的客人;豪宅与青庐的前面,用屏风围成一个院子,婚礼正在举行。其二是院子一侧,坐着乐手,中间有一人正在跳舞,据舞蹈专家研究,这是唐代有名的俗舞——六幺舞。至于第 148 窟的弥勒经变,其特点有:一是色彩如新;二是"上生"部分画了一座规模宏大的"兜率陀天宫"(其题记至今清晰可见),天宫内宝树森罗棋布,楼台亭阁不计其数,弥勒菩萨正在说法;三是婚礼中多了"奠雁"之仪;四是"庄稼一种七收"的场面很大,一片繁忙景象。①

4. 药师经变

《药师经》有四个译本:东晋帛尸梨蜜多罗译本、隋达摩笈多译本、唐玄奘译本、唐义净译本。帛尸梨蜜多罗译本不叫"药师经",而叫《佛说灌顶拔除过罪生死得度经》(该经的最后也说此经可以称作《药师琉璃光佛本愿功德经》),后来的几种译本都叫《药师经》,但其内容都不出东晋本的范围。佛经大意为:东方有佛,名曰药师琉璃光如来,(唐梁肃有一个很好的解释:"药师者,大医之号;琉璃者,大明之道。")此药师琉璃光修行菩萨道时,发十二大愿,要使一切众生"所求皆得"。如:众生无有生死;所有疾病都能痊愈——盲者使视,聋者能听,哑者得语,偻者能伸,跛者能行;若有众生为王法所加,临当刑戮,悉令解脱;所有众生,要衣服有衣服,要珍宝有珍宝,仓库盈溢,无所缺少,乃至无有一人受苦,等等。但是,人世间只有痛苦:"一者横病;二者横有口舌;三者横遭县官;四者身羸无福……五者横为劫贼所剥;六者横为水火灾漂;七者横为杂类禽兽所噉;八者横为怨仇、符书、厌祷、邪神牵引……九者有病不治,又不修福……杀猪、狗、牛、羊,愚痴迷惑,信邪倒见,死入地狱,展转(辗转)其中,无解脱时。"这叫"九横死"。

对比确实非常鲜明:现实世界苦难重重,而药师如来的"佛国"却与"西方极乐世界"无异。按照《药师经》的说法,要想摆脱苦难,有多

---

①弥勒经变的研究论文很多,对敦煌弥勒经变调查较详细的是李永宁、蔡伟堂:《敦煌壁画中的"弥勒经变"》,敦煌研究院编《1987年敦煌石窟研究国际讨论会文集·石窟考古编》,辽宁美术出版社,1990年。王惠民:《隋至唐前期敦煌弥勒图像考察》,敦煌研究院编《2000年敦煌学国际学术讨论会文集·石窟考古编》,甘肃民族出版社,2003年。

种办法，我归纳为如下几种：一是"吃斋"，常修"月六斋，年三长斋"。二是发心造立药师瑠璃（琉璃）光如来像，供养礼拜药师瑠璃光佛，"求长寿得长寿，求富饶得富饶，求男女得男女，求官位得官位"。三是挂幡、燃灯、放生：挂四十九尺五色神幡；燃七层之灯，一层七灯，灯如车轮；放生至四十九，"可得过度危厄之难，不为诸横恶鬼所持"。四是寿命临终之日，得闻"药师瑠璃光佛本愿功德者"，命终之后皆得上生天上。按照佛经的说法，这一切都还有保证：有名有姓的八大菩萨会来迎接、十二神王会来保护。

敦煌莫高窟的药师经变也是始于隋而终于宋。隋代的代表作有第433窟（图8）。由于是该经变的萌发期，所画的内容仅为：正中一佛二菩萨，表明药师佛正在说法。说法图的两侧是"灯轮"。这一"新生事物"很有创造性，一直被后代所沿用：高高的一根立轴，有如车毂，七层辐辏（实际上画了九层）成就七层灯轮，从下往上依次缩小，成宝

图8　第433窟药师经变

塔状；中轴的顶端有十字形构件，挂着神幡。灯轮是可以旋转的，即使在今天，它也是先进的灯具！灯轮的两边是"十二神王"，一边六位。经变的四周是飞天、花雨、轻盈飘逸。从色彩上看，虽然人物的肤色已变，看不清眉目，但姿态犹存，该庄严的、该婀娜的、该威武的、该精灵的，全都到位。从变色后的效果看，黑而不乌、白而不亮、红而不艳，十分协调。更有那永不变色的石青，青而不翠，为全画提神，吸引着观者驻足。

贞观十六年（642）绘于第220窟北壁的通壁大画药师经变是唯一以"药师七佛"并列为主尊的药师经变。此画正中下部写有题记，1961年我初到敦煌时还能看清"贞观十六年岁次壬寅奉为天云寺律师道弘法师"等字。其依据的佛经是隋达摩笈多译的《佛说药师如来本愿经》。第220窟是有名的"翟家窟"，我估计：之所以画七身药师如来，与当年他家有人患重病有关。达摩笈多译《药师经》有云："若有患人欲脱重病，当为此人七日七夜受八分斋……四十九遍读诵此经，然（燃）四十九灯，应造七躯彼如来像……当造五色彩幡长四十九尺。"经文的最后，有十二药叉大将的表态："我等眷属卫护是人，皆使解脱一切苦难，诸有所求，悉令满足。"壁画完全依据此经而画：七身立佛，各有二菩萨为胁侍；立佛两边是十二药叉大将；七佛的头顶是七具各不相同的美丽的华盖；天空中长幡与彩云共舞，气势非凡！画面的下部（即七佛的前方）是：灯台、灯架在正中，两具灯轮分左右，灯台七层，灯轮四层；灯台上无数盏灯已被点燃，而灯轮前两位菩萨正往灯盏里加油，然后往灯轮上放，画得具体而微——施主的意图要强调燃灯。佛前的场地上还有大型乐队伴奏下的两对"双人舞"——敦煌壁画中独一无二的"胡旋舞"。可以毫不夸张地说：这铺药师经变处处是精华！唐贞观年间的艺术品，天下第一！

盛唐的药师经变，首推第148窟：画面大，保存完好，构图全新。

两边是"条屏"，一边画"十二大愿"，一边画"九横死"，中间是大型的药师如来说法场面及天上人间的美景：天空中飞舞着各种"不鼓自鸣"的乐器；建筑分前后院，用一条长廊将其分开：后院多为楼台亭阁，前院全是水上建筑，各式各样的水上平台，用桥廊相连。药师如来居正中，日光、月光二大菩萨胁侍左右，无数菩萨围绕听法，供养菩萨捧着供品随时伺候；佛的前方，舞伎正在翩翩起舞，有庞大的乐队为之伴奏；十二药叉大将在最外边的角落上守卫；与药师佛鼎足而坐的另外二佛，也有菩萨围绕、音乐协奏；长廊下，台阶上，平台各处，菩萨们（现实生活中的美女的写真）优哉游哉，闲庭信步，或正在交谈，或传递供品……敦煌壁画中有无数铺西方净土变为我们描绘着"极乐世界"，但没有一铺有着如此的人间气息！

《药师经》里说的"九横死"，就是现实社会中经常会遇到的九种"非正常死亡"。九种非命的次序、详略，几种译本不尽相同，我以玄奘的译本为例，其所说的"九横死"是：①有病得不到正确的救治；②"横被王法之所诛戮"；③"耽淫嗜酒，放逸无度"；④被火烧死；⑤被水淹死；⑥被恶兽咬死；⑦掉下山崖摔死；⑧被毒药、巫术害死；⑨饿死。第148窟的"九横死"是第一次出现，从次序和榜题来看，依据的是玄奘译本。画面在经变右侧的条屏上，自上而下展开。其中的被火烧死、被水淹死、被恶兽咬死、掉下山崖摔死等，都是图解式的，惟病死、"放逸无度"死，得略占篇幅，以求教于学者专家。关于病死，玄奘的经文最长，估计他是针对中国社会有所发挥。经言"若诸有情，得病虽轻，然无医药及看病者；设复遇医，授以非药，实不应死而便横死。又信世间邪魔外道、妖孽之师妄说祸福，便生恐动；心不自正，卜问觅祸；杀种种众生，解奏神明；呼诸魍魉，请乞福祐，欲冀延年，终不能得；愚痴迷惑，信邪倒见，遂令横死，入于地狱，无有出期。是名初横"。玄奘说的"初横"，归纳起来就是：一是缺医少药，二是"病笃乱投医"。第148窟

图 9　第 148 窟药师经变

画的“初横”(图 9)正是后者:矮床上坐着两位瘦骨嶙峋的病人,他们的前方,一位妇女正在招呼着什么,其情景是:一个女人抱着琵琶,一个男人裸着上身在跳舞,地上摆着七坨褐色的什么东西,其中四坨上插着小旗子一样的东西。类似的场景一直为后代所沿用。我一直想着这一场景可能是“跳大神”一类的“巫医”。由于才疏学浅,多年留心而未能解决。至于“放逸无度”死,画面为:一张矮床上,坐着一个骨瘦如柴的男人,嘴里正往外喷秽物(表示耽淫嗜酒,放逸无度),床角边一穿短裤的男人席地而坐,像是佣人看着主人而一筹莫展。①

5. 西方净土变

西方净土变是敦煌壁画中数量最多的一种经变。它包括无量寿经变、阿弥陀经变、观无量寿经变。因为这几种经变所表现的都是“阿

①药师经变研究论文较多，对敦煌药师经变调查较详细的有罗华庆:《敦煌壁画中的“东方药师净土变”》,《敦煌研究》1989 年第 2 期。王惠民:《隋至唐前期敦煌药师图像考察》,《艺术史研究》总第 2 期,2000 年。

弥陀佛"的"功德庄严"，而阿弥陀佛"在西方"，故而统称西方净土变。现存大乘经论中，记载阿弥陀佛及其净土之事的，有二百余部，约占大乘经论的三分之一。西方净土亦称"极乐世界"。为什么叫极乐？为什么叫阿弥陀？白居易有"标准答案"："我本师释迦如来说言：从是西方过十万亿佛土有世界号极乐，以无八苦四恶道故也。其国号净土，以无三毒五浊业故也。其佛号阿弥陀，以寿无量、愿无量、功德相好光明无量故也。"对阿弥陀佛的信仰，是中国人善良本性的体现，是中国佛教对世界三大宗教之一的佛教发展史的贡献。

（1）无量寿经变

《无量寿经》是净土群经之首。梅光羲先生曾说："无量寿经者……净土群经百数十部之纲要，一大藏教之指归也……东来最早，译本独多。"它是学术界公认的净土教的根本佛典。最早的有关阿弥陀佛的经典叫《佛说无量清净平等觉经》，四卷，后汉支娄迦谶译于147—186年之间。所谓"译本独多"是指此经前后有12次翻译，至今尚存五译，因此佛教史上有"五存七欠"之说。其中最流行的是曹魏康僧铠译于252年的《佛说无量寿经》。据我们考证，东晋名士、高僧支道林"乃因匠人图立神表"的"神表"应是中国最早的无量寿经变。原画早已不存，但他的《阿弥陀佛像赞并序》还在，"佛号阿弥陀，晋言无量寿"（支道林语），"像赞"描写的正是我们后人熟悉的西方净土变，也可直接称之为无量寿经变。①

《无量寿经》的大意为："世自在王佛"的时候，有一个国王"弃国捐王"而出家当和尚，法号"法藏"。法藏比丘在"世自在王佛"前发了四十八个大愿，如愿不成，誓不成佛。经过多少"兆"年的修行，终于修

①施萍婷：《中国最早的无量寿经变——读支道林〈阿弥陀佛像赞并序〉有感》，《敦煌研究》2010年第1期。

成了"西方净土"而成佛，佛号"无量寿"，其世界名曰"安乐"。在这极乐世界里，讲堂、精舍、宫殿、楼观，"皆七宝庄严，自然化成"。所谓七宝就是：金、银、琉璃、珊瑚、琥珀、砗磲、玛瑙。树也是七宝树，池也是七宝池。更有奇者，极乐世界的浴池，比今天都先进。首先是水，用的是"八功德水"——1. 澄净；2. 清冷；3. 甘美；4. 轻软；5. 润泽；6. 安和；7. 除饥渴；8. 长养诸根（保养身体各种器官）。又，这水还是自来水，"若入宝池，意欲令水没足，水即没足；欲令至膝，即至于膝；欲令至腰，水即至腰；欲令至颈，水即至颈；欲令灌身，自然灌身；欲令还复，水辄还复"。这水还能"调和冷暖，自然随意"。"极乐国"的人吃饭怎么办？很简单："若欲食时，七宝钵器自然在前"，"百味饮食，自然盈满"。穿衣怎么办？"众宝妙衣，遍布其地"。住房怎么办？"所居舍宅、宫殿、楼阁，称其形色，高下大小……随意所欲，应念即至"。按佛教的说法，离开现实世界到阿弥陀佛的极乐世界去，谓之"往生"。极乐世界如此美妙，谁都能去吗？除两种人——犯五逆罪、谤佛法罪者，其余的人都能"往生"。如何"往生"？分为上、中、下三辈：上辈往生者，其人临终时无量寿佛来迎，"便于七宝花中自然化生"；中辈往生者，无量寿佛的"化身"来迎；下辈往生者，梦见无量寿佛来迎。

敦煌莫高窟的无量寿经变，始于初唐而终于西夏。在敦煌艺术中，第 220 窟的整窟壁画都是空前绝后的佳作。南壁的通壁大画无量寿经变，是敦煌全部无量寿经变的代表作。整个画面是一幅"极乐世界"种种庄严图：

画面的上部，正中为"七宝讲堂"及主尊的华盖；两边共有十组一佛二菩萨从别处飞来，表示十方世界诸佛派遣菩萨前来赞叹"安乐国"的种种庄严；各种飞舞着的乐器，表示"十方世界音声之中最为第一"的万种伎乐；宝幢四台，表示"缯盖幢旛"，庄严之具；精致的房屋两座，表示无量寿佛国的天人所居住的舍宅、宫殿、楼阁，"随意所欲，应念即至"。

阿弥陀佛说法，是此画的重点。全部人物都活动于碧波荡漾的七宝池中：无量寿佛居中，两手于胸前结转法轮印，坐于七宝莲座上；两胁侍菩萨立于佛左右；又有两上座菩萨分左右坐于莲座上。一佛、二胁侍、二上座是主要人物，其莲座、莲花都与众不同，华丽无比。宝池中，上座周围还有三十三位菩萨，他们或捧盘作供养状，或双手合十，或坐或跪，服饰不同，发式各异。其中，有两位菩萨手抚栏杆，身体稍稍前倾，似在俯视宝地上的舞乐情景。仔细读画就会发现她们站在"八功德水"中。这是表现"菩萨入宝浴池"。《无量寿经》用300字描写这宝浴池，是佛国"种种庄严"之一。还有两件供器，器形很美，充分反映出唐代宫廷使用的错金银器皿的水平。它表示的是"七宝钵器自然在前""百味饮食自然盈满"。

七宝池中最有生气、最惹人喜爱的是"化生童子"。宝池下部正中，有一根莲花的主茎，首先出现一位菩萨，面朝佛而背朝观众跪于莲花上，表示上辈往生者"立即见佛闻法"。然后，从莲花主茎派生出九朵含苞待放的莲花，它朵朵透明，能看见里面的化生童子或坐或立，有一个甚至在"拿大顶"！这是唐代杂技资料！此画的作者似乎特别喜欢儿童：莲苞外，左右对称，画了两对"叠罗汉"的化生童子，两人穿红衣绿裤，一人穿"背带裤"，一人仅穿"裹肚"，为我们留下唐代儿童服饰的宝贵资料。

画面的下部，靠近宝池的甬道上，站着孔雀、共命鸟、仙鹤；下部为乐舞：二人各在圆毯上起舞，两边共有十六人的乐队为之伴奏。这一组画面是依据无量寿经系的《佛说阿弥陀三耶三佛萨楼佛檀过度人道经》和《佛说无量清净平等觉经》画的。二经都说：佛问阿难，你想不想见阿弥陀佛、诸菩萨及其所居的国土？阿难当然愿意。此时，一切奇迹都出现了：盲者得见、聋者得听、哑者能语……因而"钟磬琴瑟箜簇乐器诸伎,不鼓皆自作五音声,妇女珠环皆自作声,百鸟畜兽皆自悲鸣。当是时……诸天各共大作万种自然伎乐,乐诸佛及诸菩萨阿罗汉"。

第 321 窟北壁的无量寿经变,也是通壁大画。第 220 窟加上此窟,无量寿佛国的种种庄严,于兹完备。有几点尤应加以介绍:

一是此画用三分之一的画面描绘极乐净土的"功德庄严":湛蓝的天空,画了十身飞天,三十六件拴着飘带的乐器,每件乐器乃至最小的鼗鼓都画有各式图案,日本正仓院珍藏的唐代琵琶与此窟之琵琶俨如同出一辙。四组飞来之"一佛二菩萨"一座天宫(正中),一座宫殿(画面左侧),一座楼阁(右侧),两台圆形宝幢。阿弥陀佛讲经时,十方佛国的菩萨从四面八方飞来听法,"一切诸天皆赍天上百千花香、万种伎乐,供养其佛及诸菩萨声闻之众,普散花香,奏诸音乐。前后来往更相开避。当斯之时,熙然快乐,不可胜言"。这就是人见人爱的壁画中满天飞舞的飞天、乐器,以及大型的音乐舞蹈。其佛经依据,最早就出自东汉支娄迦谶译的《无量清净平等觉经》(也就是《无量寿经》的第一译)。此经用将近 1500 字描写菩萨散花。此画十身飞天中,有四身双手捧大花盘的飞天,有的已经散完,有的只剩几朵。

二是"说法图"不再在七宝池中,而是在水上平台之上。"水上平台"这一建筑形式一经出现,历代沿用,并发展成二进、三进。

三是七宝池水与蓝天相接,池水已成为建筑物之间的"溪流"。水从天上奔流而下,卷起大浪,从大浪到小浪,到微波涟漪,任鸳鸯戏水,莲花盛开……从伯希和《敦煌图录》还可以看出池中有九朵莲花,有全开,上坐一位有圆光的菩萨;有半开;有未开。这表示"三辈往生"。

四是画面下部有一群衣冠服饰已经漫漶不清的人,其中有六人举着六具长幡,分立左右两边。这是依据支娄迦谶、支谦的译本而绘制的。说的是阿阇世太子与五百长者子(画中用六人代表五百)各持一柄金华盖奉献给佛，前来听经。当听到"二十四愿"以后，他们也立愿如阿弥陀佛。这种表现方法，仅此一例。这六具"幡盖"，进一步帮我们解决了它应是无量寿经变的定名问题。

五是全画共有 33 枝花柱(或应叫花树？)，这应是"七宝树"。《无量寿经》用了 390 个字描写 13 种七宝树，不同的树，不同的叶、花、果。经上说的都是不可思议的树，也就给画家留下了异想天开的创作余地。因此，画这些花柱没有一定之规，信手拈来就是一朵，只是颜色搭配须得讲究，若干朵花叠在一起就是一株花树。此后的初唐净土变中多有此花树，似乎成了当年的时尚。

(2)阿弥陀经变

《阿弥陀经》共有二译：二译皆存，即鸠摩罗什译于 402 年的《佛说阿弥陀经》和玄奘译于 650 年的《称赞净土佛摄受经》。从敦煌遗书来看，仅据《敦煌遗书总目索引》的统计，《阿弥陀经》有 133 件，而《称赞净土佛摄受经》只有 2 件，由此可见敦煌流行的是鸠摩罗什译本。不仅如此，据我考察，敦煌壁画中的阿弥陀经变也是据鸠摩罗什译本绘制的。因为从内容上说，两个本子最大的不同就是：鸠摩罗什译本说到"鸟宣道法"时，鸟有白鹤、孔雀、鹦鹉、舍利、迦陵频伽、共命之鸟，而玄奘译本则为鹅、雁、鸳鸯、鸿鹤、孔雀、鹦鹉、羯罗频迦、命命鸟。鹅、雁，是最大的不同。

一般的佛经，都是众弟子请佛说法，佛才说了某经，唯独这《阿弥陀经》没有人请求而释迦牟尼主动说。这一"无问自说"，在佛家看来，是一大事。隋智顗曾说："余经皆有请主，此经无问自说。"宋戒珠甚至把此举比作母亲抚育婴儿。经文内容可概括为两部分：一部分是"极乐世界"的"功德庄严"。具体而言，一者"国土庄严"，指极乐世界山河草木之华丽；二者"佛庄严""菩萨庄严"，指佛、菩萨的身相庄严，色相美好等等。另一部分是"六方护念"。所谓"六方护念",是指东、南、西、北、上、下六个方面的无数佛都来赞叹阿弥陀佛,证明阿弥陀佛说法的真实不虚。从整铺画来看,描绘的主要是"极乐国土"的无比美妙。至于佛的庄重、菩萨的婀娜多姿,也可以理解为佛、菩萨的"庄严",但艺术的成分多于佛教的哲理,也是显而易见的。

第 329 窟南壁画通壁大画阿弥陀经变。在广阔的水域上,有两进水上建筑:第一进为三座平台并列,主尊及胁侍菩萨、供养菩萨居中间平台,左右两座平台为观世音菩萨、大势至菩萨及诸菩萨,三座平台之间有桥相连;第二进也有三座平台,中间平台之上为两座巍峨的楼阁及一座大殿,左右平台各一座楼阁及一株"七重行树"。这就是《阿弥陀经》所说"极乐国土"的"功德庄严"。此图的右上角这棵大树,由于其他颜色变黑而仅存石绿,恰好成了"七重"分明。不过,需要说明的是,"七重行树"的图像,从一开始就受到《无量寿经》的影响:《无量寿经》上说,"风吹宝树,演出法音,遍布诸佛国"。树上画许多小楼阁,用以代表"诸佛国"。这一"风吹宝树,演出法音,遍布诸佛国"的场景,确实表现了画家的想象力。

全图的上部是天空。由于空间留得太少,再加上变色,很容易被忽略。其实天空中有飞天、各种乐器,这就是智顗所归纳的净土庄严之二:"天花、天乐映显妆饰"。

此图现存画面最清楚的是水。平台之间,绿水环绕,微波荡漾,随处有鸳鸯戏水,佛的左右下方还有迦陵频伽各一。这是功德庄严之三:即"鸟宣道品"。《阿弥陀经》云:"彼国常有种种奇妙杂色之鸟,白鹤、孔雀、鹦鹉、舍利、迦陵频伽、共命之鸟……是诸众鸟皆是阿弥陀佛欲令法音宣流,变化所作。"

画面的最下部是:正中为舞乐,左右各一佛、一楼阁。下部二佛和上部左右二佛,应统一考虑为"六方护念"。

关于此画，应特别指出的是：整幅画是一个宽广的水域，但却没有一个"化生"。就在此窟西壁，龛外画有四身非常可爱的儿童。之所以不画，原因很简单，施主要画的就是阿弥陀经变。

盛唐时代的阿弥陀经变只有第225窟南壁龛顶一铺。全图都处于彩云之上。正中是"说法图"：阿弥陀佛两手作转法轮印，观音、大势至相对合掌对座，周围有听法菩萨。佛相庄严肃穆，菩萨形貌端庄娴静而妙好。天上"天花乱坠"；箜篌、腰鼓、鸡娄鼓、古琴、排箫、琵琶等乐器迎风奏鸣；白鹤、孔雀、鹦鹉、迦陵频伽全都展翅飞翔；三尊及众多菩萨坐于珍珠铺地的宝地上，其身后的大殿连接回廊、楼阁；七宝池内莲花盛开；七重行树与七重罗网结合（七重罗网在说法图前面，七重行树在众菩萨身后）。全画色彩浓艳。

盛唐时代出现这一简单明了的阿弥陀经变，很自然地让我想起唐代高僧窥基，他是为鸠摩罗什译《阿弥陀经》作注疏的第二人。他甚至作了一简一繁两种注疏，简者一卷，繁者三卷共32284言，是《阿弥陀经》的17倍多。窥基，字道洪，俗姓尉迟，出家前，原是将门之子——唐开国大将尉迟敬德的侄子，父亲尉迟敬宗也是一员大将。他的出家，先被玄奘看上，后"奉敕为奘师弟子"，他的注疏无疑是很知名且在社会上有很大影响的。我想，莫高窟第225窟南壁龛顶的这幅阿弥陀经变，可以为窥基《阿弥陀经通赞疏》的社会影响作一佐证。他在"广明净土"时注疏："文分为二，初明国土庄严，二辨佛身功德。初文分八：第一，树饰四珍；第二，池严众宝；第三，空盈天乐；第四，地布黄金；第五，花雨长天；第六，人游诸国；第七，鸟吟妙法；第八，风吹乐音。"他说的"国土庄严"这八条，正是我们第225窟

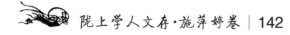

阿弥陀经变的写照。①

（3）观无量寿经变

《观无量寿经》简称《观经》。其主要内容为：王舍城有一太子名阿阇世（意译为"未生怨"），他听从恶友调达的教唆，把父王频婆娑罗禁闭于七重室内，任何人不能见。母后韦提希，净身之后，以"酥蜜和麨"涂在身上，"璎珞"当中灌满葡萄浆，偷着送给国王，国王因而存活。国王请佛为他授戒。于是佛派弟子为王说法。国王因食麨、闻法，多日不死。国王最后修成了"阿那含"果。当阿阇世得知父王还活着，"即执利剑，欲害其母"。由于二位大臣的谏阻，太子虽未杀母，但却把母后韦提希也关了起来（这一部分内容与阿阇世太子有关，就叫"未生怨"）。夫人向佛求救，佛的"眉间白毫"放光，让韦提希看到了十方净土。韦提希告诉佛，她只愿生"极乐世界阿弥陀佛所"。佛告诉韦提希"如何观于西方极乐世界"。这就是《观经》的主要内容——十六观：1. 日想观；2. 水想观；3. 地想观；4. 树想观；5. 八功德水想观；6. 总想观（即宝楼观）；7. 花座观；8. 像想观；9. 遍观一切色身相观；10. 观世音菩萨观；11. 大势至菩萨观；12. 普观想；13. 杂想观；14. 上品往生观；15. 中品往生观；16. 下品往生观（14、15、16 这三观又叫"九品往生"，因为每一品又分为上、中、下，即上上、上中、上下；中上、中中、中下；下上、下中、下下）。每一观应该怎么"观"，是什么样，经文都有详细的说明。

敦煌莫高窟的观无量寿经变始于隋而终于宋，隋代仅有第 393窟一铺。初唐第 431 窟的观无量寿经变是一铺首尾完整、次序井然、忠实于经文、前无古人后无来者的孤例。画面的内容，如我上面的简介，而表现手法却有多个"第一"：一者，王舍城的"围墙"几乎占了壁

①施萍婷：《新定〈阿弥陀经变〉——莫高窟第 225 窟南壁龛顶壁画重读记》，《敦煌研究》2007 年第 4 期。

画墙壁一堵墙的下部，围墙套围墙，大院套小院，气势宏伟；二者，国王被禁闭的"九重室"，小得只能一人容身；三者，佛给韦提希展示"十方佛国"，画面上居然出现了十座指甲盖大小的"大殿"，真正是"芥子纳须弥"；四者，"九品往生"画于九扇屏风，一品一扇，敦煌壁画中的所谓"屏风画"始于此窟；五者，在经变画中，唯一的一次画出"流通分"（一般佛经都可分成三部分：佛讲经的时间、地点、说经的因缘，也就是佛经的开头，称为"序分"；佛经的主要部分，称为"正宗分"；结尾部分称为"流通分"。一般的"流通分"都比较格式化，无非是听经以后皆大欢喜，表示要依教奉行。）经云："韦提希与五百侍女闻佛所说，应时即见极乐世界广长之相，得见佛身及二菩萨，心生欢喜……五百侍女发阿耨多罗三藐三菩提心，愿生彼国，世尊悉记皆当往生。"画面与佛经一致：韦提希夫人为首，五个（表示五百）侍女紧随其后，她们的对面是高大的一佛二菩萨，她们的头顶是满天彩云，其上有一位坐莲花台往生的妇女以及来迎接她的佛弟子。此窟的观无量寿经变是横卷式，上述"流通分"的画面正是画卷的最后。

盛唐时代的莫高窟，受名僧善导的影响，观无量寿经变狂热地发展：一个洞窟画二铺者就有 5 例；而第 171 窟东、南、北三壁则全是大型观无量寿经变；莫高窟的西方净土变中，十有八九是观无量寿经变。其中 12、44、45、66、103、112、148、159、171、172、197、217、237、320诸窟的观经变都是代表作，且都是善导的影响所及之后的作品。《反弹琵琶舞》就出自观无量寿经变。

初盛唐之交的第 217 窟是敦煌莫高窟著名的代表洞窟之一，北壁的观经变除下沿的画面已经斑驳以外，余皆完好。中间是净土庄严相（如按《观经》原文，并没有净土庄严相，这一部分是受《无量寿经》的影响而加进去的）；左侧条幅接下沿画序分；右侧条幅画十六观。从此以往，所有的观经变都画有净土庄严相，且占据了全画的中心，空间也大。此铺观经变中的"净土庄严相",堪称灿烂辉煌。由于它作为观经变的内容是首次出现,需作较详尽的介绍:虚空中天乐迎风;飞天从楼阁的这边飞进,从那边飞出,轻如飞燕,开创了盛唐飞天的新貌。接着画了宏伟的大型建筑群:正中是一座两层楼的大殿,佛殿两侧有回廊曲曲折折,连向前方的左右大殿,正殿前方、左右,各有三座高台。墙壁砌以花砖,廊柱漆成朱红,至今彩色鲜艳。窗子上、廊柱间,挂着竹帘——有的上卷,有的下垂,使建筑物骤添静谧感。整群建筑前是水池和水上平台,中轴线上有一座,左右又各有一座,平台间有小桥相连。水池中画有"九品往生",其中有四位坐在"台"上往生,其余的则"坐莲花而生"。如按经文,上品上生者坐"金刚台"、上品中生者坐"紫金台"、中品上生者坐"莲花台",画四个台,纯粹是为了对称。通过善导宣传"善恶凡夫,同沾九品",唐人对"九品往生"是很熟悉、很计较的,《宋高僧传》卷二四《怀玉传》记载,怀玉俗姓高,诵《观经》三十万遍,每日"称名念佛"(即念"南无阿弥陀佛")五万次,临终前,见"西方圣众数若恒沙,见一人擎白银台当窗而入",禅师说,按我的功课,应当坐(紫)金台(指上品往生)。于是加油念佛,终于见到了紫金台来接他,这才"含笑而终"。看来,如果他见不到"紫金台来迎"的幻境,他将死不瞑目。

左侧条幅"序分"的下半部分画阿阇世太子幽闭父王,它很特别:一座大城,城外的广场上,十名武士分立两边,一边持矛正在进攻,一边持盾在抵抗;二大臣正在向骑在马上的太子禀报;头戴冕旒的国王及众人像局外人一般,在最不显眼的地方站立。这样表现"禁父"的,只此一幅。有学者认为它形象地表现了某次宫廷政变,而日本有学者则认为此画是唐"十部乐"之一的《秦王破阵乐》。总之,它是一幅名画。

右侧条幅画十六观。条幅式画十六观,这是第一次。共有十六个场景,说明"十六观"齐备。每一观都以山水为自然划界。作者可能是一位豪放之人,事先并无周密计划,从上往下信手画来,成了"前松后紧"——日想观、水想观,宝池观等,画面大,山水气势非凡,韦提希夫人端庄虔敬;愈往下,画面愈小,有的"观"竟然未画韦提希夫人,仅有十六个场景而已。又,不依经文次序,不注意各"观"内容的区别,华座上的"佛"就画了好几尊。第431窟的"宝树观"用七棵树代表"七重行树",此画却不循套路,画两棵树,一棵表示"七宝花叶",一棵表示"一一树上有七重网,一一网间有五百亿妙花宫殿",树上画宫殿始于第431窟,竟成了《树想观》的标本。

第103窟也是莫高窟盛唐代表窟,但与第217窟相比,完全是两种风格。第217窟以华丽著称,第103窟以淡雅闻名。东壁的维摩诘经变,几乎不敷什么颜色,其"以线造型"堪称炉火纯青。北壁通壁画观无量寿经变,也是代表作。敦煌壁画中,没有一铺完全相同的经变画。103窟观经变除了艺术风格特殊之外,还有一些显著特点:

首先,净土庄严相中的主尊不是无量寿佛,而是释迦牟尼佛。能如此明确界定者不多,证据有二:一者,"佛放眉间白豪相光,遍照十方无量世界",画面与经文相符。《观经》中说到佛放光的地方不少,但"放眉间光",只有释迦牟尼佛。二者,佛说《观经》时,与会的菩萨以"文殊师利法王子而为上首",再没有第二个菩萨的名字。此画中的右上座的左手举于胸前,手心朝外,伸食、中二指,这正是文殊师利菩萨,和东壁维摩诘经变中的文殊师利菩萨的手印完全相同。

其次,右侧条幅的"十六观"中,韦提希夫人的头饰常变:有梳高髻的,有戴"笼冠"的,有戴不知名高冠的(唐代妇女好男装,可能这也是一种男装)。

第66窟的面积并不大,北壁的观经变,1908年伯希和曾拍有照片。1933年,日本的松本荣一先生据此发表过研究文章。此图中间为净土庄严相,西侧为十六观,东侧为"未生怨",均为格子式,即把每一个情节放在一个格子内。这种形式,被后来的第171、113等窟所采用。

此窟的净土庄严相中无"天乐",宝楼阁亦未刻意追求。其"三尊"的描绘与经文一致:佛的圆光放出九道光芒,一一光中有化佛,这是无量寿佛的特点;左上座戴"宝瓶"冠,是为大势至菩萨的特点;右上座戴"立化佛"冠,乃是观音菩萨的特点。(按经文,观音在佛的左面,大势至在佛的右面,他们的位置被左右置换了)图中的人物,尤其是三尊周围的人物,是此画作者的杰作。他们的脸上,虽有岁月摧残的痕迹,但我们仍然可以从一些没有变色的形象上,看到他们风采犹存。

莫高窟第171窟东、南、北三壁均画观无量寿经变,西壁龛内画《阿弥陀佛五十菩萨图》,此窟可以说是典型的"净土洞"。这是一种"棋格式"的观经变:中间画净土庄严相(下部有9扇小屏风,画"九品往生",表示信仰者已经来到佛前),一边用32个格子画《序分》,一边用18个格子画《十六观》。前者32个格子分为四列八段;后者18个格子分为三列六段。有了这些格子,"未生怨""十六观"的故事情节就画得更详细了。中间的净土庄严相,与以前不同的是:左上座为观音菩萨,戴"立化佛"冠;右上座为大势至菩萨,戴"宝瓶"冠,与经文完全吻合,这还是第一次。天人舞蹈的场面不大,"鸟宣道品"也有——这两样本不是《观经》所有,因而只是点缀而已,说明画家很熟悉经文。

关于此窟的"九品往生",《十六观》中已经有了,"净土庄严相"中还有。从研究的角度说,不得不介绍:下沿九扇小屏风,画佛与菩萨来迎接"逝者",然后飞去;每扇小屏风都有一个"台",亦即"空座",以待行者。看清这一组画面以后,我立即想到白居易说的"青莲上品,随愿往生"。此窟的施主,自然愿意"上品往生",画家就给你来一个全部都是什么"金刚台""紫金台"来迎。上品下生是"金莲花"来迎，此处没有，说明施主至少要"上品中生"。我后来读善导的《往生礼赞偈》，中有"说此《偈》已，更当心口发愿：愿弟子等临命终时，心不颠倒，心不错乱，心不失念，身心无诸苦痛，身心快乐如入禅定，圣众现前，乘佛本愿，上品往生阿弥陀佛国"。很明显，善导也是引导大家"上品往生"。更为有意思的是：三尊前的七宝池中，又画"九品往生"：九个人皆坐在"台"上，中间三个不在莲花苞内；左右各三个台，台上为花苞，内坐童子；每个台的左或者右，都有迎接他们的圣众。中国有句俗语，叫作"送佛送到上西天"，这里是"送人送到佛跟前"。范文澜先生曾说：西方净土是研究死后的学问。此话一语道破！

莫高窟 120 窟（盛唐）、201 窟、7 窟、240 窟（均为中唐）、111 窟（晚唐）、118 窟（宋）的观无量寿经变内容特别——没有序分，也就是说，它没有中国人认为"大逆不道"的抓父王、禁闭母亲等等不孝的行为，两边条幅都画"十六观"。这种情况，很可能是出资修造洞窟的施主不喜欢这部分内容，或者他们家需要回避这一内容。20 世纪 30 年代，日本松本荣一先生据伯希和《敦煌图录》，认为这种形式的观经变只有第 120 窟一铺，非常珍贵。伯希和当年只拣好的照，自然就选上第 120 窟，因为它是这种形式的代表。

身为人子"以孝为先"是中国人的传统美德（尽管中国历史上不乏杀父弑君的统治者），阿阇世太子要囚父杀母的行为，总是不被善男信女所接受。中唐以后，出现了阿阇世故事的"因缘"。这一"因缘"有好几种版本，归纳起来是这样：频婆娑罗过去为国王时，无子，卜问相师，说是山中有一老道，死后当投胎为子。国王求子心切，派人杀之。仙人被杀之后，王后仍未孕，更问相师，相师说仙人已受身为白兔。王命人猎杀此白兔。兔死，王后怀孕，生阿阇世太子。这一"未生怨"是"因"，阿阇世作孽，是国王和夫人得到的"果"。

我们把这部分内容称作"未生怨因缘",画面处理多半是两个情节:杀仙人、猎白兔。①

三 其他几种经变

在莫高窟,还有几种主要显教经变,得有所交代:

一是妙法莲华经变(简称法华经变)。《法华经》有两种译本:西晋竺法护译本叫《正法华经》,后秦鸠摩罗什译本叫《妙法莲华经》。后者的影响甚大,因为该经中的《观世音菩萨普门品》后来从全经中抽出"单行",成为《观音经》,而观音菩萨又是大慈大悲、救苦救难、有求必应、家喻户晓的"大救星"的化身。法华经变始于隋而终于宋。然而遗憾的是:尽管《法华经》故事很多,可以入画的也不少,如果没有题记,有些画面就可能有多种解释。由于原定最好的几铺法华经变近来有争议,所以不作介绍。

二是华严经变,得多说两句:《华严经》从东汉支娄迦谶译此经别行本《兜沙经》(《如来名号品》)开始,至唐时止,据法藏《华严经传记》所载,光是"别行本"就有 35 部之多。而"正"经有"六十华严""八十华严""四十华严"三种,在高僧大德中颇受重视。唐代佛教宗派林立,其中就有专门弘扬《华严经》的华严宗。但由于其中心内容是讲什么"法性本净""一即一切、一切即一"等等深奥的理论,无法入画,所以从"经"变成画时,画家只好用"佛"在七个地方、九次说法,即所谓"七处九会"来表现。于是,一铺华严经变就成了 9 块"说法图"加 9 块"榜

---

①对敦煌西方净土经变调查较详细的有孙修身:《敦煌石窟中"观无量寿经变相"》,敦煌研究院编《1987 年敦煌石窟研究国际讨论会文集·石窟考古编》,辽宁美术出版社,1990 年。王惠民:《隋至唐前期敦煌西方净土图像考察》,新加坡大学 2001 年"7—9 世纪唐代佛教及佛教艺术国际会议"论文集《唐代佛教与佛教艺术》,(台湾)觉风基金会,2006 年。

书"。由于种种原因,敦煌学界至今没有对该经变作深入研究。对我来说,不用说八十卷的《华严经》,就连"四十华严"我也没有读过,更没有研究,因此不作介绍。

三是涅槃经变、报恩经变,在莫高窟也有一定的数量,我做过一些工作,读过《涅槃经》,但没有研究,说不到点子上,只好割爱。

四是金光明最胜王经变,我曾做过全面的收集、整理、研究,[①]但是这一经变的主要部分是说法图,故而略去。

五是金刚经变、楞伽经变、思益梵天所问经变、密严经变等一批依据禅宗经典绘制的经变,从佛教艺术史的角度说,它们很有意义,因为除了敦煌石窟以外,再没有第二份!禅宗,从初祖达摩弘扬禅法以来,历千余年而不绝,它是我国除净土宗之外,流传时间长而且影响深远的佛教宗派。其中的《金刚经》为鸠摩罗什所译,文字优美,哲理精深,如说:"如来者,无所从来,亦无所去,故名如来","说法者,无法可说,是名说法",最后有四句偈语"一切有为法,如梦幻泡影,如露亦如电,应作如是观"。正是由于哲理性太强,金刚经变从一开始出现,就靠题记"须菩提,于意云何?……"来辨认。

《楞伽经》立"诸法皆幻"为宗,在义学高僧、文人学士中影响极大,白居易曾有《见元九悼亡诗因以此寄》绝句:"夜泪暗销明月晃,春肠遥断牡丹庭,人间此病治无药,唯有《楞伽》四卷经。"但是,这"楞伽四卷经"对我们来说,太难懂了。当年的敦煌,虽然高僧辈出,但把《楞伽经》变成画时,也无法表现"万法唯心",只好突出"佛在楞伽山说法"作为楞伽经变的标志。

思益梵天所问经变据后秦鸠摩罗什译《思益梵天所问经》而绘

---

①施萍婷:《金光明经变研究》,敦煌研究院编《1987年敦煌石窟研究国际讨论会文集·石窟考古编》,辽宁美术出版社,1990年。

制。该经有点像佛教哲理学术讨论会,思益梵天是从"他方佛国"来的与会者,且为主角。其他与会者还有:摩诃罗梵天子、善寂天子、不退转天子、净相天子。佛是"主讲",讨论的主题是"诸法空寂之理"。抽象的哲理无法入画,于是思益梵天所问经变就成了这样:一个长方形的空间里,三分之二画大型说法图,三分之一画许多小说法图——一佛二菩萨正襟危坐,案桌前跪着二人,一人戴天子冠,一人为梵天的形象。

密严经变更是一丁点故事都没有,只画一铺大说法图,再画许多小说法图,在小说法图旁写上题记——实际上是照抄一段段经文,与思益梵天经变的构图差不多,所不同的是:前者小说法图前面跪的是"天子"与"梵天",后者小说法图前跪的是小菩萨。以上四种经变画,由于我上面所说的种种原因,我也不作介绍。

与禅宗无关,但经变形式与密严经变、思益梵天所问经变相似的还有天请问经变,莫高窟有31铺。《天请问经》只有601言,乃唐三藏法师玄奘所译,内容为:一位"天"有一些问题请问于佛,佛给予回答。如:"天复请曰:谁为最安乐?谁为大富贵?谁为恒端严?谁为常丑陋?世尊告曰:少欲最安乐,知足大富贵。持戒恒端严,破戒常丑陋。"通篇经文均如上引一问一答,都是无法入画的概念。从"经"变成画,也就成了:上部画大说法图,下部画小说法图,再把"天"与"佛"的问答,一字不差地写在旁边。

还有十轮经变(原定名为宝雨经变,第321窟南壁十轮经变还保存榜题一方,可谓铁证)、梵网经变、贤愚经变、牢度叉斗圣变、报父母恩重经变、目连变等,本文限于篇幅,不述。

四 后 语

敦煌经变画是一个大题目,其中的绝大多数经变,每一种都可以写一本书。袖珍式的文章，非我所能。此次勉为其难，只能对不起读者。然而有几点感想，仍不揣冒昧而奉告：

禅宗一向以"不立文字"自诩。但是，自唐初六祖慧能有《法宝坛经》之后，诸方记录（即《语录》）渐成巨帙，成了留传文献最多的一个宗派。这大概是始祖达摩做梦都没有想到的。更有甚者，敦煌石窟成为中国现存禅宗壁画品类最齐备的地方，更是禅宗高僧大德们始料未及的。这是一笔敦煌独有、举世无双的"非物质文化遗产"，值得我们更进一步保护、研究。

近年来，研究"敦煌佛教世俗化"的文章不少。反应迟钝的我，连"世俗化"的概念也搞不清。比如上述一系列禅宗的经变画，我怎么也和佛教"世俗化"联系不上。现趁此机会，提出来求教于专家学者。

唐张彦远《历代名画记》第一卷有"论画六法"一节。六法中，"五曰经营位置"。他在说到"经营位置"时曾感叹："至于经营位置，则画之总要。自顾陆以降，画迹鲜存，难悉详之。"可惜张彦远没有见到敦煌经变画，所以他认为只有吴道子"六法俱全"。他认识到"经营位置"是"画之总要"，但他感慨"难悉详之"。我想，他当年如果到了敦煌，此念顿消！敦煌的每一幅经变画，设计之始，首先要考虑的就是"经营位置"。研究敦煌壁画，就"经营位置"四个字可以写成巨著。遗憾的是，至今没有人来坐这一"冷板凳"！我学了几年历史，对于美术，是门外汉，只有告罪于读者。

白居易71岁时写了一篇《念佛偈》。我今年78岁，想引用它来作为结尾，以求读者原谅：

唐白香山念佛偈

余年七十一，不复事吟哦。看经费眼力，作福畏奔波。何以度心眼，一声阿弥陀。行也阿弥陀，坐也阿弥陀。纵饶忙似箭，不废阿弥陀。日暮而途远，吾生已蹉跎。旦夕清净心，但念阿弥陀。达人应笑我,多却阿弥陀。达又作么生,不达又如何。普劝法界众,同念阿弥陀!

(《敦煌研究》2011 年第 5 期)

敦煌莫高窟经变画统计表

名称			北周	隋	初唐	盛唐	中唐	晚唐	五代	宋	西夏	元	时代不明	合计
净土变	西方净土变	无量寿经变			8	1	2	6	1		13			31
		阿弥陀经变			6	4	5	5	8	2	8			38
		观无量寿经变		1	2	20	34	18	4	6				85
	简略之净土变					1	1			16	43			61
	十方净土变						2		1					3
	东方药师经变			4	1	1	22	32	21	9	6			96
	弥勒经变			9	11	14	25	18	12	9				98
维摩诘经变				11	10	3	10	9	16	9				68
如意轮观音经变						1	10	13	26	13	2			65
不空绢索观音经变						1	8	15	20	10	3			57
千手千眼观音经变						3	8	8	9	10	2	2		42

（净土变部分合计：402）

续表

名称＼数量＼时代	北周	隋	唐				五代	宋	西夏	元	时代不明	合计
			初唐	盛唐	中唐	晚唐						
法华经变		2	5	2	6	7	8	5				35
报恩经变				2	7	11	9	3				32
天请问经变				1	10	8	7	5				31
华严经变				1	5	9	7	6				28
观音经变		1		5	5	4	3	3	3			24
金刚经变				2	8	10						20
千手千钵文殊经变				6	4	3			2		1	16
涅槃经变		3	1	6	4							14
劳度叉斗圣变			1			3	7					14
楞伽经变					1	5	2	4				12
思益梵天所问经变						4	5	2				11
金光明最胜王经变					4	5		1				10
贤愚经变						1	3	1				5

续表

名称 \ 时代	北周	隋	唐 初唐	唐 盛唐	唐 中唐	唐 晚唐	五代	宋	西夏	元	时代不明	合计
密严经变					1	2	1	1				5
报父母恩重经变					1	1		2				4
福田经变	1	1										2
佛顶尊胜陀罗尼经变								2				2
梵网变								2				2
十轮经变			1	1								2
金光明经变		1										1
大悲心陀罗尼经变								1				1
八大灵塔名号经变								1				1
炽盛光佛经变									2			2

备注：
1. 维摩诘经变包括单独出现的"文殊师利问疾品"。
2. 涅槃经变中，绘塑结合者5铺。
3. "简略之净土变"主要指宋、西夏时期一些难以区别的，只知其为"净土"的画。因而此表所列经变实为33种。

《金光明经变》研究

金光明经变，就笔者目前所知，仅见于敦煌莫高窟。唐以前，画史不见记载。张彦远《历代名画记》卷三记载长安净土院东南角有吴道子弟子李生画金光明经变。黄休复《益州名画录》卷上记载蜀人左全宝历年间（825—826）曾于成都极乐院西廊下画金光明经变相。上述两处均为壁画，早已荡然无存。传世绢画似乎未见公布何处有收藏。1908年，伯希和曾拍摄过莫高窟个别洞窟的金光明最胜王经变，1902—1924年出版《敦煌石窟》一书（6册），发表伯编第19窟（敦编第158窟）、伯编第118窟（敦编第55窟）两幅照片，但没有说明它是什么内容。1937年日本学者松本荣一发表巨著《敦煌画の研究》时，对金光明经变只列了画史所载之两条材料，至于附图和研究，则付诸阙如。可见，当年松本荣一先生亦未能识别。因此，从文化史的角度看，莫高窟的任何一幅金光明经变都是传世的珍贵文物。本文将首次系统地探讨敦煌壁画中的金光明经变。

一

《金光明经》前后六出，①现行刊本为三种，即《金光明经》《合部金光明经》《金光明最胜王经》。三经内容多寡不一，文字亦有差异，容易分辨，但把"经"变成"画"，只有依据榜书和绘制时代才能区别。调查结果表明，莫高窟既有金光明经变，又有金光明最胜王经变，通称金光明经变，共 11 铺，即：

第 417 窟窟顶（隋）

第 158 窟东壁北侧（中唐）

第 133 窟北壁东侧（中唐）

第 154 窟东壁南侧（中唐）

第 154 窟南壁西端（中唐）

第 143 窟东壁南侧（晚唐）

第 196 窟南壁东端（晚唐）

第 85 窟东壁南侧及门顶（晚唐）

第 138 窟北壁西端（晚唐）

第 156 窟主室东壁南侧（晚唐）

第 55 窟东壁南侧（宋）

其形式粗分可有 5 种：

1. 横卷式：只有 1 铺，即第 417 窟（隋）顶部人字披画《流水长者子品》和《舍身品》。

---

①1. 北凉昙无谶译《金光明经》，18 品，4 卷。2. 北周称藏"续演《寿量》《大辩》二品，分为五卷"。3. 梁真谛"更出四品，谓《三身分别品》《业障灭品》《陀罗尼最净地品》《依空满愿品》，通前十八，成二十四，分为七卷"。4. 隋志德"复出《银主陀罗尼嘱累品》"。5. 隋宝贵合诸家译本，分为 8 卷，"品部究足，始自乎斯"。6. 唐义净译《金光明最胜王经》。

2. 上部西方净土、下部屏风式：第 158、133 窟各 1 铺。

3. 中间西方净土、两边条幅式：第 154 窟 2 铺、第 55 窟 1 铺。两边的条幅画《长者子流水品》和《舍身品》。

4. 西方净土式加《舍身品》：第 85、138 窟各 1 铺。

5. 西方净土式：第 143、156、196 窟各 1 铺。

严格地说，金光明经变几乎无定式，因为 11 铺壁画中，只有第 154 与第 55 窟、156 与 196 窟形式相同，其余均不相同。即使形式相同的两铺，如第 154 窟东壁、南壁，各品安排亦不同；即使是同一品，如《长者子流水品》《舍身品》，内容的多寡、取舍、表现形式也不一样。但是如果粗略地看，尤其是"金光明会"（即过去称为说法图者）部分，又给人千篇一律之感，因为：

首先，除第 158 窟外，中间都有两块很大的题记榜书，两侧的小块榜书严格对称，而这些小榜书就成为界栏，把与会者按不同人物明确分开。

其次，与会者中，有几种人物位置始终不变，形象不变。例如大辩才天女，三头六臂（或八臂），位于佛的左手下方上排；大国国王跪于佛左手下方中排；龙王在下排；托塔天王位于佛右手下方香案前；击鼓婆罗门则始终跪于下排大块榜书附近（左边）。

第三，"金光明会"画成西方净土式，即楼阁、水榭、平台之中，佛向与会者讲《金光明最胜王经》（本来，按《金光明经》佛应在耆阇崛山说法）。

总之，同中有异，异中有同。

二

第 417 窟（隋）窟顶东披画"萨埵饲虎"，西披画"流水长者子救鱼"，过去定名为故事画。如把两者联系起来看，正名就应为"金光明

图1 第417窟金光明经变

经变"，前者是《舍身品》，后者是《流水长者子品》。正名的理由有三：

其一，按照画面，如此完整的流水长者子救鱼的故事，只能依据昙无谶译《金光明经》。

其二，第417窟的两品，正是后代金光明最胜王经变的主要内容。

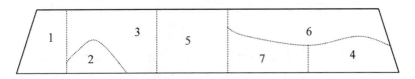

莫高窟第417窟西披流水长者子品

其三，据敦煌研究院科学排年，此窟绘制于隋灭陈之后，此时《合部金光明经》尚未流行，更何况"合部"此两品依据的就是昙无谶《金光明经》本。

正名的意义在于：它不仅填补了画史的空白，而且比画史记载早一个多世纪。

此窟东披的《舍身品》只剩残迹，西披的《流水长者子品》作自左至右、中间突出"救鱼"的横卷式，共七个画面（图1），请见示意图：

1. 画一座房子，房前跪一人，表示长者带着两个儿子"次第游行城邑聚落"。

2. 画五个人，有主有从，正注视着奔跑的狼、狐（动物已不甚清楚），表示他们"见诸虎狼狐犬鸟兽多食肉血，悉皆一向驰奔而去"。

3. 三个毗连的水池，各有若干条游鱼，长者子流水及其儿子活动其间，一人正往池中注水（省略了大象驮水），表示他们正在救鱼使之复活。

4. 一座房子，厅堂内坐着二人，边厢里站着一人；房子的另一侧，一头大象伸出大鼻子，堂前站着一人，跪着二人。画面表示流水长者子派其两儿选一最大的大象回家，向爷爷奶奶索取食物救鱼。

5. 一头大象，有人牵着，有人赶着，象背上驮着东西和两个人，表示长者的两个儿子"收取家中可食之物，载象背上，疾还父所，至空泽池"。这就是所谓的"斋鱼"。

6. 高楼上，卧睡着一人，两位飞天正向他飞来；飞天所过之处，花雨缤纷。画面表示的是："长者子复于后时宾客聚会醉酒而卧。尔时其地卒大震动，时十千鱼同日命终。既命终已，生忉利天。""尔时十千天子从忉利天下阎浮提，至流水长者子大医王家。时长者子在楼屋上露卧眠睡。是十千天子以十千宝珠、天妙璎珞置其头边，复以十千置其足边……是十千天子，于上空中飞腾游行，于天自在光王国内，处处皆雨天妙莲花。"

7. 二子拱手而立，正向一人作报告情况之状。此即表示国王向长者子询问"雨天妙莲花"这一祥瑞之原因，流水答："我必定知是十千鱼其命已终"。并遣二子验证十千鱼是否已经升天，二子回来向其报告果如其父所言。

《金光明经》中的流水长者子救鱼的故事，娓娓动听，向为人们所熟知。第417窟此画虽为隋代代表作，但过去始终没有读懂。比如原来都认为画面4是长者子向国王借象，殊不知楼上睡卧者正是长者子自己。这说明，画面上的这幢房子，是流水长者子自己的家而不是王宫；堂前跪的一着红衣一着黑衣的人，是长者的二位公子，他俩是回家取食救鱼的。又如画面 5，原来都认为是"大象驮水"，其实不是，大象驮水多用二象表示（因为经上说的是借了 20 头大象。用 2 代表 20，用 5 代表 500，这是故事画中常见的现象），第 154、55 窟均如此。

《流水长者子品》和《舍身品》是《金光明经》中的所谓"大悲接物"部分，[①]亦即所谓"菩萨依真之行"，[②]乃该经之要旨。从世俗信仰来说，这两品故事性强，便于人们接受。因此，第 417 窟金光明经变的取材，说明作者是很有见地的。正由于它便于"听者悟，观者信"，后代的金光明最胜王经变也多采用此二品。

隋代出现的维摩诘经变、法华经变、药师经变、弥勒经变、西方净土变、涅槃变，初盛唐均有承袭、发展，唯独金光明经变犹如昙花一现。到中唐再次出现时，不独形式大异，所据经文也不再是《金光明经》，而是《金光明最胜王经》了。

第 158 窟（中唐）是一个进深 7 米、南北长 16.5 米的大窟，东壁北侧画金光明最胜王经变，是 11 铺金光明经变中的恢宏巨制。（图 2）画面作横长方形，上部金光明会部分作西方净土式，下部屏风 8 扇。由于榜书已全部褪色，下部屏风画也褪色严重，所画各品品名只能从晚唐、五代同类内容来反证，现在能确定无误的有《序品》《梦见忏悔品》《四天王护国品》《大辩才天女品》《大吉祥天女品》《长者子流水品》《舍身品》，可能是但不能完全确定的有《妙幢菩萨赞叹品》《菩萨树神赞叹品》《付嘱品》。

大凡大部头的经，都有序分、正宗分、流通分三部分。以《金光明

---

①智顗：《金光明经文句》卷一。
②宗颐：《金光明经序》。

经》而论,"初品为序,寿量下讫舍身为正,赞佛为流通"。①第158窟的金光明最胜王经变完整地表现了这三部分,说明此经变的创作者是一位精通佛学的贤哲,而绝不是只顾"讨布施"的庸僧。由此我们联想到此窟甬道北壁比真人还高的那位供养人画像,他的榜题结衔是"大番管内三学法师持钵僧宜",他虽不是窟主,但此窟与他有关则是无可置疑的。这位"三学法师"名不见经传,然而就凭他为我们留下的第158窟壁画和15.8米的大涅槃像,他已经为自己写下了不朽之传记。

第158窟金光明最胜王经变是后来这一经变的蓝本,不仅"金光明会"中的榜书、与会者的排列等形式不变,就是具体形象如大辩才天女、击鼓婆罗门(图3)、龙王、香象势力王等,也成了模式。

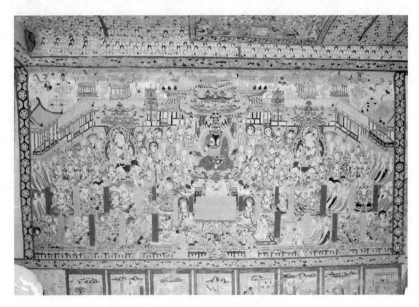

图2　第158窟金光明经变

①智顗:《金光明经文句》卷一。

从艺术上来说，第
158窟的壁画，有人们熟
知的属于《涅槃图》的菩
萨、弟子"举哀"，天龙八部
"举哀"，各国国王及各族
王子"举哀"，与真人等高
或比真人还大的像将近
90个，个个仪表不同，神
态各异，甚至同是号啕大
哭，但各不相同。其造型
"如以灯取影，逆来顺往，
旁见侧出，横斜平直，各有
乘除，得自然之数，不差毫
末"；其线条，或"虬须云
鬓，数尺飞动，毛根出肉，
力健有余"或"天衣飞扬，

图3　婆罗门击鼓

满壁风动"，或"行笔磊落挥霍如莼菜条"；其敷彩，"于焦墨痕中略施
微染"。总之，第158窟壁画是"神假天造，英灵不穷"的画圣吴道子风
格在敦煌的代表作。①大像如此，小像也不失"吴家样"的风味，如金光
明最胜王经变中的击鼓婆罗门就是一例。

中唐时期的金光明最胜王经变尚有第133窟北壁1铺，第154
窟东壁、南壁各1铺。1个小窟内画两铺，说明此时流行该经信仰。这
3铺画面小，且第133窟已漫漶不清，制作也比较粗糙，但有三点值得
一提：

---

①此段所有引文出自《历代名画记》卷二、卷九，中华书局，1983年。

一是出现了中间为净土、两边条幅式(一边是《长者子流水品》,一边是《舍身品》),故事描述极其简单。

二是在极其简单的救鱼故事中,强调用树叶作荫凉来救鱼。

三是第154窟大象驮水中的赶象者为吐蕃装,头扎布帕,衣为左衽,与第159、133窟维摩诘经变下吐蕃赞普礼佛图中的人物无异,这是将第154窟的时代定为中唐窟的可靠依据之一。

晚唐的金光明最胜王经变形式增加而内容减少,不再有《流水长者子品》,但《舍身品》却描绘得有声有色,内容也比北朝的《萨埵本生》丰富、曲折。尤其值得一提的是第156、85窟壁画榜书基本清晰(详见附录),为我们研究金光明最胜王经变提供了第一手的可靠材料。

第156窟是张议潮功德窟,由前室咸通六年的《莫高窟记》而知此窟壁画绘制于咸通年间(860—873)。东壁南侧之金光明最胜王经变,一部分因被烟熏而无法辨认,但大部分完好,为西方净土式。由于被烟熏,它向来不为人们所重视。此次考察金光明经变,在不同光线下细看榜书,24条榜书竟认清了18条,占75%。通过这些榜书,我们才基本上读懂了过去所谓的说法图(正名应为"金光明会")。如主尊的右下方香案旁,画一托塔天王,其后有一药叉侍从,过去很难理解,看了榜书"复有三万六千诸药叉众,毗沙门天王而为上首,悉皆爱乐如来正法,各于晡时顶礼佛足,退坐一面"而恍然大悟,它原来就是《序品》中的一个情节。与会者中,有两幅"四天王",而且左右对称,原来不解其意,榜书为我们拨开疑云,在左者为《灭业障品》,在右者为《四天王护国品》。前者榜书为:"尔时梵释四天王及诸天大众口佛言:'世尊,如是经典甚深之义,若现在者,当知如来三十七种助菩提法住世未灭,若是经典灭尽之时,正法亦灭。'佛言:'如是如是。'"从这条榜书可以窥见经变的设计者对经文相当熟悉。后者榜书为:"尔时多闻天王而赞佛曰:'佛面犹如净满月,亦如千日放光明,目净修广若青莲,齿白齐密犹珂雪,佛德无边如大海,无限妙宝积其中,智慧德水镇恒盈,百千胜定咸充满。'"这是经文《四天王护国品》中的一段偈语。又如:三面八臂(或六臂)菩萨,每铺金光明最胜王经变都有她,据榜书"尔时大辩才天女于大众中……"而知其为《大辩才天女品》。这些事例,使我们更进一步认识到,壁画榜书是敦煌图像学的入门资料。

第85窟是咸通年间任河西管内都僧统的翟法荣功德窟。东壁南侧为金光明最胜王经变的"金光明会"部分,有榜书24条,现今能辨认榜书者13条,占54%。通过榜书,我们在"金光明会"中又读懂了《王法正论品》及"如意宝光耀天女"的形象:在"金光明会"的右下方,有一位头戴宝珠冠的天女,跪于地毯上,合十礼佛,身后有侍从跟随,榜书为:"尔时如意宝光耀天女于大众中闻说深法,欢喜踊跃,从座而起,顶礼佛足,右绕三匝,退坐一面。"榜书与经文一致,画面与榜书一致。

晚唐金光明最胜王经变最有特色的是门上方的《舍身品》(图4),有榜书14条。榜书内容全系经文节选。经与画面核对,第3条的位置应与第5条对换,布局才能合理(详见附录二)。故事构图虽不像第428窟(北周)那样作S形排列,而参差错落,基本上还是上中下三排。

图4　第85窟金光明经变

其布局有如下之特点：

　　一是乘骑都安排在上下两排，使之对称均衡；一是萨埵饲虎放在画面的正中，突出重点，这与早期的睒子本生、须阇提太子本生的表现方法是一脉相承的。

　　14条榜书及画面内容如图5：

　　1. 三王子及随从乘马前行。

　　2. 一只母虎及五只小虎。

　　3. 诸王子"徘徊久之，俱舍而去"。

　　4. 三人席地而坐，一人在宣讲。按照榜书，是第三王子萨埵独自思维，意欲饲虎。画面与榜书稍有不合。

　　5. 四人乘马前行，一人回首作交谈之状，意即萨埵请二兄先行，他有事后走。

　　6. 萨埵脱去上衣准备饲虎，他的马站立身前。

　　7. 母虎及小虎，或站或蹲，或匍匐或前扑，表示萨埵（形象已不清）饲虎而虎噤不能吃。

　　8. 一座高山，山巅上站着萨埵王子，表示即将投崖喂虎。

　　9. 五人围绕着尸骨，三人作祷告状，二兄则伸开双臂扑向残骸。

　　10. 一群人骑马正往前走，一人拦住另一人作问询之状，意即萨

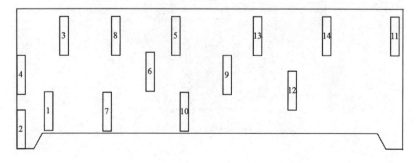

图5　第85窟《舍身品》榜书示位图

埵之侍从不见主人而问询寻找。

11. 一座大城，高楼上睡着一人，意即国太夫人梦见种种不祥之事。

12. 许多人骑马从城里出来，意即国王及夫人等出城寻找王子。

13. 国王和夫人乘马前行，一大臣拱手立于马前，作向国王报告之状。按榜书，此系第二大臣向国王报告萨埵王子已舍身于饿虎。

14. 一座塔，周围有僧俗人等供养礼拜。按照榜书，此塔即将"还没于地"，是故事的终了。

看完整个画面之后，我们不难发现，此画虽作上中下三排，但画家为了活跃画面，同时又要突出重点，实际上在纵的平面上分成三组安排，即1~4为第1组，5~10为第2组，11~14为第3组。第2组是重点，是高潮。这种布局，既有继承，又有创新。其创新部分是值得我们重视的。

第138窟的金光明最胜王经变的《舍身品》位于"金光明会"之下，有20条榜书，可惜一字无存。其位置及画面如图6：

1. 一佛、二弟子、二菩萨坐于地毯上，香案前跪着菩提树神，不远处有一塔。此即佛为大众说舍利塔的缘起。

2. 一座大城，国王坐于殿上，殿下跪着三位王子(头戴三股叉式的太子冠)及侍从，表示"有一国王，名曰大车……国太夫人诞生三子……"

3. 一群人骑马出城，表示"是时大王为欲游观纵赏山林，其三王子，亦皆随从"。

4. 三位王子及侍从前行，表示"为求花果，舍父周旋"。

5. 五只小虎引颈向着母虎，母虎与一只小虎示亲昵之态；不远处，三位王子中的一位用手指着这群老虎，表示诸王子"见有一虎，产生七子，才经七日，诸子围绕，饥渴所逼，身形羸瘦，将死不久"。

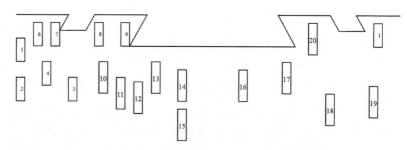

图6　第138窟《舍身品》榜书示位固图

6. 群山之中,一位戴太子冠的人,正在思维,表示萨埵王子准备以身饲虎。

7. 三位王子骑马离去,表示"徘徊久之,俱舍而去"。

8. 一片竹林,一匹红鬃、红蹄白马,一人裸上身,表示萨埵"还入竹中,至其虎所,脱去衣服,置于竹上"。

9. 一座大山,山下有六虎,其余画面不清,应是萨埵投崖饲虎。

10. 一人骑红马飞奔而去。

11. 一座大城,有东南西北四座城门,在西门前站立两人,一匹红马。与画面10结合起来看,应是萨埵牺牲后,他的侍从"互相谓曰:'王子何在? 宜共推求'"。

12. 榜书画在大城内,但画面不清。

13. 同上。

14. 一妇女,似乎刚从睡梦中惊醒而起,应是"国太夫人寝高楼上,便于梦中见不祥相……夫人遂觉,心大愁恼"。

15. 庭前,一人拱手弯腰作禀报状,一人以手扪额,表示国王得知丢失萨埵。

16. 一群人骑马出城,迎面一人下马作禀报状。表示王及夫人出城之后,第一大臣前来报告情况。

17. 国王、夫人继续前行。

18. 二人跪地向国王报告，身后有二马。结合画面17，表示国王及夫人，"路逢二人行啼泣，捶胸懊恼失容仪"。

19. 一群人或坐、或跪、或立，画面不甚清楚，意即王及夫人"至菩萨舍身之地，见其骸骨随处交横，俱时投地……"

20. 一大塔，有香案供其前，有僧人围绕，一侧站着乐队，正在奏乐，一侧站着国王、夫人、太子（三叉冠）；案旁跪着后宫婇女模样者四人。画面表示"收取菩萨身余骨，与诸人乐同供养，共造七宝窣堵波"。

此窟《舍身品》内容详尽，为莫高窟同品之冠，且形式也很特别，表现方法也与众不同。一个画面上安排两座塔，一座表示佛讲"缘起"，一座表示佛讲"结果"；一座有塔无人，一座僧俗围绕供养，还有音乐礼赞，完全忠实于佛经。尤其值得注意的是：饿虎、论议、舍身饲虎等这样一些过去常被重点表现的画面全退居次要地位，而把王子出游、国太夫人惊梦、国王及夫人寻子放在突出的位置，画面也大。这种刻意渲染，不能不使人想到洞窟的主人。此窟北壁西向第12身题名："河西节度使张公夫人后敕授武威郡君太夫人阴氏一心供养。"据敦煌研究院贺世哲同志考证，她可能是金山国太子张承奉的生母。这幅画的寓意，令人深思。

第143窟为晚唐建造的一个大型洞窟，前室南北宽达9.7米（东面毁），甬道长4米、宽2.4米，主室进深7.1米（不含龛深）、南北7.6米，窟顶正上方崖面还建有一泥塔，可以想见当年的规模一定十分壮观。主室南北壁各画三铺经变，东壁门北画维摩诘经变。东壁门南画金光明最胜王经变，存若干榜书，一方题："□□□帝释及恒河女神无量梵王□大天众从座而起右□□。"出自《金光明最胜王经》卷三《灭业障品》："尔时天帝释及恒河女神，无量梵王，四大天众，从座而起，偏袒右肩，右膝着地，合掌顶礼，白佛言。"一方题："……长天王□

□天王……右肩,右膝著地。"见《金光明最胜王经》卷五《四天王观察人天品》:"尔时多闻天王、持国天王、增长天王、广目天王俱从座起,偏袒右肩,右膝着地,合掌向佛,礼佛足已,白言"。一方题:"……牢地神即于众……掌恭敬。"见《金光明最胜王经》卷八《坚牢地神品》:"尔时坚牢地神即于众中从座而起,合掌恭敬。"

五代时期,没有金光明经变。

第55窟(宋)东壁南侧的金光明最胜王经变,形式和内容都承袭中唐(第154窟),即中间是"金光明会",两边是条幅,一边画的是《长者子流水品》,一边画的是《舍身品》。曹氏统治时期的经变为什么不沿袭张家(晚唐)式样而采用吐蕃时期的形式,确实是令人深思。

从艺术上讲,与其他经变一致,此时已是江河日下,徒具形式了。不过,衣冠服饰上,天女戴的是桃形凤冠,犹如回鹘公主;后宫婇女梳的是双环望仙髻,与供养人一致。看来,时代的风尚是佛国也抗拒不了的。

三

考察完金光明经变之后,我脑子里自然涌现出一些问题,现分述于后,有的是"以释众疑",有的则是求教于专家学者。

1. 金光明经变始于隋,但隋代只有一铺,初盛唐竟然一铺都没有,这一现象应如何理解?

自昙无谶译《金光明经》之后,北方的流行情况似乎不如南方。自从天台智者大师说《玄义》及《文句》(均为灌顶笔录),此经乃举世流通。隋开皇年间,杨广任扬州总管,智者大师为其授菩萨戒;又,肃妃病危,大师为其"行金光明忏",过从甚密。由此可见南方流行此经的一斑。从藏经洞出土的写经来看,隋以前写的《金光明经》,有可靠纪年的只有三件,唐以后的则多为《金光明最胜王经》。由此可见北方流行此经的一斑。

大业五年(609),隋炀帝巡游张掖,沙门慧乘随从,"(六月)丙午至张掖。帝之将西巡也,命裴矩说高昌王麹伯雅及伊吾吐屯设等,啖以厚利,召使入朝。壬子,帝至燕支山,伯雅、吐屯设等及西域二十七国谒于道左,皆令佩金玉,被锦罽,焚香奏乐,歌舞喧噪。帝复令武威、张掖士女盛饰纵观,衣服车马不鲜者,郡县督课之。骑乘嗔咽,周亘数十里,以示中国之盛……丙辰,上御观风殿,大备文物,引高昌麹伯雅及伊吾吐屯设升殿宴饮,其余蛮夷使者陪阶庭者二十余国,奏九部乐及鱼龙戏以娱之,赐费有差",①《续高僧传》卷二四记载,释慧乘"从驾张掖,蕃(藩)王毕至,奉敕为高昌王麹氏讲《金光明》,吐言清奇,闻者填咽,麹布发于地,屈乘践焉"。此次接驾,不仅在张掖的历史上,就是在河西的历史上也是空前绝后的。此事不仅震动中原,而且惊动了西域二十七国。在此历史背景下,地处中西交通咽喉的敦煌,此时出现金光明经变,就是很自然的事了。也正由于《金光明经》在此不甚流行,"奉敕"讲此经而且是给高昌王讲经均属昙花一现之事,所以隋代的金光明经变也就只此一铺!否则,何以其他经变都有发生、发展,唯独金光明经变昙花一现,而中唐出现的金光明最胜王经变从内容到形式都当别论而很少继承?

走笔至此,有一个问题需要说明:按敦煌研究院石窟排年,第417窟可能要早于大业五年(609)。诚然,从绘画风格上看,似乎比较古朴,但如果把《流水长者子品》的构图、表现方法与开皇年间的第301、302、303窟的故事画作比较,再与晚于它的第423窟作比较,就会发现,在艺术上它也是孤例。

---

①《资治通鉴》卷一八一,中华书局,1956年,第5644—5646页。

2. 由第156、85、55窟的榜书,得出几个数字如下表:

莫高窟金光明最胜王经变榜书统计表

项目＼数量(条)＼窟号		156	85	55
共有榜书		22	37	38
现今能辨认者		18	27	28
其中	经文节录	9	20	
	经文照录	6	4	3
	据经文改写	3	3	25

数字告诉我们,晚唐时代的金光明最胜王经变忠实于经文,因为表中所列的"经文节录"和"经文照录"都是忠实于经文的;宋代该经变的榜书则绝大多数是依据佛经内容改定的, 这种随意性正反映人们在自觉地利用宗教。由此而自然联想到,壁画榜书不仅能帮助我们正确确定内容,而且能从中看到如何从经典(文)到变相(图),并进而认识到该时代的政治、经济、文化是如何作用于佛教艺术的。

3. 据我初步探索,在唐代高僧中,《金光明最胜王经》的译者义净对敦煌的影响是最大的。他所译《无常经》《护命放生轨仪》被用来做"斋七",翟奉达为其亡母追福时,头七用的就是《无常经》,[①]他所译《药师琉璃光七佛本愿经》《弥勒下生成佛经》《佛顶尊胜陀罗尼经》《金光明最胜王经》,则被用来绘制壁画。据《贞元新定释教目录》卷一

---

①施萍婷:《敦煌随笔之三——一件完整的社会风俗史资料》,《敦煌研究》1987年第2期。

三记载,景云三年(712)义净年老有病,比丘崇勖为他画像,李旦(睿宗)为他写《邈真赞》,其中有"缅鉴澄什,实为居最"句,认为义净超过佛图澄和鸠摩罗什。从敦煌来看,鸠摩罗什译经入画者不如义净的多。究其原因,不能不说与武则天、中宗、睿宗三位皇帝对义净倍加敬仰有关。《贞元新定释教目录》卷一三又记载乾元元年(758)肃宗还在"义净塔院"置金光明寺,亲为题额,"以表译经之最胜力也"。此时距义净卒已40多年了。

4. 《金光明经》也好,《金光明最胜王经》也好,《舍身品》里的饿虎,都是一只母虎、七只小虎,乃至《佛说菩萨投身饲饿虎起塔因缘经》也是"见有一虎,产生七子,已经七日",但绘制成壁画,除第55窟外,都是六虎(一母虎,五小虎),百思不得其解。后来,在义净译该品中找到了解释,偈语云:"复告阿难陀,往昔萨埵者,即我牟尼是,勿生于异念,王是父净饭,后是母摩耶,太子谓慈氏,次曼殊师利,虎是大世主,五儿五苾蒭,一是大目连,一是舍利子,我为汝等说,往昔利他缘……"七子变成五儿,显然是矛盾的,昙无谶译本却是对的,作"时虎七子,今五比丘及舍利弗,目犍连是"。也就是说,七虎应是五比丘(即骄陈如、頞鞞、跋提、十力迦叶、摩男俱利)及舍利弗、目犍连的化身。但是,经变的创作者偏生取偈语中被义净弄错了的内容,把七子变成五儿,这其间必有缘故,只是目前笔者尚不得而知。

5. 第454、456窟各有一铺经变,其形式很像金光明最胜王经变,调查结果表明,应为梵网经变。人们原不知莫高窟有梵网经变,这一小小的更改,不仅纠正了错误,还为莫高窟艺术增添了新内容。

附录一

敦煌莫高窟金光明最胜王经变统计表（417窟、143窟未列）

序号	品名＼窟号	158（中唐）	154南壁（中唐）	154东壁（中唐）	133（中唐）	156（晚唐）	85（晚唐）	138（晚唐）	196（晚唐）	55（宋）
1	序品	1	1	1	1	1	1	1	1	1
2	如来寿量品					1	1		1	1
3	分别三身品	1								
4	梦见忏悔品	1	1	1	1	1	1	1	1	1
5	灭业障品					1				1
6	净地陀罗尼品									
7	莲花喻赞品									

续表

序号	品名	158（中唐）	154南壁（中唐）	154东壁（中唐）	133（中唐）	156（晚唐）	85（晚唐）	138（晚唐）	196（晚唐）	55（宋）
8	金胜陀罗尼品									
9	重现空性品						1			
10	依空满愿品					1				1
11	四天王观察人生品									
12	四天王护国品	1				1	1	1	1	

续表

序号	品名	158（中唐）	154南壁（中唐）	154东壁（中唐）	133（中唐）	156（晚唐）	85（晚唐）	138（晚唐）	196（晚唐）	55（宋）
13	无垢着身陀罗尼品									
14	如意宝珠品					1	1			
15	大辩才天女品	1	1	1	1	1	1	1	1	1
16	大吉祥天女品	1	1	1		1	1		1	
17	增长财物品									
18	坚牢地神品									

续表

序号	品名	158（中唐）	154南壁（中唐）	154东壁（中唐）	133（中唐）	156（晚唐）	85（晚唐）	138（晚唐）	196（晚唐）	55（宋）
19	僧慎尔耶药叉大将品						1			1
20	王法正论品									
21	善生王品									
22	诸天药叉护特品									
23	授记品									
24	除病品									
25	长者子流水品									

续表

序号	品名	158（中唐）	154南壁（中唐）	154东壁（中唐）	133（中唐）	156（晚唐）	85（晚唐）	138（晚唐）	196（晚唐）	55（宋）
26	舍身品	1	1	1	1					1
27	十方菩萨赞叹品	1	1	1	1		1	1		1
28	妙幢菩萨赞叹品									1
29	菩提树神赞品	?		1		1	1	1		1
30	大辩才天女赞叹品	?		1		1				
31	付嘱品		1							

附录二

敦煌莫高窟金光明经变形式示意图

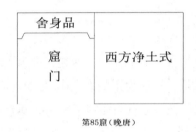

第85窟（晚唐）

第158窟（中唐）

第133窟（中唐）

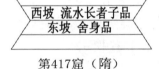

第417窟（隋）

第138窟（晚唐）

第154窟东壁（中唐）、第154窟
南壁（中唐）、第55窟（宋代）

第156窟（晚唐）、第196窟（晚唐）

附录三

莫高窟第 156 窟金光明最胜王经变榜书、画面叙录

榜书位于经变下部,分三栏,自上至下,一、二两栏正中为大块榜书,字已不清,第三栏正中为舞乐。正因为正中为大块,犹如界河,所以才使榜书、画面自然形成上下三栏、左右两侧的布局。又,每栏的榜书数量、底色均取对称式(底色错了一块,稍有参差),而书写方式则为在右侧者一律左书(从左到右,竖行,下同),在左侧者,一律右书(竖行,从右往左,下同。详见示意图)。现将榜书、画面叙录如下(说明:古代行文都是竖写。壁画榜书从左往右写者,我们称之为"左书";从右往左写者,我们称之为"右书"):

1. 土红底色,墨书,左书,文曰:

复有梨车毗童子五亿八千,其名曰师(狮)子光童子……各于哺时往诣佛所,退坐一面。

画面被烟熏黑,不可辨认,由榜书知其为《序品》第一。

2. 土红底色,墨书,左书,文曰:

复有四万二千天子,其名曰喜见天子、喜悦天子、日光天子、月髻天子、□□天子、□□天子,各于哺时来诣佛所,退坐一面。

画面为太子模样五人。文图相符,应为《序品》第一。

3. 土红底色,墨书,左书,文曰:

……小波龙王、持驶水龙王、金面龙王等而为上首。

画面被烟熏黑,不可辨认。由榜书而知其为《序品》第一。

4. 土红底色,墨书,右书,文曰:

复有三万六千诸药叉众毗沙门天王而为上首,悉皆爱乐如来正法,各于晡时顶礼佛足,退[坐]一面。

画面为毗沙门天王(托塔)、药叉各一,文图相符,应为《序品》第一。

5. 土红底色,墨书,右书,文曰:

尔时复有四万九千阿修罗等□海王等悉皆云集,各于晡时右绕三匝退坐一面。

画面为手托日月的阿修罗四位,文图相符,应为《序品》第一。

6. 土红底色,墨书,左书,文曰:

尔时诸大国所有〔王〕众、中宫后妃、净信男女、人天大众[悉皆]云[集],咸愿拥护无上大[乘]。

画面为俗人三人(一大二小),以表示净信男女。文图基本相符,由榜书而知其为《序品》第一。

7. 土红底色,墨书,右书,文曰:

尔时会中有婆罗门,名曰法师授记,与[无量百千婆罗门]众供养佛已,(闻)世尊说《大般涅槃》,涕泪交流,前礼佛足,白言:"世尊,若实如来于诸众生有大慈悲,[怜悯利]益(内容未完而止)"。

画面为一婆罗门,当即名曰"法师授记"者。文图相符,应为《如来寿量品》第二。

8. 土红底色,墨书,右书,文曰:

尔时会中有婆罗门以杖击金鼓,于此鼓声内,说此妙伽他。

画面为婆罗门击鼓。文图相符,应为《梦见忏悔品》第四。

9. 土红底色,墨书,右书,文曰:

尔时天帝释承佛威福(力),即从座起,白佛言:"世尊,云何善男子、善女人愿证无上菩提?"

画面为头戴冠的天王模样的帝释天一身。文图相符,应为《灭业障品》第五。

10. 土红底色,墨书,右书,文曰:

尔时梵释四天王及诸天(大)众白佛言:"世尊,如是经典甚深之义,若现在者当知如来三十七种助菩提法住世未灭,若是经典灭尽之时,正法亦灭。"佛言:"如是如是。"

画面为四天王。文图相符,应为《灭业障品》第五。

11. 石绿底色,墨书,左书,文曰:

尔时如意宝光耀天女于大众中闻说深法, 欢喜踊跃从座而起

画面为五位天女席地而坐,最前面的一位形象较大,头戴大宝珠冠,应为如意宝光耀天女。文图相符,为《依空满愿品》第十。

12. 土红底色,墨书,左书,文曰:

尔时多闻天王而赞佛曰:"佛面犹如净满月,亦如千日放光明,目净修广若青莲,齿白齐密犹珂雪,佛德无边如大海,无限妙宝积其中,智慧德水镇恒盈,百千胜定咸充满。"

画面为四天王。据榜书应为《四天王护国品》第十二。

13. 石绿底色,墨书,右书,文曰:

尔时〔执〕金刚密迹王即从座起而白□佛□言□:□"□世□尊,□我□今□亦说陀罗尼神咒,名曰无胜。"

画面为菩萨装人物一,据榜书应为《如意宝珠品》第十四。

14. 石绿底色,墨书,左书,文曰:

尔时大辩才天女于大众中

画面为三面八臂菩萨一身，据榜书应为《大辩才天女品》第十五之一。

15. 石绿底色，墨书，右书，文曰：

尔时大吉祥天女白佛言："世尊，若有苾刍尼、邬波索迦、邬波斯迦授持读诵，佛护其人。"

画面为天女一身。文图相符，应为《大吉祥天女品》第十六。

16. 土红底色，墨书，左书，文曰：

尔时妙幢菩萨即从座起合掌向佛而说赞曰"牟尼百福相圆满，无量功德想（以）严身，广大清静人乐观，犹如千日光明照，焰彩无边光炽盛，如妙宝聚相端严。"

画面为大菩萨一身，小菩萨二身，文图相符，应为《妙幢菩萨赞叹品》第二十八。

17. 土红底色，墨书，左书，文曰：

尔时菩提树神亦以伽他赞世尊曰：敬礼如来清净慧，敬礼常求正法慧，敬礼能离非法慧，敬礼恒无分别慧，希有世尊无边行，希（稀）有难见比优昙。

画面为一长者模样之人物，据榜书，应为《菩提树神赞叹品》第二十。

18. 土红底色，墨书，右书，文曰：

尔时睹史多天子供（恭）敬说伽陀曰："佛说如是经，若有能持者，当住菩提位，来生睹史天。"

画面为俗装男性五人。据榜书，应为《付嘱品》第三十一。

19. 石绿底色，榜书已褪，画面亦被熏黑。

20. 石绿底色，榜书已褪，画面为大菩萨一身。

21. 石绿底色，榜书已褪，画面为不同装束的男性四人。

22. 土红底色，榜书已褪，画面为半裸体、着短裤、无飘带、怒发者六人，似为鬼类人物。

| 18 右书 | 9 右书 | 15 右书 | 4 右书 | | 16 左书 | 14 左书 | 2 左书 | 1 左书 |

| 5 右书 | 10 右书 | 7 右书 | 13 右书 | | 20 | 6 左书 | 12 左书 | 19 |

| 22 | 21 | 8 右书 | 舞乐 | 17 左书 | 11 左书 | 3 左书 |

莫高窟第 156 窟金光明最胜王经变榜书示位图

附录四

莫高窟第 85 窟金光明最胜王经变榜书、画面叙录

本窟榜书位于金光明会之下,上中下三栏。从上至下,第 1、2 栏的中间是两块大榜书,第 3 栏中间是舞乐。以中间为界,又形成左右两侧对称。榜书底色严格对称。榜书之书写方式,右侧均左书,左侧为右书(详见示意图),《舍身品》画在门顶上,其榜书条目多,而且保存基本完好(详见示意图)。

现将两处榜书及画面叙录如下(括弧内的字为《大正藏》之字):

1. 白底色,墨书,右书,文曰:

复有四万八(二)千天子,其名曰喜见天子、喜悦天子、日光天子、月髻天子,各于晡时往诣佛所,顶礼佛足,退坐一面。

画面为头戴莲花冠之天子四人,图文相符,应为《序品》第一。

2. 石绿底色,榜书已褪,画面为天龙八部四人,据第 156、55 窟,应为《序品》第一。

3. 土红底色,墨书,右书,文曰:

复有三万六千诸药叉众、毗沙门天王而为上首,悉皆爱乐如来正法,各于晡时往诣佛所,退坐一面。

画面为托塔天王一,药叉神将一,文图相符,应为《序品》第一。

4. 土红底色,墨书,左书,文曰:

复有四万九千揭路荼王、香象势力王而为上首,及余乾闼婆、阿苏罗、紧那罗、莫呼路伽等悉皆云集,咸愿拥护无上

大乘,读诵受持,书写流布,往诣佛所,右绕三匝,退坐一面。

画面为八部护法神四身,文图相符,应为《序品》第一。

5. 土红底色,墨书,左书,文曰:

尔时诸大国王所有中官后妃、净信男女人天大众悉皆云集,咸愿拥护无上大乘。

画面为王者及妃子,文图相符,应为《序品》第一。

6. 白色大块榜书,墨书,右书,文曰:

金光明妙法,最胜诸经王,甚深难得闻,诸佛之境界,我当为大众,宣说如是经。并四方四佛,威神共加护,东方阿閦佛(尊),南方宝相佛,西方无量寿,北方天鼓音。我复演妙法,吉祥忏中胜,能灭一切罪,净除诸恶业,及消众苦患,常兴(与)无量乐。一切智根本,诸功德庄严。众生身不具,寿命将损减。诸恶相现前,天神皆舍离,亲友怀瞋(嗔)恨,眷属悉分离,彼此共乖违,珍财皆散失,恶星(心)为变怪,或被邪蛊侵。若复多忧愁,众苦之所逼,睡眠见噩梦,因此生烦恼。是人当澡浴,应着鲜洁衣。于此妙经王,甚深佛所赞,专注心无乱,读诵听受持。由此经威力,能离诸灾横,及余众苦难,无不皆除灭。护世四王众,及大臣眷属,无量诸药叉,一心皆拥护。大辩才天女、尼连河水神、诃利底母神、坚牢地神众、梵王帝释主、龙王紧那罗,及金翅鸟王、阿苏罗天众,如是天神等,并将其眷属,皆来护是人,昼夜常不离。我当说是经,甚深佛行处,诸佛秘密教,千万却(劫)难逢。若有闻是经,能为他演说,若心生随喜,或设于供养,如是诸人等,当于无量劫,常为诸天人,龙神所恭敬。此福聚无量,数过于恒沙,读诵是经者,当获斯功德。亦为十方尊,深行诸菩萨,拥护持经者,令离诸苦难。供养是经者,如前澡浴身,饮食及香花,恒起慈悲意。

按:此块榜书所书写的是《序品》中偈语之大部,只剩6句未抄。其上之大块石绿底色榜书,榜书无存。

7. 土红底色,墨书,右书,文曰:

时大会中有婆罗门,姓骄陈如,名曰法师授记,与无量百千婆罗门供养佛已。

画面为大婆罗门一,文图相符,应为《如来寿量品》第二。

8.白底色,墨书,右书,文曰:

尔时……恭敬白佛言:"世尊,见婆罗门以手执桴击妙金鼓,出大声音,声中演说微妙伽他,明忏……

画面已不清。以榜书对照经文,应为《梦见忏悔品》第四。

9. 土红底色,墨书,右书,文曰:

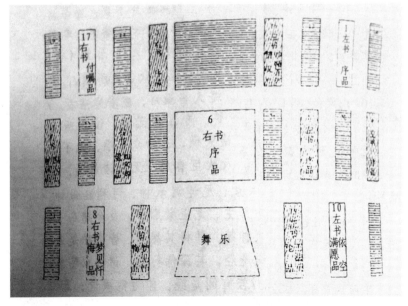

莫高窟第85窟金光明最胜王经变榜书示位图之一

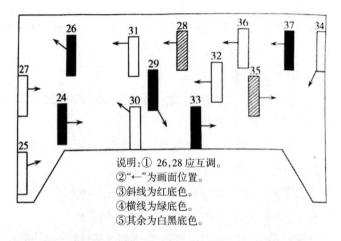

说明:① 26,28 应互调。
②"←"为画面位置。
③斜线为红底色。
④横线为绿底色。
⑤其余为白黑底色。

莫高窟第 85 窟金光明最胜王经变榜书示位图之二

$\boxed{我}$于$\boxed{昨}$夜中,$\boxed{梦见}$大金鼓,$\boxed{其形极姝妙,周遍有金光}$,犹如……诸佛,在于宝树下……有一婆罗门,以杖击金鼓,于其鼓声内,说此妙伽他。

画面为一婆罗门正在击鼓,文图相符,应为《梦见忏悔品》第四。

10. 白底色,墨书,右书,文曰:

尔时如意$\boxed{宝光}$耀天女于大众中闻说深法,欢喜踊跃,从座而起,顶礼佛足,右绕三匝退坐一面。

画面为头戴宝珠冠的天女一,侍从二,文图相符,应为《依空满愿品》第十。

11. 土红底色,墨书,右书,文曰:

尔时四天王及帝释、阿修罗、正了知大将、二十八部诸药叉神、大自在天、金刚密主、宝贤……□五百$\boxed{眷属}$、大海龙王所居之处。

画面已模糊不清。以榜书对照经文,应为《四天王护国品》第十二。

按：此榜书行文不当，致使意思不明。这是依据经文改写的，抄写者可能又把改写稿抄错了。《四天王护国品》中提到近似榜书内容的有两处，榜书所摘取的应是第一段："尔时四天王白佛言……世尊，时彼龙王，请说法者，升座之时，便为我等，烧众名香，供养是经。世尊，时彼香烟，于一念顷，上升虚空，即至我等诸天宫殿，于虚空中，变成香盖。我等天众，闻彼妙香，香有金光，照耀我等所居宫殿，乃至梵宫，及以帝释、大辩才天、大吉祥天、坚牢地神、正了知大将、二十八部诸药叉神、大自在天、金刚密主、宝贤大将、诃利底母五百眷属、无热恼池龙王、大海龙王所居之处。"

12. 石绿底色，榜书已褪。画面为一大菩萨，戴宝珠冠，据第156窟榜书，此菩萨乃执金刚秘密主菩萨，应为《如意宝珠品》第十四。

13. 石绿底色，榜书已褪。画面为一大菩萨，八臂。据第156、55窟，乃大辩才天女之形象，应为《大辩才天女品》第十五。

14. 石绿底色，榜书已褪。画面为一天女，据第156窟榜书，此形象应是大吉祥天女，此乃《大吉祥天女品》第十六。

15. 土红底色，墨书，左书，文曰：

　　尔时此大地神女，名曰坚牢，于大众中 从 座而起，顶礼佛 足 ，合掌恭敬白佛言："世尊，于诸国中，为人王者，国内居人，咸 蒙利益 。"

画面为一头戴莲花冠的天人，合十跪于毯上。据榜书应为《王法正论品》第二十。

按：此画面形象与第156、55窟相同，然据第156窟此形象为《菩提树神赞叹品》第二十五，据第55窟此形象则为《序品》第一。

16. 白底色，墨书，右书，文曰：

　　尔时妙幢菩萨即从座起，合掌向佛而说偈言："牟尼百福相圆满，无量功德相（以）严身，广大清净人乐观，犹如千日光明照,焰彩无边光炽盛,微(如)妙宝聚相端严。"

画面为一大菩萨,二小菩萨,文图相符,应为《妙幢菩萨赞叹品》第二十八。

17. 土红底色,墨书,左书,文曰:

尔时索河世界主梵天主(王)即从座起,合掌恭敬白佛言:"世尊于诸人天为大利益,哀悯世间,拥护一切。"

画面为梵天王,图文相符,应为《付嘱品》第三十一。

18. 石绿底色,榜书已褪。画面为俗装妇女四人(一大三小),位置、画面内容都与第55窟相同。第55窟虽有榜书(内容为"四万二千天女"),但与经文不合,因而不能确定它是什么品。

19. 石绿底色,榜书已褪。画面亦已漫漶不清。

20. 石绿底色,榜书已褪。画面为天王模样人物四身,不知何品。

21. 石绿底色,榜书已褪。画面为一大菩萨。第156、55窟均与此相同。据第55窟榜书,此乃宝手自在王菩萨,应为《序品》第一。

22. 石绿底色,榜书已褪,画面为天王一类人物四身,据第156窟,应为《灭业障品》第五。

23. 石绿底色,榜书已褪。画面亦已模糊不清。

按:此窟之榜书,凡以石绿为榜书底色者,无一能保存住文字,这是一个值得注意的现象。

以下为《舍身品》之榜书,此品在东壁门顶上。

24. 白底色,墨书,左书,文曰:

时诸王子,各说本心所念之事,复次前行见有一虎,产生七子,才经七日,诸子围绕,饥渴所逼。

画面为三王子及其随从,皆乘马,驻足做议论状,表示"各说本心所念之事"。文图相符,应为《舍身品》之一。

25. 白底色,墨书,左书,文曰:

虎豺师（狮）子，唯啖热血肉，更无余饮食，可济此虎羸。

画面为六只老虎，或走、或坐、或卧。榜书内容为萨埵见饿虎后问此虎常食何物，其长兄以偈语回答如上四句。据榜书，此为《舍身品》之二。

按：之一之二如果合并，则画面、榜书皆完整无缺憾，为何非得分开，难以理解。

26. 土红底色，墨书，左书，文曰：

时诸王子，作是语（议）已，各起慈心，悽伤悯念。共观羸虎，目不暂移，徘徊久之，俱舍而去。

画面为四人乘马而行。如按照经文来编排顺序，应为《舍身品》之三，但如考虑全图，应与 28 对调。

27. 白底色，墨书，左书，文曰：

此次身不坚（有误，应为"复次，此身不坚"），于我无畏（益），可〔畏〕如贼，不净如粪，我于今日，修广大业，于生死海，作大舟航，弃舍轮回，令得出离。

画面为三人下马，席地而坐，侍从立马前。三人中，一人手持经卷为其余人作宣读状。榜书内容是萨埵王子内心独白，并非为二兄宣讲，而画面如此处理，与经不合。按照榜书，应为《舍身品》之四。

28. 底色已变成墨色，然榜书犹可辨认，墨书，左书，文曰：

是时王子，以（兴）大勇猛，发弘誓愿，以大悲念，增益其心，虑彼二兄，情怀怖惧，共为留难，不果所祈。

画面为三人骑马前行。按照经文，应为《舍身品》之五，但其位置应与 26 对调。

29. 底色已变黑，但榜书仍隐约可辨，墨书，左书，文曰：

尔时王子 摩诃萨埵 ，还入林中，至其虎所，脱去衣服，置于竹上，作是誓言。

"誓言"未写而止。画面为萨埵脱去上衣,裸上身而着短裤,他的面前站着一匹马。文图相符,应为《舍身品》之六。

30. 白底色,墨书,左书,文曰:

　　是时王子,作是言已,于饿虎前,委身而卧,由此菩萨慈悲威势,虎无能为。

画面为一只大虎,五只小虎,或立、或蹲、或趴在萨埵身上(此画面已不甚清楚),各以不同姿态注视着萨埵。文图相符,应为《舍身品》之七。

31. 白底色,墨书,左书,文曰:

　　菩萨见已,即上高山,投身于地,复作是念:"虎今羸瘠,不能食我。"

榜书意义未尽而止,应接写"即起求刀,竟不能得,即以干竹刺颈出血,渐近虎边"。画面为一座大山,悬崖峭壁之上,站着脱去上衣的萨埵王子。如依画面,则榜书行文只用"菩萨见已,即上高山,投身于地"就够了。据图文,应为《舍身品》之八。

32. 白底色,墨书,左书,文曰:

　　时二王子,生大愁苦,啼泣悲叹,即共相随,还至虎所,见弟衣服,在竹枝上,骸骨及发,在处纵横,流血成泥,沾污其地,见已闷绝,不能自持,投身骨上。

画面正中萨埵的一堆残骸,周围有五人,二兄举起双臂扑向残骨,其余三位做礼拜、瞻仰之态。文图相符,应为《舍身品》之九。

33. 底色已变黑,榜书尚隐约可辨,墨书,左书,文曰:

　　我弟貌端严,父母偏爱念,云何俱共出,舍身而不归,父母若问时,我等如何答,宁可同捐命,岂得自存身? 时二王子,悲泣懊恼,渐舍而去。时小王子所将侍从,互相谓曰:"王子何在? 宜共推求。"

此条榜书共四行，前两行应是前一条的内容，即萨埵二兄见尸骨时说的话；后两行是另一回事，说的是萨埵的侍从，不见主人，准备去寻找。画面为：四人骑马，一人拱手于乘骑之前，呈问询之状。按照经文顺序，此为《舍身品》之十。

34. 白底色，墨书，左书，文曰：

尔时国太夫人，寝上（高）楼上，便于梦中，见不祥相，被割两乳，牙齿堕落，得三鸽雏，一为鹰夺，二被惊怖。地动之时，夫人遂觉，心大愁恼，作如是言。

画面一座大城，城内有高楼，楼上睡有一人，表示国太夫人正做不祥之梦。文图相符，为《舍身品》之十一。

35. 土红底色，墨书，左书，文曰：

王闻语已，惊惶失所，悲噎（哽）而言："苦哉，今日失我爱子。"即便扪泪慰喻夫人，告言："贤首，汝勿忧戚，吾今共出求觅爱子。"王与夫人（大臣）及诸人众，即共出城，各各分散，随处求觅。

画面为许多人骑马从城里出来。文图相符，为《舍身品》之十二。

36. 白底色，墨书，左书，文曰：

次第二臣，来至王所，王问臣曰："爱子何在？"第二大臣，懊恼啼泣，舌喉干燥，口不能言，竟无所答。

画面为王与夫人骑在马上，第二大臣前来报告，拱手弯腰，一副诚惶诚恐之状。文图相符，为《舍身品》之十三。

37. 底色已变黑，但榜书尚隐约可辨，墨书，左书，文曰：

尔时世尊，说是往昔因缘之时，无量阿僧祇人天大众，皆大悲喜，叹未曾有，悉发阿耨多罗三藐三菩提心。复告树神，我为报恩，故致礼敬。佛摄神力，其窣堵波还设于地。

画面为一塔，僧俗人等围绕礼拜。文图相符，为《舍身品》之十四。

附录五

莫高窟第 55 窟金光明最胜王经变榜书、画面叙录

　　第 55 窟东壁南侧《金光明最胜王经变》为"中间西方净土、两边条幅式",共有榜书 38 块(参见示意图)。榜书的安排基本对称,底色不对称。现将榜书与画面叙录如下:

　　1. 白底色,墨书,单行,文曰:

　　　　南无宝手自在王菩萨。

　　校以经文,衍一"王"字。画面为一大菩萨(即"宝手自在菩萨"),据榜书,应为《序品》第一。

　　2. 白底色,墨书,单行,文曰:

　　　　或有四万二千喜见天子而为上首。

　　画面为俗人四位,头戴笼冠,身着大袖袍,跪于毯上,据榜书和画面,应为《序品》第一。

　　3. 白底色,墨书,单行,文曰:

　　　　复有持(除)烦恼天子而为上首助会时。

　　画面为头戴莲花冠之男子五人,双手合十跪于毯上。文图相符,应为《序品》第一。

　　4. 白底色,墨书,单行,文曰:

　　　　复有二万八千龙(王)翳罗叶龙王而为上首。

　　画面为龙王四身,文图相符,应为《序品》第一。

　　5. 石绿底色,墨书,单行,文曰:

复有莲花光藏药叉退坐一面。

画面为束发、裸上身之药叉六身,坐于毯上。文图相符,应为《序品》第一。

6. 石绿底色,墨书,单行,文曰:

复有吞食药叉等而为上首。

画面为药叉一身,文图相符,应为《序品》第一。

7. 白底色,墨书,单行,文曰:

复有四万九千揭路荼王等而为上首。

画面为天王模样之人物三身,象鼻人物一身,应为经文中所列之香象势力王,文图相符,应为《序品》第一。

8. 石绿底色,墨书,单行,文曰:

及以乾闼婆众而为上首。

画面为八部众四身,文图相符,应为《序品》第一。

9.石绿底色,墨书,单行,文曰:

复有紧那罗王等而为上首。

画面为紧那罗等四身(天王模样),文图相符,应为《序品》第一。

10. 白底色,墨书,单行,文曰:

复有中宫后妃,净信男女而为上首。

画面为贵妇人四身(一大三小),为首者头戴桃形凤冠,文图相符,应为《序品》第一。

11. 石绿底色,墨书,单行,文曰:

复有人天大众悉皆云集。

画面为长者模样人物一身,与梵天相似,文图相符,应为《序品》第一。

按:从榜书 7—11,本为一段经文。经曰:"复有四万九千揭路荼王、香象势力王而为上首,及余健闼婆、阿苏罗、紧那罗、莫呼洛伽等山林河海一切神仙,并诸大国所有王众、中宫后妃、净信男女、人天大众,悉皆云集,咸愿拥护无上大乘,读诵受持,书写流布,各于晡时,往诣佛所,顶礼佛足,右绕三匝,退坐一面。"经变的设计者把一段经文分成若干部分来安排,同时编排榜书内容,说明作者不仅熟悉经文,而且熟悉佛教人物,绝非信手编就。

12. 白底色,墨书,单行,文曰:

> 南无妙幢菩萨助金光明会时。

画面为大菩萨一身,文图相符,应为《如来寿量品》第二。

13. 底色已变黑,墨书,单行,隐约可见:

> 复有婆罗门众顶礼亡……

画面为婆罗门四身,文图相符,应为《如来寿量品》第二。

14. 石绿底色,墨书,单行,文曰:

> 复有婆罗门浮(桴)击金鼓出大音声时。

画面为一婆罗门正在击鼓,文图相符,应为《梦见忏悔品》第四。

15. 此系正中大块榜书中下面一块,土红底色,墨书,左书,文曰:

> 而说颂曰:我于昨夜中,梦见大金鼓,其形极姝妙,周遍有金闻(光),犹如盛日轮,光明皆普耀(曜),充满十方刹(界)。咸见于诸佛,在于宝树下,各处瑠璃座,无量百千众,恭敬而围绕。有一婆罗门,以杖击金鼓,于其鼓声内,说此妙伽他:金光明鼓出妙音(声),遍至三千大千界,能灭三涂极重罪,及以人中诸若厄,由此金鼓声威力,永灭一切烦恼障。断除怖畏令安隐(稳),譬如自在牟尼尊。佛于生死大海中,积行修成一切众(智)。 究竟咸归功德海,能令众生觉品具。犹(由)此金鼓出妙声,普令闻者摧(获)梵向。证得无生(上)菩提果,常转清净妙法轮。住寿不可思议劫,直其(随

机)说法利群生。能断烦恼众苦流,贪 瞋痴 等皆除灭,若有众
生处恶趣。

按:"究竟咸归功德海,能令众生觉品具"一句,《大正藏》与此颠
倒,作"能令众生觉品具,究竟咸归功德海"。此乃《梦见忏悔品》之
偈语。

16. 石绿底色,墨书,单行,文曰:

南无大辩才天女而为上首。

画面为八臂菩萨,文图相符,应为《大辩才天女品》第十五。

17. 底色已变黑,文字已不可辨认。画面为一高楼大院,院内有
三人出门状;院外大门前,有一人拱手而立。从画面顺序来判断,它应
是《长者子流水品》之一,可能是表示"是时流水将其二子渐次游行城
邑聚落"。

18. 白底色,墨书,单行,文曰:

尔时流水长者游玩欢喜时。

画面为:山水树木之间,长者头戴莲花冠,脚登云头履,身着大袖
圆领槛衫,后有二子相随。文图相符,系《长者子流水品》之二。

19. 白底色,墨书,单行,文曰:

尔时长者见沽野池斋彼鱼时。

画面为:一大鱼池,飞禽走兽于其中任意吃鱼,长者及其二子立
于岸上。文中"斋鱼"之说,与画面不符。按其画面,应是《长者子流水
品》之三。

20. 底色已变成灰黑色,榜书:"尔时流水长者救鱼时。"画面为:
一棵大树上站立一人,正攀折树叶;鱼池边上,有两人正为即将晒死
的鱼盖上树叶;长者子流水与儿子合十祈请佛祐。画面内容应即经文
中的:"时此大池,为日所曝,余水无几,是十千鱼将入死门,旋身宛
转,见是长者,心有所希,随逐瞻视,目未曾舍。时长者子,见是事已,

驰趣四方,欲觅于水,竟不能得。复望一边,见有大树,即便升上,折取枝叶,为作阴凉。"这是《长者子流水品》之四。

21. 底色已变黑,榜书亦不可辨认。画面为:一座大城,堂前跪着几人,正在请求什么;城外一隅,有一象厩,内有大象若干;象厩外,两人正赶着大象朝救鱼的地方走去。由画面可以得知,此即长者子至大王所,求借 20 头大象,以便驮水救鱼,长者子选取了 20 头大象,前往取水。据画面,应是《长者子流水品》之五。

22. 白底色,墨书,单行,文曰:

尔时流水长者取水救鱼时。

画面为一人赶两头大象(以 2 代替 20)往前走,象背驮着水囊。文图相符,应是《长者子流水品》之六。

23. 底色已变黑,榜书也已不可辨认。画面为:一大鱼池,池边站着两头大象,有二人抱水囊往鱼池里注水。22—23 两个画面,即经文中所说的:"是时流水及其二子将二十大象,又从酒家多借皮囊,往决水处,以囊盛水,象负至池,泻置池中,水即弥满,还复如故。"据画面,应为《长者子流水品》之七。

24. 底色已变黑,榜书亦:"尔时□太子发骨起□□"。画面为:有一塔,左边一比丘合十向塔,塔右边一男一女向塔跪拜。据画面,应是《舍身品》之一,即世尊手按大地,地即开裂,七宝塔忽然从地涌出,"大众见已,生希(稀)有心",世尊接着为大家讲述"起塔因缘"——萨埵舍身饲虎本生故事。

25. 白底色,墨书,单行,文曰:

尔时大王游山川欢喜玩时。

画面为四人乘马游玩,其中一人为女性。文图相符,表示国王夫人及三位太子一起出游,应为《舍身品》之二。

26. 底色已变黑,榜书亦已不可辨认。画面为:高山顶上,萨埵太子赤裸上身，正准备投崖喂虎；半空中，萨埵太子跳崖而下。据画面，应为《舍身品》之三。

27. 白底色，墨书，单行，文曰：

尔时太子舍身虎食啖时。

画面为：萨埵躺在地上，四只老虎，一只正向尸体扑来，一只在啖食，一只吃着撕下的肉块，一只蹲着未动，神态各异。文图相符，应为《舍身品》之四。

28. 白底色，墨书，单行，文曰：

尔时大王共夫人寻觅太子时。

画面篇幅最大，内容为：王城一座，高楼上一夫人思维状；门外，夫人骑马外出，一男子骑马跟随；转过一座山，峡谷里有四人骑马飞速前进，夫人亦在其中。画面内容比榜书多，表现的是萨埵喂虎以后，"国太夫人，寝高楼上，便于梦中，见不祥相……夫人遂觉，心大愁恼"以及"王及夫人，闻其事已，不胜悲噎，望舍身处，骤驾前行"。据画面及榜书，应为《舍身品》之五。

29. 底色已变黑，榜书亦已不可辨认。画面为：国王及夫人等三骑正疾奔中，迎面一人乘马飞奔而来，面向王等，作禀报状。据画面，应为《舍身品》之六。

30. 榜书底色已变黑，文曰：

尔时大王见太子骸骨自扑迷闷时。

画面为：地上一堆残骸；人们都已下马，一人立马前；国王立尸骨前，摊开双手，国太夫人扑向尸骨；另一人合十跪于地，礼拜萨埵遗骸。此即经文："至彼菩萨舍身之地，见其骸骨，随处交横，俱时投地，闷绝将死，犹如猛风，吹倒大地，心迷失绪，都无所知。"据画面及经文，应为《舍身品》之七。

按：国太夫人扑向残骸的动作很大，犹如飞天凌空，真是"犹如猛风,吹倒大地"。

31. 石绿底色,大块榜书,墨书,左书,文曰:

　　尔时释迦牟尼如来说是经时,于十方世界有无量百千万亿诸菩萨众,各从本土诣鹫峰山,至世尊所,五轮著(着)地。礼世尊已,一心合掌,异口同音而赞叹曰:"佛身微妙真金色,其光普照等金山。清净柔软若青莲,无量妙彩而严饰。三十二相遍庄严,八十种好皆圆备。光明晒著无与等,离垢犹如净满月。其声清澈甚微妙,如师(狮)子吼震雷音。八种微妙应群机,超胜迦陵频伽等。百福妙相以严容,光明具足净无垢。"

此榜书似乎不针对具体的画面,但又可以理解为主尊两旁的菩萨全与此有关。榜书内容与《十方菩萨赞叹品》之经文只差几个字。

32. 底色已变灰,黑书,单行,文字已模糊,隐约可见"南无分弥喜乐菩萨"。画面为一大菩萨、二小菩萨。为序品内容。

33. 石绿底色,墨书,单行,文曰:

　　或有四万二千天女而为上首。

画面为俗装妇女,一大三小,为首者头戴桃形凤冠,犹如"北方大回鹘国圣天可汗天公主"之装束。文图虽然相符,但经文并无"四万二千天女"之内容。第156窟有与此相同之画面,属《依空满愿品》,因此,榜书可能有误。

34. 底色已变黑,榜书亦已不可辨认。画面为毗沙门天王及二药叉,据画面并参照第156窟,应为《序品》,即经文中的"复有三万六千诸药叉众,毗沙门天王而为上首"。

35. 底色已变黑,榜书亦已模糊,只隐约可见"复有……神助金光明会时"。画面为一戴桃形凤冠的天女,与第85窟大同小异,据第85窟榜书及画面,应为《王法正论品》。

36. 石绿底色,榜书已褪色不留痕迹。画面为一天王模样之人物。第 156 窟有与此大同小异者,据其榜书,应为《灭业障品》。

37. 石绿底色,榜书只褪剩"复……会",原文应为某某来"助金光明会"。画面为菩萨模样四人,不知属何品。

38. 底色已变黑,榜书隐约可见"复有梵天子等而为上首"。画面为:头戴冕旒(六股)的国王领三位女眷,皆合十礼佛状。依形象,应为《序品》中"大国所有王众"之大国国王,此条应接 11 之后。

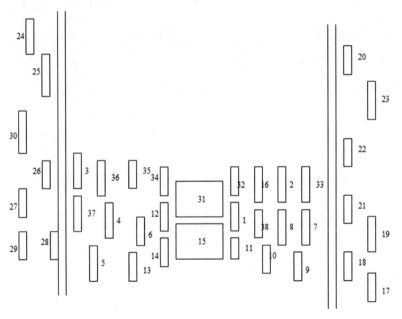

金光明会(即说法图)

(《1987 年敦煌研究国际讨论会文集·石窟考古编》,辽宁美术出版社,1990 年)

下篇:文献整理与研究

本所藏敦煌《唐代奴婢买卖文书》介绍

    敦煌文物研究所收藏的《唐代奴婢买卖市券副本》原为 1 件，后断裂为二，馆藏号为 D639、D640，发表号为敦研 298 号、299 号。前半段长 14 厘米，残高 23 厘米，存 9 行，第 1 行上下均残，余 8 行上部残；后半段长 15 厘米，残高 19 厘米，存 6 行，除第 1 行缺 4 字外，余完好。（图 1）

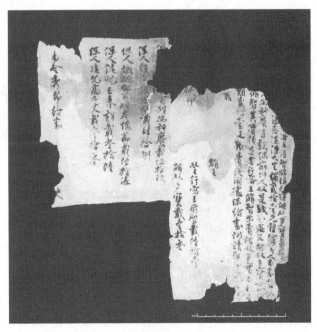

图 1　D639+D640《唐代奴婢买卖文书》

录文如下：

……客王修智牒称：今将胡奴多宝载拾叁

……惠温，得大生绢贰拾壹疋。请给买人市券者。依

……安神庆等款保前件人奴是贱不虚。又胡奴多宝甘

心□

……修智，其价领足者。行客王修智出卖胡奴多宝与□

□

……绢贰拾壹疋。勘责抶同，据保给券。仍请郡印□□

……罪。

绢主

郡印　　　　奴主行客王修智，载陆拾壹。

　　　　　　胡奴多宝，载壹拾叁。

（以上敦研 298）

保□□□□百姓安神庆，载伍拾玖。

保人行客张思禄，载肆拾捌。

保人敦煌郡百姓左怀节，载伍拾柒。

保人健儿王奉祥，载叁拾陆。

保人健儿高千丈，载叁拾叁。

市令秀昂给券　　　　　　史。

（以上敦研 299）

文书无纪年，从各方面的情况来判断，应该是唐代的。因为：

文书中有"保人健儿……"两条，"健儿"也称"官健"，是唐府兵制破坏以后对戍卒的通称。开元二十五年（737）以后，各地边军以"健儿"代替府兵，又称"长征健儿"，或称"兵防健儿"。《唐六典》卷五记载："天下诸军有健儿（旧，健儿在军皆有年限，更来往，颇为劳弊。开元二十五年敕，以为天下无虞，宜与人休息，自今已后，诸军镇量闲

剧、利害，置兵防健儿，于诸色征行人内及客户中召募，取丁壮情愿充健儿长住边军者，每年加常例给赐，兼给永年优复；其家口情愿同去者，听至军州，各给田地、屋宅。人赖其利，中外获安。是后，州郡之间永无征发之役矣），皆定其籍之多少与其番之上下（其所取人并具于本卫），每季上中书门下。"①但《新唐书·兵志》未记载"健儿"之设，唐长孺先生在《唐书兵志笺正》卷二中批评道："隋唐始以府兵防边，以至久戍不归，乃有长征健儿之招募，节度使所统之兵自开元二十六年之后悉是长征健儿也。《志》于此略无一语相及，未免疏略。"②按，唐先生的开元二十六年疑是《唐六典》所记开元二十五年之误。

《旧唐书》卷四十四《职官志》记载天宝元年（742）改州为郡，置太守。《旧唐书》卷四十《地理志》记载是年改沙州为燉煌郡、瓜州为晋昌郡，乾元元年（758），又改郡为州，燉煌郡复为沙州。文书中有"保人燉煌郡百姓……"一条，唐代称"燉煌郡"只是天宝元年至乾元元年间（742—758）才有可能。另外唐代所称"燉煌"二字，"燉"字都有"火"旁，史书、碑文都是如此。

文书的纸张、字体与莫高窟第 122 窟窟前出土的天宝七载（748）的"过所"相似。

文书中凡提及人的年龄，一律用"载"若干。按："改年为载"是唐玄宗天宝三年（744）的事。③天宝以后的至德，只有三年，"载""年"兼用，接着，乾元元年（758）又改"载"为"年"了。④

---

①（唐）李林甫等撰：《唐六典》卷五，中华书局，2008 年，第 156—157 页。

②唐长孺：《唐书兵志笺正》，科学出版社，1957 年，第 33 页。

③（宋）宋敏求编：《唐大诏令集》卷四《帝王·改元中·改天宝三年为载制》，商务印书馆，1959 年，第 22 页。《唐会要》卷八五。

④（宋）宋敏求编：《唐大诏令集》卷九《帝王·册尊号赦上·乾元元年册太上皇尊号赦》，第 56 页。

根据上述几点,我们认为文书的年代,上限为唐天宝三年(744),下限不会超过乾元元年(758)。

敦煌遗书中,契约文书不少,但属于这样的奴婢买卖文书,却是不多。文书的性质,不是买卖双方订立的私契,因为当时的私契都有一定的格式:先署年月和立契者的姓名,次叙买卖的原因,再次写明价钱,最后都有这么一段:立契后,不许休悔,如先悔者,罚实物若干,"恐人无信,故立此契,用为后凭"。我们所介绍的这件文书,行文与私契完全不同。

通观全文,这件文书可能是买卖成交以后,投验官府,给以印凭的"市券",是奴婢买卖的最后一道法定手续。《唐律疏议》卷二六"买奴婢牛马立券"称:"诸买奴婢、马、牛、驼、骡、驴,已过价不立市券,过三日笞三十,卖者减一等……即卖买已讫,而市司不时过券者,一日笞三十,一日加一等,罪止杖一百。"唐律所说的"市券"实物,据我们了解,过去还没有发现过。所谓"市券",就是市肆管理者出给的"官契"。(券者,契也。《唐律疏议》卷二十六记载:"无私契之文,不准私券之限。")①

这个文书,我们认为是"市券"。我们考虑的因素有:1. 整个行文,是官府的口气。2. 文书引"王修智牒称:'……请给买人市券者。'"3. 文书接着写明:根据安神庆等的担保,"奴是贱不虚""据保给券,仍请郡印"。4. 除"绢主"(即买主)以下空缺外,有卖主、被卖者、保人的身份、年龄,这是契约文书必不可少的内容。5. 文书的盖印之处有"郡印"二字,这说明,如监印官检验之后,加盖印章,就成为生效的正式"市券"。"市令……"一行以后残缺,因此还不是"市券"的全貌。我们

---

① (唐)长孙无忌等撰,刘俊文点校:《唐律疏议》卷二六,中华书局,1983 年,第 500—501 页。

估计，后面还应有监印官录事参军事等批语之类的东西。

又，文书上既无花押，又无官府钤记，只在"奴主"一行的上方写着"郡印"二字，因此，这一文书应是官署存档的"市券"副本。

文书上的"郡印"二字，说明"市券"的最后审核权在郡府。官府对奴婢买卖之所以控制较严，与唐朝重视"脱户""漏口"一样，目的是控制给自己服役、课税的人口。另外，署名担保者共五人，"五人同保一事"，表明法律效用大。《唐律疏议》对此还有专议。

现存文书的最后一行为"市令秀昂给券（以下空）史（以下残缺）"，这是市券发放者的官职、人名。从文书标明的"郡印"二字来看，发放官署是郡一级的。天宝年间的敦煌为下郡，按唐代下郡的职官编制，管理市场的头目称市令，下属有佐、史等职①。文书的记载，与史书相符，这证实了当时敦煌市场管理机构的设置。

文书中有"奴主行客王修智""保人行客张思禄"两条。"行客"应是这两人的身份。唐代在商业上已有同业行会性质的行，行有行头（或称行首），属于这种组织的商人，叫作行人、行商、行户。我们考虑，文书的行客，可能与行有关。如此看来，唐代的敦煌，不但有市，而且有行。又，文书标明这一奴婢买卖以"大生绢"作价，这正说明唐代的货币是"钱帛兼行"的，也部分地反映了唐代敦煌的商业情况。

敦煌是著名的丝绸之路必经之地，唐代敦煌的商业，无疑是很兴盛的。我们介绍的这件文书，从不同的角度为我们研究唐代敦煌的商业提供了可靠的资料。

唐朝是繁荣强盛的朝代，开元、天宝年间（713—756）更是所

---

① (后晋)刘昫等撰：《旧唐书》卷四四《职官志三》，中华书局，1975年，第1919页。

谓的盛唐。《新唐书·食货志》说:"(天宝三年)海内富实,米斗之价钱三十……道路列肆,具酒食以待行人。店有驿驴,行千里不持尺兵。"①可是,我们所介绍的这个文书,正产生于这个所谓的"太平盛世"。这说明,封建经济的繁荣,正是建立在对千百万劳动人民掠夺、奴役、剥削的基础上的。

唐代被压迫被剥削阶级中,最下层是奴婢。唐代法律明文规定奴婢与"畜产"同类,买卖奴婢的检验,"亦同验畜产之法"。②奴婢是官僚地主直接控制的人口,政府不差派任何课役,因此官僚地主经常掳掠人口为奴婢或者出卖。如郭元振当通泉尉时,就曾经"前后掠卖所部千余人,以遗宾客,百姓苦之"。③为了抑制官僚地主无限制地把给政府交纳租税、负担徭役的"良人"掠为奴婢,唐朝用法律的形式规定"掠卖良人"所应得的"罪"。④但是,以唐皇室为首的封建统治者又需要保持一定数量的奴婢为他们驱使⑤,于是又规定:如果确系奴婢,可以与牛马一样自由买卖。所以,凡买卖人口,都得写明所卖者确系"奴婢"。因此,文书上就写明"奴是贱不虚"。前半段第6行存一"罪"字,其内容应是:如有不实,愿"准法科罪"。

"奴是贱不虚"这5个字,对买卖双方来说,只是为了使买卖人口合法化,但对被出卖的胡奴多宝来说,就是永世做牛马的判决书。唐代

---

①(宋)欧阳修、宋祁撰:《新唐书》卷五一《食货志一》,中华书局,1975年,第1346页。

②(唐)长孙无忌等撰,刘俊文点校:《唐律疏议》卷二〇,第368页。

③(后晋)刘昫等撰:《旧唐书》卷九七《郭元振传》,第3042页。

④(唐)长孙无忌等撰,刘俊文点校:《唐律疏议》卷二〇,第369—371页。

⑤(宋)王溥:《唐会要》卷八六"奴婢",第1569—1573页。

的法律条文中，这个"贱"字，主要是指奴婢而言的。要想"免贱"，实际上是不可能的。固然，敦煌遗书中也有《家童再宜放良书》(S.6537v)[①]，唐朝的敕文和唐律里也有"放还奴婢为良"的规定[②]，实际上只是一纸空文，因为被"免贱"的是"年六十以上及废疾者"，被"放良"的"家童"已是"自从叛管五十余年"的老头子了。这就告诉我们：凡是被"放良""免贱"的，不是被奴主摧残坏了身体，便是被敲骨吸髓到了只剩下一具骷髅的地步，失去了劳动能力而被赶出门的。可以肯定，等待着他们的是求乞于路，冻死街头。与其说"放良""免贱"，不如说是给劳苦一生的"贱口"送死。在这里，剥削者的伪善面目，可谓暴露无遗。

文书中写道："又，胡奴多宝甘心(下缺)修智，其价领足者。行客王修智出卖胡奴多宝与(下缺)绢贰拾壹匹。""胡奴多宝"当是西域地区的一名少数民族的少年，名叫多宝。文书中虽然缺了一些字，但已告诉我们：他先是卖给王修智，现在王修智又把他卖给惠温。年仅13岁就被出卖了两次，这只能说明，所谓"盛唐"之世，正是统治阶级的天堂，劳动人民的人间地狱。

唐代是我国封建社会的鼎盛时期，奴隶制早已过时，但是，"替富人做家务和供他过奢侈生活用的奴隶，还存留在社会上"。[③]唐代官私奴婢的存在，正说明官修史书中"盛世"之谈，封建文人笔下的"忆昔"

---

①中国科学院历史研究所资料室编：《敦煌资料》第1辑"契约、文书"，中华书局，1961年。

②(宋)王溥：《唐会要》卷八六"奴婢"，第1569—1573页。

③恩格斯：《家庭、私有制和国家的起源》，收入《德意志人国家的形成》，人民出版社，1972年，第147页。

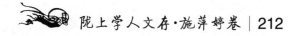

赞歌,都掩盖不了这短短一纸文书所反映的阶级剥削和压迫,它是所谓"盛唐"之世阶级压迫和民族压迫的历史见证!

　　(作者小记:本文现在的题目,是我的原有命题。1972年《文物》杂志发表时的题目为《从一件奴婢买卖文书看唐代阶级压迫》。敬告读者,以求见谅。)

(《文物》1972年第12期)

《延祐三年奴婢买卖文书》跋

敦煌研究院馆藏 D612（发表号敦研 381 号）元代《延祐三年(1316)奴婢买卖文书》,长 29 厘米、宽 22 厘米,文字 7 行,上钤朱文九叠篆书官印 5 方。印面长 6.9 厘米、宽 6.1 厘米,略带长方形,印文已模糊不可辨。纸呈浅黄色,质地疏松,纤维帚化不均,类似近代的毛边纸。后钤"静山"2 字朱文印章 1 方。（图 1）

文书原为周炳南(1865—1937)所收藏。周炳南,字静山,甘肃狄道(今临洮)人,北洋军阀统治时期,曾长期镇守安肃道(今酒泉地区),任"肃州巡防各路邦统兼带第四营"。他出身于保定陆军学堂,"有轻裘缓带风,复精赏鉴"①。现藏敦煌研究院的汉桓帝元嘉二年(152)汉简及"敦煌长史"封泥就是他在 1920 年从玉门关外发掘所得。1925 年, 美国的华尔纳第二次来敦煌, 计划剥走莫高窟第 285 窟, 即有西魏大统五年(539)题记的特级洞窟壁画,周炳南作为驻军代表,参与接待、谈判,阻止了华尔纳的行动,保护了敦煌壁画,使之免遭损失。在此期间,他收集了一些写经、文书等残页碎片,装贴成两个本子,题其封面为"敦煌石室遗墨",最后有他亲笔题识,文曰:"观上六朝、隋唐各书,落笔沉着,极近汉晋人书法,其笔意之精严,想钩指回腕别具灵妙,非浅学所能模拟。南生千年后,得此墨迹于敦煌石

---

① 当年安西知县陈宣语。

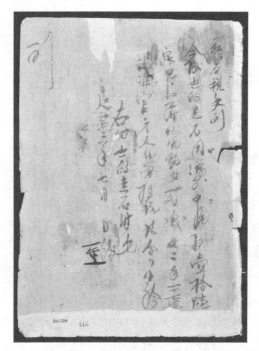

图1　D612元代红契

窟寺故纸堆中，朝夕展玩，虽片纸只字，不啻拱璧，实快平生之心目也。中华民国十五年春正月周炳南识。"1954年，子周成将他收集的敦煌文物捐赠给敦煌文物研究所，延祐三年（1316）奴婢买卖文书就是其中之一。

文书系用草书写就，有的字很难辨认，现试作释文如下：

1. 永昌税使司

2. 今据也的迷石用价钱中统抄（钞）壹拾陆

3. 定买到乙律（？）约（？）充（？）【驼】女一名唤女女年一十七岁

4. 望准官牙人赴务投税凡合行出给

5. 右付也的迷石准此

6. 延祐三年七月日给

（画押）

7. 司

通观这一文书，值得注意者有以下数端：

1. 永昌税使司

永昌在元代属甘肃等处行中书省。《元史·地理志》："永昌路。下。唐凉州。宋初为西凉府，景德中陷入西夏。元初仍为西凉府。至元十五年（应为前至元，即1278年），以永昌王宫殿所在，立永昌路，降西凉府为州隶焉。"又，清钱大昕《廿二史考异》卷八六称："（元太宗）二年庚寅十二月，始置十路征收课税使。"根据以上记载而得知，所谓"永昌税使司"，即永昌路征收课税使的办事机构，即课税使之官衙。据《元史·食货志》，凡受理课税事宜之衙署，不称"所"，即称"司"。

2. 买主"也的迷石"

他很可能是蒙古贵族。《廿五史补编·元史氏族志》中叫"迷失"的不少（失、石同音，迷石当即迷失）。《元史》《蒙兀儿史记》中后妃、公主、诸王叫"迷失"者亦屡有所见。《蒙兀儿史记》卷一五三"蒙兀氏族"朵儿别氏中有一人就叫"也的迷失"，其下注云："江西道宣慰使，进江西行省参知政事，黑失之孙。"又，《廿二史札记·补遗》里有辽、金、元各代之人名、官名、地名的古今译名对照，其中"蒙古改国号曰元"条目之下，也有一人叫"也的迷失"。他们与文书中之买主是同一人抑或是同名？因元史无传，无从查考。

3. 驱女

文书称也的迷石用中统钞壹拾陆锭买到"【驱】女一名"。据《玉篇》：【驱】同驱。而"驱"就是"驱口"，驱口就是奴婢。陶宗仪《辍耕录》卷一七"奴婢"条称："今蒙古色目人之臧获，男曰奴，女曰婢，总曰'驱口'。"据此，文书中"【驱】女一名"4字告诉我们：其一，也的迷石买的是一名女奴；其二，正因为"买良为驱者有禁"（《元典章》卷五七"略卖良人新例"规定"今后诸掠卖良人为奴婢者，一人断一百七流远，二人以上处死；为妻妾子孙者，杖一百，徒三年；因而杀伤人者，同强盗法"，这"【驱】女一名"之"【驱】"字特别重要，目的是说被卖者不是"良人"。官府加印之后给的文券，更是验明正身之物。它对奴婢来说，无

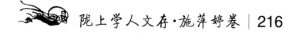

疑是永世不得自由的锁链。

4. 奴婢女女

这位名叫"女女"的奴婢,"年一十七岁",肯定不是蒙古初年之"臧获"男女,而是"家生孩儿",即奴与婢匹配为夫妇所生的孩子。

5. 官牙人

文书有"望准官牙人赴务投税"之语,说明官府有专人参与奴婢买卖。"官牙人"即"官牙郎"。"牙郎"前面冠以"官"字,其身份的权威性不说自明。"牙郎"用今天的话来说,就是买卖双方交易的中间人。陶宗仪《辍耕录》卷第一一"牙郎"条:"今人谓驵侩者为牙郎,本谓之互郎,谓主互市事也。唐人书互作牙,互与牙字相似,因此而为牙耳。"清人赵翼则认为牙郎就是牙郎,并非互郎之误。他在《陔余丛考》卷三八"牙郎"条里称:"《辍耕录》云:今人谓驵侩曰牙郎,其实乃互郎,主互市者也。按:此说本刘贡父诗话,驵侩为牙,世不晓所谓。道原云,本谓之互,即主市耳,唐人书互作牙,牙互相似,故讹也。然《旧唐书·安禄山传》:禄山初为互市牙郎,则唐时互与牙已属两字。"[1]实际上"互市牙郎"4字就能说明"牙"非"互"之误。

官牙人的职责,一是参与议定价格,元至元二年泉州路麻合抹卖花园屋,其文契上就有"今得蔡八郎引到在城东隅住人阿老丁前来就买,经官牙议定时价"的记载[2],便是实物证明;一是买卖成交以后,立即"赴务投税",我们这件文书"望准官牙人赴务投税"[3]就是明证。《元

①《旧唐书》卷第二〇〇上《安禄山传》云:"及长,解六番语,为互市牙郎。"中华书局,1963年,第836页。

②施一揆:《元代地契》,《元史论集》,人民出版社,1984年,第256页。

③文书中的"望"字,又似"凭"字,古人写凭字,往往作【凴】,文书为草书,不甚清晰。

典章》卷二十二记载：

> 皇庆元年五月，江西行省准中书省……照得近年以来，
> 物价涌贵，比之向日，增添数十余倍，税课不能尽实到官，盖
> 因官豪势要庄宅牙行拦头等人，将买卖田宅、人口、头匹之
> 家，说合成交，写讫文契，两相要吃牙钱，又行收取税课，于
> 内价值千余定者有之以三十分取税一分，一契约取四十五
> 定……今后须要各处提调正官欲依累奉圣旨条画，委选见
> 任廉干人员尽心关防，明视买主随即赴务投税……

上引文字告诉我们，当时偷税漏税的现象严重，地方权贵甚至勾结牙行截税。为对付这一现象，"官牙人"与买主一起赴务投税可能由此而来。

6. 文书的性质

奴婢买卖，根据元朝政府的规定，首先要"官为给据"方可成交。《元典章》卷五七"应卖人口官为给据"条称：

> 应卖人口，依例于本处官司陈告来历根因，勘会是实，
> 明白给据，方许成交。仍令关津渡口，严加检索，如有违犯，
> 痛行断罪。其所卖人口，随即为良，厥价入官。

这件文书，既无"陈告来历根因"之文，又无官府"勘会是实"之语，更无卖主、买主、保人具结，因此，它不是"官给公据"。

人口买卖手续，官给公据之后，就是书立文契。文契的格式，不论何种文契，最后都有"恐人无信，故立此契，用为后凭"之类的话，还得有当事人、知见人（或保人）等的姓名及花押，而这件文书全然没有，因此它不是文契（叫"私契"）。

立契成交之后，应即"赴务投税"。交纳税钱之后，官府给据，叫作"税契"。《陔余丛考》卷二七"税契"条称：

> 交易田宅既立文券，必投验官府，输纳税钱，给以印凭，

谓之税契。此起于东晋时。按隋志:晋自过江,凡货卖奴婢、牛马、田宅,有文券者,率钱一万输作四百入官,卖者三百,买者一百;无文券者,随物所堪,亦百分收四,名为散估。历代遂因之不废。

显然,这件文书不是"输纳税钱,给以印凭"的税契。税契格式如何,试引一例以作证:

> 皇帝圣旨里泉州路晋江县今据阿老丁用价钱中统钞六
> 十锭买到麻合抹花园山地除已验价收税外合行出给者
> 　　至元二年十月初三日给右付阿老丁准此。①

如此看来,税契的行文,关键在于"已验价收税"5字。又,元代的税契,还应该是印本,《元典章》卷二二"就印契本"条:

> 至元二十年十一月福建行省准中书省咨:照得各处行省所辖路分,周岁合用办课契本,年列户部行下各处,和买纸札印造,发去办课。缘大都相去地远,不唯迟到,恐误使用,抑亦多费脚力,除四川、甘肃、中兴行省、陕西宣慰司所辖去处用度不多,依旧户部印造发遣外,据江南四处行省所管地面合用契本,合拟就彼和买纸札工墨印造。

据此,则甘肃所用"办课契本"还是"户部印造发遣"的,惜未见此类文物。

我认为,这件文书,应是陶宗仪《辍耕录》"奴婢"条中提到的"红契"。他在讲到元代的奴婢来源时说:

> 盖国初平定诸国日,以俘到男女匹配为夫妇,而所生子孙永为奴婢。又有曰红契买到者,则其原主转卖于人,立券投税者是也,故买良为驱者有禁。

---

①施一揆:《元代地契》,《元史论集》,人民出版社,1984年,第256页。

这就是说,奴婢来源有二:一是俘虏来的男女及其子孙,一是用"红契"买来的。据陶宗仪所述,似乎此种买卖手续很简单:主人把奴婢转卖于人,然后立券投税,用不着前面所述的"陈告官司,明白给据,方许成交"。度其情由,皆因此乃"原主转卖",用不着检验身份,原本籍账有据者。

这件文书正好是这样的一种"红契"。文书第 1 行"永昌税使司"是发契衙门。第 2 行是说买主也的迷石用多少钱买了奴婢。第 3 行是原主姓名(因系人名,不敢贸然认可,故释文时只好以□代替)及其驱女的姓名年龄。第 4 行明示赴务投税必须有官牙人。这行最后的"凡合行出给"说明符合手续,理应发给文券。第 5 行"右付也的迷石准此"正说明此券是交给买主收藏的官文券。第 6 行是给券年月,其左下方有一"花押",这是签发"红契"者署名。最后 1 行是一个大大的"司"字。这一切正符合陶宗仪说的"又有曰红契买到者,则其原主转卖于人,立券投税者是也"。

又,文书在买主姓名、价格数目及女奴年龄、驱口人数、年月、花押处各钤朱文印 1 方,这 5 方印鉴,几乎占满全纸,我们虽不能机械地理解"红契"2 字,但在当年,此文券的确是满纸鲜红。5 方官印,其慎重的程度、法律效果,使人深信不疑。

总之,这是迄今为止比较罕见的一件元代正式奴婢买卖文书。我们给它定名为"红契"。因过去未见此类实物,更兼笔者对元史缺乏研究,定名是否有误,祈请专家指正。

(《敦煌研究》1989 年第 2 期)

新发现《增一阿含经》摘要

　　敦煌研究院藏 D480(发表号敦研 255 号)写本,首尾俱缺,存 26 行,行 11—16 字不等,始于"欲饮酒",止于"最重□行"。麻纸(图 1),纤维较粗,书法不佳。早年我们发表目录时①,实在查不出经名,当时拟名为《听经手记》。最近一个偶然的机会发现它是《增一阿含经》某些品的摘要(或者叫提纲)。由于原件难认,且亦不长,现将原卷移录如下(标点系笔者所加,俗体字、异体字一律改用规范字):

1. (淫)欲饮酒,□□(习此)二法,无有厌足。盖屋不

2. □,天雨则漏;人不唯行,漏淫怒痴。

3. 盖屋善密,天雨不漏;人能唯行,无淫怒痴。

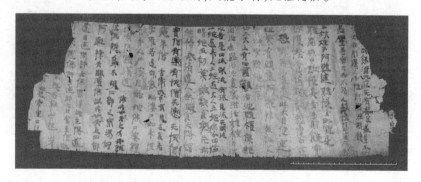

图 1　D480《增一阿含经摘要》

---

①敦煌文物研究所资料室:《敦煌文物研究所藏敦煌遗书目录》(刘忠贵、施萍婷执笔),《文物资料丛刊》第一辑,1977 年,第 54—67 页。

4. 三族姓子,阿难律、难提、金毗罗是。

5. 罗阅城中跋提长者,多财饶宝,

6. 然复悭贪。作铁笼络,覆中庭

7. 中,恐有鸟雀来。时大目健连、

8. 迦叶、宾头卢、阿难律教化之。

9. 有妹(姊)字难陀亦化。

10. 卅三天上有四园观浴池:难檀槃那

11. 浴池、粗涩浴池、昼度(夜)浴池、杂种浴池。

12. 水者是四流:欲流、有流、见流、无明流。

13. 一施远来人、二施远去人、三施病人、四俭

14. 时施、五初果瓜谷食熟先布

15. 施持戒清逢(精进)人,然后自食,大得福。

16. 实僧、有惭有愧僧、无惭无愧僧、

17. 癫羊僧。舍卫城中有梵志长者

18. 字耶若达,欲饭毗婆尸如来,从

19. 牧羊人尸婆(罗)买酪,因酪施佛,尸婆罗

20. 出家得罗汉道。佛在卅三天上为母说

21. 法。佛隐身不现,四部之众渴仰。

22. 阿难律天眼灌(观)佛,故在卅三天上,四部

23. 遣目连问讯,云:佛阎浮地生,得道,

24. 何□不还? 佛许。目连却七日当至僧迦

25. ……兴居轻利游步

26. ……意最重口行

这 26 行短文,包含了 9 个故事:

第 1—3 行是《增一阿含经》卷第九《惭愧品》第十八中的第 7 则故事,讲的是佛"以火灭火"教化表弟难陀的故事:难陀出家后"欲心

炽然,不能自禁",佛把他带到三十三天上,见五百天女"作倡伎乐,自相娱乐",难陀问佛这是些什么人,佛让他自己去问。难陀问:"汝等是何天女,自相娱乐,快乐如是?"天女回答:"我等有五百人,悉皆清净,无有夫主。我等闻有世尊弟子名曰难陀……命终之后,当生此间,与我等作夫主,共相娱乐。"难陀听后,"甚怀喜悦,不能自胜"。佛接着把他带到地狱,看见地狱里的众生受种种苦,十分可怕,到了阿毗地狱(十八层地狱),看见其中有一口火锅空着,难陀问狱卒。狱卒说这是难陀将来的房间,为难陀留着的。难陀当即向世尊忏悔。从此以后,难陀修无上梵行,成阿罗汉。①写本对此故事不提一字,而是提纲挈领地指出"淫欲、饮酒"二事不能染,"习此二法,无有餍足"。接着用佛的一首偈语来说明问题:"盖屋不密,天雨则漏;人不唯行,漏淫怒痴。盖屋善密,天雨不漏;人能唯行,无淫怒痴。"

第 4 行"三族姓子阿难律、难提、金毗罗是"为《增一阿含经》卷第十六《高幢品第二十四之三》中的第 8 则。阿难(那)律、难提、金毗罗都是佛的弟子,三人"和合"共住而大受佛的赞扬。②"族姓子"有多种解释,这里当作"豪族之子"解。这三位族姓子在跋耆大国,"跋耆大国快得大利";若在摩揭大国,"摩揭大国快得大利,乃有此三族姓子"。又,"若县邑城郭有此三族子者,彼城郭之中,人民之类长夜获安隐(稳)"。这些可能就是写本的抄写者之所以在偌长的《增一阿含经》中选取这则故事的原因。

第 5—9 行是《增一阿含经》卷二十《声闻品第二十八》的开端。故事很生动也很长,简要言之:罗阅城中有一长者,名跋提,家财万贯,

---

① 《大正藏》第 2 册,第 591—592 页。

② 《大正藏》第 2 册,第 692 页。这一故事还见于《中阿含经·长寿王本起经》,比《增一阿含经》详细而通俗易懂。《大正藏》第 1 册,第 535—536 页。

但十分吝啬——家有七重门，每门都有人把守，又做铁笼把庭院罩起来，以防鸟雀。佛弟子目健连、迦叶、阿那律、宾头卢用种种神通及说教使长者跋提受五戒并皈依佛法。长者有一姊名难陀，与其弟一样有钱而吝啬，宾头卢用"双眼脱出""空中倒悬""举身冒烟""举身出水"等种种幻变使其被感化。[①]一则长达近五千字的故事，写本只摘取了关键性的几句话："罗阅城中跋提长者，多财饶宝，然复悭贪，作铁笼络，覆中庭中，恐有鸟雀来。时大目健连、迦叶、宾头卢、阿难律教化之，有姊字难陀亦化。"这是很高妙的做法，因为那些娓娓动听的神变情节，可长可短，可添可减，乃至可以信口开河。

第 10—11 行是《增一阿含经》卷二十三《增上品》第三十一中的第 5 则故事。按照经文，此则讲的是"三十三天有四园观"，即难檀槃那园观、粗涩园观、昼夜园观、杂种园观，四园观中有四浴池。佛教以此比喻正法中之四园：慈园、悲园、喜园、护园。此四园中亦有四浴池，声闻在此洗浴，"尽有漏成无漏，无复尘垢"。[②]写本的摘抄者，摘抄成"卅三天上有四园观浴池：难檀槃那浴池、粗涩浴池、昼度（夜）浴池、杂种浴池"。把四种园观和四浴池混合，一种可能是抄错了，一种可能是此故事之内容最终与四禅有关，摘抄者自知个中之联系，只要抄出开端就行了。如果是后者，说明抄写者的佛教修养甚高。

第 12 行"水者是四流：欲流、有流、见流、无明流"，是《增一阿含经》卷二十三《增上品第三十一》中的第 6 则故事。故事梗概为：一人遇见四毒蛇、五个持刀剑的人、六个冤家一齐向他袭来，逃避之中遇见大水，他扎了一个筏，"得至彼岸"。佛以比喻"四大""五阴""六入"，以"水中求渡"来比喻"善权方便精进之力"。本来是一则很生动的故

---

① 《大正藏》第 2 册，第 646—650 页。
② 《大正藏》第 2 册，第 668—669 页。

事，摘抄者却摘取了经文中的这样几句："云水者四流是也。云何为四？所谓欲流、有流、无明流、见流。"①

第13—15行为一段经文，出自《增一阿含经》卷二十四《善聚品第三十二》中的第12段经，讲的是"五事施"。此经很短，但摘抄得很多。经云：佛告诸比丘，应时之施有五事，云何为五？"一者施远来人；二者施远去人；三者施病人；四者俭时施；五者若初得新果瓜若谷食，先与持戒精进人，然后自食。"②上面引号里的经文，写本全部摘抄，且在"然后自食"之后加了"得大福"三字。它告诉我们一点信息：即摘抄者十分注意"五事施"。

第16行与第17行的前三个字为一段经抄，出处尚未查到。

第17行第四字起至第20行的前六字为《增一阿含经》卷二十五《五王品第三十三》中的第2经。这段经很长，写本采取缩写的方式处理。原经从月光王不信佛教说起，后来生了儿子先让外道占相，说是大凶。天神让他信佛，佛说他儿子"极有大福"，并为之取名尸婆罗。此儿出家得阿罗汉，尸婆罗在佛弟子中是有名的"福德第一"，接着倒叙了尸婆罗的前世宿缘。③写本撷取的就是这方面的因缘故事。缩写得很好，不再赘述，请见前面的录文。

从第20行第七字开始至第25行(第26行上部还应有几个字也属于此段，但已残)，是《增一阿含经》卷二十八《听法品第三十六》中的第5段经文。原经很长，写本采取改写的形式。《听法品》说佛上天下地为三十三天及人间大众说法。原经场面宏伟，气势非凡，群情激

①《大正藏》第2册，第670页。按："四流"的顺序，《大正藏》与写本略异，应以写本为准。因为《大正藏》用的是《高丽藏》，而传世的宋、元、明本都与写本同。

②《大正藏》第2册，第681页。

③《大正藏》第2册，第683—686页。

奋。写本改写得不甚通顺，难以卒读，略加个别字才能通读：

> 佛在卅三天上为母说法，佛隐身不现，四部之众渴仰。阿难律天眼观佛，（佛）故在三十三天上。四部遣目连问讯云："佛阎浮地生、（阎浮地）得道，何不述？"佛许。（佛告）目连："却七日当至僧迦（尸大水池侧）。"（四部）问（佛）兴居轻利、游步（康强？）。①

以上括弧内的字系据原经文而加。

梳理完此件写本之后，脑海里自然涌现出以下问题：

1. 写本首尾均残，仅就现存情况看，短短的 26 行竟包含了 9 则故事，其涵盖面竟达 28 卷。为什么作者要如此隔三岔五地选材？仔细琢磨，却原来如此：《增一阿含经》的经文按"法数"依次编撰，从一法增到十法、十一法。所谓法数，指佛教按数字对教义的分类，如三界、四谛、五蕴、六度、八正道、十二因缘等。《增一阿含经》的目录，除分卷分品以外，还分一法、二法……直至十一法。写本所收的《惭愧品》属于二法，《高幢品》属于三法，《声闻品》、二则《增上品》属于四法，《善聚品》《五王品》《听法品》属于五法。最后一行现在只剩"□意最重□行"六字，估计是《六重品》，如果无误，它属于六法的第一经。由此可见，写本虽残缺不一，但已成体系，二法、三法、四法、五法、六法次序井然。

2. 写本书法不佳，但不取故事情节，而重哲理。每一品的摘取，处处反映摘取的人精通佛典，很可能是某位法师的宣讲提纲。至于故事，届时他可以"方便说法"，根据听众的情况而敷演。如佛领着难陀上天见天女、下地入地狱的故事，只要知其梗概，完全可以讲得有声有色。又如阿难律、难提、金毗罗三人共住的故事。还可以结合僧团中

---

① 《大正藏》第 2 册，第 703—708 页。

的事,讲得更精彩。

3. 写本的对象,从摘抄的内容来看,《惭愧品》针对比丘说戒酒、戒淫的,其中主要是戒淫,要比丘做到"无淫怒痴"。《高幢品》共有 10 段经文,选取阿难律三人的故事是针对僧人的。提倡僧人之间"常共和合,安隐无诤,一心一师,合一水乳"僧伽提婆译《中阿含经》卷十七《长寿王本起经》,卷四十八《牛角婆罗林经》,这正说明当时僧人之间常有争斗。《声闻品》化跋提姐弟是针对善男信女而发的,目的是布施。《增上品》中的四园观、四浴池讲禅修如何通过四禅而"灭二十一结,度生死海,入涅槃城",这是对僧人的要求。另一则讲"四流"的故事,"水中求渡"的关键是筏,百筏就是通过八正道而达到涅槃,这也是针对僧人的。《善聚品》有 12 段经文,写本只取最后一段针对善男信女的五事施,这是僧人的切身利益所在,是他们的生活来源。《五王品》既对在家人讲布施、供养佛的功德,也讲因缘、报应。尸婆罗就是因布施了一次奶酪而世世生富贵家,出家以后还"福德第一",真可谓受益无穷。

总之,写本以僧、俗为对象而宣传佛法:对僧人着重修行持戒,对俗人讲布施功德。《增一阿含经》中随处可见"所谓论者,施论、戒论、生天之论"。写本所论,亦紧紧围绕此一内容。这也说明抄写者深知佛理。因此我认为它是某法师根据自己讲经的需要所摘抄的提纲。

4. 在敦煌遗书中,仅就目前为止所知,有《增一阿含经》17 件,其中伦敦藏 9 件,巴黎藏 3 件,日本中村不折藏 1 件,列宁格勒(今彼得格勒)藏 3 件,敦煌研究院藏 1 件。俄藏 Дx.977 为《增一阿含经略要》,因未见原件,是否与敦研 255 相同,不得而知。英藏、法藏都是经文抄件而非摘抄。因此,仅就摘抄形式、内容而言,本件是独一无二的。这是本件的价值之一。本件虽书法不佳,但它是北朝时的写本,这是其价值之二。第 25 行只存"兴居轻利,游步"6 字,其中"兴居轻利",《大正藏》作"起居轻利",其注释说宋元明三本作"兴居轻利",本文泮中提到的"四流"顺序也是如此。本件是北朝写本,比宋本尚且早至少4个世纪。短短的26行可资校勘者就有两处,这是其价值之三。以上几点都是不容忽视的。

作者说明:1996年,有幸应邀参加庆贺饶宗颐先生八十大寿盛会,为学术研讨会提交此文。事后,未敢探询小文是否收入研讨会文集。后应《丝绸之路》学术专号约稿,遂以此稿投寄,载《丝绸之路》1998年学术专辑。大约2000年,辗转收到香港翰墨出版有限公司出版的《饶宗颐学术研讨会论文集》,才知道此文已收入该文集。非笔者有意一稿两投,实乃误会所致。

本所藏《酒账》研究

　　《归义军衙府酒破历》现分裂为三截:前半截存文物研究所,馆藏号D038(发表号为敦研001号),长23厘米,宽30厘米,11行,纸张的接缝处钤有"归义军节度使新铸印",现存印记一方半,印5.8×6.1厘米,略呈纵长方形;后半截原为董希文先生收藏,而后流失日本,成为青山杉雨先生的藏品,1997年,其子青山庆示先生将其收藏的8件敦煌文献捐献给敦煌研究院,其中即有此酒账后半截,长23厘米,宽81厘米,37行半,敦煌研究院编号为D784,文物研究所资料室尚保存着该件未割裂前的临本照片一份,上述2件共记录100笔(图1);P.2629

图1　乾德二年酒账

为此件的第三段，存 55 行半，共记录 113 笔，首与 D784 相接，中有 4 方"归义军节度使新铸印"，后文称《续卷》。酒账保存了四月九日至十月十六日共 213 笔支出，均为归义军政权的公费支出，从多个方面反映出敦煌当时的政治、经济、文化面貌。

敦煌研究院藏 D038+D784 酒账保存了某年四月九日至六月廿四日之间的 100 笔账。其中"五月""六月"4 个字用红色书写，如需查检，一目了然。这可能是当时归义军衙门中各司记账格式。又，其中有几笔账是累计账，凡跨月行文多半用"去几月几日到几月几日计用多少酒"的方法登入，为便于检阅，我们列表如下（不改动原文）：

顺序号	时间		事由	用酒数量
	月	日		
1			（前缺）酒	壹瓮
2		九日	甘州使迎令公支酒	壹瓮
3		十一日	写匠纳鋄（原文"鋄纳"，两字间有倒乙号）酒	壹角
4		十四日	支打窟人酒	半瓮
5			支令狐留定酒	壹斗
6			叁月贰拾日供两头祇门人逐日酒壹斗，至四月拾陆日夜断，中间贰拾柒日，计用酒	肆瓮叁斗
7		同日	圣寿（原文"寿圣"，两字间有倒乙号）寺祭拜酒	壹斗
8		同日	甘州使偏次酒	壹瓮
9		同日	夜，衙内看甘州使酒	伍斗
10		十七日	支甘州使酒	壹瓮

续表

顺序号	时间		事由	用酒数量
	月	日		
11		十九日	寒食座设酒	叁瓮
12			支十乡里正纳毬场酒	半瓮
13		廿日	城东祆神酒	壹瓮
14		廿一日	支纳呵梨勒胡酒	壹瓮
15		廿二日	马群入泽神酒	壹角
16			支写匠酒	半瓮
17			支设司汉并女人酒	贰斗
18		廿三日	支皱匠酒	半瓮
19		廿四日	酿皮酒	肆斗伍升
20		廿六日	杜富昌酒	壹角
21			支任长使等酒	贰斗
22			支回鹘婆助葬酒	壹瓮
23			去正月贰拾肆日供西州使逐日酒壹斗，至四月贰伍日夜断，除月小尽，中间玖拾壹日，内两日全断，两日断半，计用酒	壹拾肆瓮肆斗
24	五月	三日	支杜队头酒	壹斗
25			支纳黄羊儿人酒	壹斗
26			去肆月贰拾柒供南山别力逐日酒壹斗，至伍月肆日夜断，除月小尽，中间柒日，计用酒	壹瓮壹斗

续表

顺序号	时间		事由	用酒数量
	月	日		
27		五日	迎南山酒	壹角
28		同日夜	支冷【逻】酒	壹角
29		六日	衙内面前看南山酒	壹斗
30		同日	支写匠酒	半瓮
31		九日	束水口神酒	壹瓮
32		同日	甘州使上窟迎顿酒	半瓮
33			陆日供衙前仓住南山逐日酒贰斗,至拾贰日夜断,中间柒日,计用酒	两瓮两斗
34			送(原字如此)路酒	壹瓮
35			玖日供向东来南山逐日酒贰斗,至拾贰日夜断,中间肆日,计用酒	壹瓮贰斗
36		同日	城南园看南山酒	壹角
37		十三日	阎县令舍顿酒	壹瓮
38			宋都衙劝孝酒	壹瓮
39		十六日	支唐柱柱等酒	贰斗
40			支神馆研柈神酒	半瓮
41		十七日	城南面前看甘州使酒	壹斗
42			灌驼酒	壹角
43			支押衙王清松酒	半瓮
44		十八日	支伊州史酒	壹斗

续表

顺序号	时间		事由	用酒数量
	月	日		
45			支孟杯玉酒	贰斗
46			支灰匠酒	壹角
47			供土门楼勾当人中间陆日供酒	半瓮
48			润曲神酒	壹瓮
49		十九日	孔目官修西州文字酒	贰斗
50			拾陆日供南山逐日酒贰斗,至贰拾日夜断,中间伍日,计用酒	壹瓮肆斗
51			支延超酒	壹瓮
52			支索匠酒	壹斗
53		廿一日	南城设伊州使酒	贰斗伍升
54			设修城百姓酒	壹瓮
55		廿二日	城南园设甘州使酒	壹瓮
56		廿三日	支缚箔子僧两日酒	壹斗
57			又偿酒	壹斗
58			支门楼塑匠酒	壹瓮
59		廿四日	支贺义延酒	壹角
60		廿五日	看甘州使酒	贰斗伍升
61			又,看伊州使酒	伍升
62		廿七日	供缚箔子僧酒	贰斗
63		廿八日	支灰匠酒	壹斗

续表

顺序号	时间		事由	用酒数量
	月	日		
64		同日	箭匠酒	伍升
65			润曲神酒	伍升
66	六月		马院神酒	伍升
67			支于阗去押衙吴成子酒	壹瓮
68		同日	城南园设工匠酒	壹瓮
69			支令狐留定酒	壹斗
70			索子匠酒	伍升
71			两日缚箔子僧酒	壹斗
72			又偿酒	壹斗
73		三日	支下两僧酒	贰斗伍升
74			太子屈于阗使酒	半瓮
75			酿羊皮酒	叁斗伍升
76		四日	南园看南山酒	贰斗伍升
77			曹镇使劝孝酒	壹瓮
78			去正月廿四日供于阗葛禄逐日酒贰升至六月五日夜断，除叁个月小尽，中间壹佰贰拾玖日，计给酒	肆瓮壹斗捌升
79			去三月十九日供于阗罗尚书逐日酒伍升，至陆月伍日夜断，除两个月小尽，中间柒拾伍日，内两日全断，计给酒	陆瓮伍升

续表

顺序号	时间		事由	用酒数量
	月	日		
80			去五月贰拾捌日供修于阗文字孔目官逐日壹斗,至陆月伍日夜断,除月小尽,中间柒日,计用酒	壹瓮壹斗
81			支富昌客酒	壹瓮
82		八日	支史万成酒	壹斗
83		同日	支天子下厮儿酒	壹瓮
84		九日	支甘州使酒	壹瓮
85		十二日	南泽骞马神设酒	壹瓮
86		十四日	衙内设画匠酒	两瓮
87			酿牛皮酒	壹斗
88			酿羔子皮酒	壹瓮壹角
89		十六日	看甘州使酒	壹瓮
90			支缝皮人酒	壹角
91		十七日	返朝等酒	壹斗
92			案司修甘州文字酒	壹角
93		廿日	支弓匠酒	贰斗
94		同日	支皱文匠酒	壹瓮
95			支董富子纳萝葡酒	壹斗
96		廿一日	酿狢子皮酒	贰斗
97			支木匠彭友子酒	壹斗

续表

顺序号	时间		事由	用酒数量
	月	日		
98		廿二日	使出马圈口酒	(壹瓮)
99		(同日)	(坟头酒)	壹斗
100		廿四日	西宅用酒	壹瓮

一 关于立账年代的推断

酒账无纪年,具体日期也只用月日而不用干支。敦煌地区独特的"具注历日"往往都有月日干支。如果酒账使用月日干支,年代的推断就会容易得多,遗憾的是一样也没有。当然,也不是一点线索也没有,我们推断,立账年代的上限为后周显德二年(955),下限为咸平五年(1002),根据是:

酒账上的骑缝章——"归义军节度使新铸印"为我们提供了年代的上限。《太平寰宇记》卷一三五《沙州》记载:"周显德二年,甘州可汗、沙州节度使观察留后曹元忠,各遣使进方物。其外,瓜州团练使仍旧隶沙州,以归义军节度使观察留后曹元忠为节度使,以知瓜州军事曹元恭为团练使,仍各铸印赐之,皆旌其来王之意也。"《宋史》卷四九〇《外国六·沙州传》也记载:"义金卒,子元忠嗣。周显德二年(955)来贡,授本军节度,检校太尉,同中书门下平章事,铸印赐之。"五代、宋时期,瓜沙曹氏曾经使用过的"官印"有 7 种:"瓜沙州大王印""沙州观察处置使之印""归义军之印""沙州节度使印""归义军节度使新铸印""瓜沙等州观察使新印""瓜州团练使印"。它们的使用时间,有绝对年代的是:

时代	年号	公元	印鉴名称	出处（仅见于敦煌遗书者）
后梁	贞明六年	920	瓜沙州大王印	羽字24《佛说佛名经》题记
后唐	同光三年	925	沙州观察处置使之印	P.3805 改补宋员进为节度押衙牒
后唐	长兴四、五年	933、934	沙州节度使印	P.2704 曹议金四疏
后唐	清泰三年	936	归义军印	P.3556 曹元德转经
后晋	天福三年	938	归义军印	P.3347 授张员进衙前正十将牒
后晋	开运四年	947	沙州节度使印	P.3388 曹元忠疏
后周	显德五年	958	瓜沙等州观察使新印	P.3379《阴保山等牒》
宋	乾德六年	968	归义军节度使新铸印	S.4632 曹元忠《请宾头卢疏》
宋	戊辰年	968	归义军节度使新铸印	P.2484《群牧驼马牛羊见行籍》
宋	开宝七年	974	归义军节度使新铸印	S.5973-1 曹元忠疏（正月）
宋	开宝七年	974	归义军节度使新铸印	S.5973va 曹元忠疏（二月）
宋	开宝八年	975	归义军节度使新铸印	S.5973vb 曹延恭疏
宋	开宝八年	975	归义军节度使新铸印	S.5973vc 曹家布施疏
宋	雍熙二年	986	瓜沙团练使印	P.4622 曹延瑞大云寺设会疏
宋	端拱二年	989	瓜沙等州观察使新印	P.3576 曹延禄礼佛疏

上列印鉴使用年代明确地显示出：后周显德二年(955)"铸印赐之"的印，一是"瓜沙等州观察使新印"，一是"归义军节度使新铸印"，它们都有一个"新"字。酒账的印鉴告诉我们，它的时间上限是955年，即后周显德二年。

我们把下限放在咸平五年(1002)，理由是：咸平五年，曹宗寿害死曹延禄、曹延瑞以后，瓜沙曹氏与于阗李氏的关系也就随之而结束，与甘州的关系也不再见于史籍和敦煌遗书，而酒账所记，有关于阗的有4笔，有关甘州回鹘的10笔，甚至有伊州、西州的"使者"，这都不是曹宗寿父子掌瓜沙以后所能出现的情况。

至于具体是哪一年，也不是什么线索都没有。酒账为我们提供了这一年的月建大小。

第6笔载："叁月贰拾日供两头祗门人逐日酒壹斗，至肆月拾陆日夜断，中间贰拾柒日，计用酒肆瓮叁斗。"这笔账告诉我们，本年的三月份为大月。

第23笔载："去正月贰拾肆日供西州使逐日酒壹斗，至肆月贰拾伍日夜断，除月小尽，中间玖拾壹日，内两日全断，两日断半，计用酒壹拾肆斗。"我们已知三月份为大月，那么，从正月到四月廿五日这中间的月小尽，不是正月就是二月。

第26笔载："去肆月贰拾柒日供南山别力逐日酒壹斗，至伍月肆日夜断，除月小尽，中间柒日，计用酒壹瓮壹斗。"它明确告诉我们，本年四月为小月。

第80笔载："去五月贰拾捌日供修于阗文字孔目官逐日壹斗，至陆月伍夜断，除月小尽，中间柒日，计用酒壹瓮壹斗。"它又明确告诉我们，本年五月为小月。

第78笔载："去正月廿四日供于阗葛禄逐日酒贰升，至六月五日夜断，除叁个月小尽，中间壹佰贰拾玖日，计给酒肆瓮壹斗捌升。"此

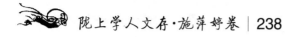

条进一步说明:本年正月至五月,五个月中有三个小月。至此,酒账本身告诉我们的月建大小是:

一月、二月一大一小,三月大、四月小、五月小

为了有助于此件酒账的研究,我们检索了敦煌遗书中我们能够见到的酒账,发现 P.2629 是我们这件酒账的继续(以下简称《续卷》),两件连接以后,原断裂位置的一行文字一目了然:"使出马圈口酒壹瓮。同日,坟头酒壹斗。廿四日,西宅用酒壹瓮。"P.2629 保存了从六月二十五日至十月十六日共 113 笔酒账,其中《续卷》第 78 笔是八月三十日,该月为大建,而《续卷》第 67、68 笔又为我们进一步提供了月建大小的情况:"去正月廿日,供甘州走来胡两日酒伍升,至八月廿日夜断,除肆月小尽,中间贰佰叁日,计用酒捌瓮贰斗柒升伍合。""去三月十八日,供先报消息来回鹘两日酒伍升。至八月廿日夜断,除叁个月小尽,中间壹佰伍拾日,计用酒陆瓮壹斗伍升。"

这样,我们把两件酒账连起来考虑,其月建大小是:一月、二月一大一小,三月大、四月小、五月小,六月、七月一大一小,八月大。九、十两月由于月底无账,无从得知。

月建大小如按五代、宋时期中原王朝的朔闰推算[①],则显德二年(955)以后咸平五年(1002)之前,只有乾德二年(964)与咸平三年(1000)这两年的月建大小与酒账相合。但是,敦煌地区的历日,安史之乱以后,或者说吐蕃占领敦煌以后,又出现与中原不一致的情况,而且有自己的历学专家,如翟奉达、翟文进、安彦存等。敦煌遗书中,翟奉达题名结衔的《具注历日》就有 4 件,如按现存《具注历日》来看,P.2623 显德六年历(959)正好是正月大,二月小,三月大,四月小,五月小,六月大,七月小,八月大,九月大,十月小,十一月大,十二月小。

---

①陈垣《二十史朔闰表》,中华书局,1978 年。

也就是说这年八月以前的月建大小与酒账基本相符，与我们现在能肯定的三、四、五、八月的月建则完全吻合。

现在的问题是，如果我们结合酒账的内容来考虑，上述 959、964、1000 三个年代中哪个年代的可能性最大呢？

尽管显德六年《敦煌具注历日》的月建大小与酒账所示相同，但是我们还是排除了酒账立于这一年的可能性。原因是：

首先，酒账第 1 笔是："甘州使迎令公，支酒壹瓮。"我们知道，"令公"为中书令之尊称，尤其是隋唐以来，凡拜中书令者，人们习惯称之为令公。在瓜沙曹氏三世之中，正史记载拜中书令的有曹议金和曹元忠二人；供养人题记和敦煌遗书中，自署"兼中书令"的有曹延恭、曹延禄二人。显德六年（959）曹元忠还没有拜中书令。同时，显德二年（955）刚被后周授予"本军节度检校太尉同中书门下平章事"①，不可能很快就自署"中书令"，S.2974 还可以证明，建隆二年（961）曹元忠仍自称"同中书门下平章事"。

其次，显德六年（959）前一年和后一年，也就是 958 年和 960 年，正史也好，敦煌遗书也好，没有于阗、西州、甘州与中原王朝或瓜沙曹氏来往的记载。这样，从酒账内容来看，此件不应是显德六年之物。

因此，我们认为，酒账立于乾德二年（964）的可能性最大。

先说说为什么我们不采用现成的敦煌历而采用中原历。我们曾期望，根据酒账提供的月建大小来解决具体年代，于是通过显微胶卷检索了敦煌遗书中我们所能见到的历日残卷，并且推算了其中的绝大部分（残存较长者），没有发现乾德二年（964）历，也再没有月建大小与酒账相符者，而且建隆、乾德之间没有发现使用敦煌历。为什么

---

① 《宋史》卷四九〇《外国·沙州》。《太平寰宇记》卷一五六则只说"以元忠为归义军节度使"。

会出现这种情况呢? 据史书记载,建隆、乾德年间,于阗、西州回鹘、甘州回鹘、瓜沙曹氏,几乎年年有"使者"往来于宋,传递方便。同时,历来中原王朝好用历日赐边疆重臣或地方政权。①宋王朝也是如此。手头虽没有直接材料足证瓜沙受赐历日,但可以作为间接引证者则有:建隆三年(962)十一月,"赐南唐建隆四年历"②;大中祥符八年(1015)甘州回鹘"谢恩赐宝钿、银匣、历日及安抚诏书"③。退一步来说,宋王朝不赐,地方上也可以"请",敦煌出现"王文坦请司天台官本勘定大本历日"就是最好的证明(S.0612)。另一方面,我们考虑,也可能是敦煌的历学家翟奉达此时已经去世,④其"子弟"翟文进未能独立胜任编撰重职。⑤

再说酒账立于乾德二年(964)的可能性。除了上面已经提到的月建大小吻合之外,从内容来说,有如下几点符合历史:

建隆二年(961)正月,宋朝"加曹元忠为中书令,元忠子延敬为瓜州防御使,赐名延恭"⑥。酒账记"甘州使迎令公"的"令公"就是指曹元忠。

从于阗、西州到内地,五代、宋时期有三次使节往来的记录:

一次是后晋天福三年(938)石敬瑭派张匡邺使于阗,"自灵州(今

①王重民:《敦煌本历日之研究》,《东方杂志》第 34 卷第 9 号。
②《宋史·太祖纪》。
③《宋史》卷四九〇《外国·回鹘》。
④向达《记敦煌石室出晋天福十年写本寿昌县地境》一文考证,"天复二年(902)奉达年二十……显德六年(959)已七十七"。转引自《唐代长安与西域文明》,三联书店,1957 年,第 439 页。
⑤S.0095《显德三年具注历日》尾题"写勘校子弟翟文进书",可见翟奉达的后代此时已跟随奉达工作。又,"子弟"2 字,向达先生误为"弟子"。后来刘铭恕先生编《敦煌遗书总目索引》,虽已改正,但仍未引起学者们注意。
⑥《续资治通鉴长编》卷三。《宋史》卷四九〇为"加兼中书令",多一"兼"字。莫高窟供养人题记都作"兼中书令"。

宁夏灵武县)行二岁至于阗,至七年(942)冬乃还"①。

一次是太平兴国六年(981),宋朝派王延德等使高昌,"自六年五月离京师,七年四月至高昌"②。

一次是大中祥符二年(1009),于阗使者到开封,宋真宗问他"在路几时,去此几里? "他说:"涉道一年,昼行暮息,不知里数。"③

在这三次当中,除王延德使高昌外,其余两次都路过敦煌,从而可以看出:每次使节往来,至少需一年。有了这一概念以后,我们就会发现,酒账所载的西州使、于阗使等,如果他们要前往中原,应该是乾德三年(965)到达。与史书对照,果然如此:

酒账第23笔记载,西州使自正月廿四日留住敦煌起,每日供给酒壹斗,到四月廿五日止。如果他们往开封进发,应该是乾德三年到达。《宋史·高昌国传》载:乾德三年十一月,西州回鹘可汗遣僧法渊献佛牙、琉璃器、琥珀盏。《宋史·太祖记》载乾德三年"十一月丙子,甘州回鹘可汗遣僧献佛牙、宝器"。此条记载有两个可能:要么把西州回鹘误记成甘州回鹘;要么西州使到达甘州又停留了一段时间,然后与甘州僧结伴前往中原。我们认为后一种可能性较大。因为入宋以后,史书记载已不像以前统称"回鹘",而把西州回鹘与甘州回鹘分得十分清楚了。

酒账第79笔说明于阗罗尚书三月十九日到达敦煌,六月六日离去,《续卷》第6笔说明七月初一又来了于阗使;《续卷》第69笔载甘州使三月廿五日到达敦煌,八月廿一日离去;《续卷》第70笔载,八月廿一日曹氏派人"看甘州使及于阗使",此后便无甘州使的记载。《宋史·太祖纪》载乾德三年(965)"十二月丁酉朔……戊午(廿二日)甘州

---

① 《新五代史·四夷附录三》。
② 《宋史》卷四九〇《外国六·高昌国》。
③ 《宋史》卷四九〇《外国六·于阗》。

回鹘可汗、于阗国王等遣使来朝,进马千匹,橐驼五百头,玉五百团、琥珀五百斤"。赶着这么多的牲口从大西北前往开封,不要说1000多年以前,就是今天也很不容易,难怪当年花了一年零四个月。

《续卷》第42笔载七月廿六日,"衙内看甘州使及于阗使僧酒壹角"。《宋史·于阗传》恰好记载乾德三年(965)"五月,于阗僧善名、善法来朝,赐紫衣。其国宰相因善名等来,致书枢密使李崇矩,求通中国。太祖令崇矩以书及器币报之"。

五代、宋时期,敦煌供养人题记中,至今没有发现伊州与敦煌的关系,然而酒账与酒账《续卷》上倒有7笔,酒账上的时间是五月,《续卷》的时间是十月。看来是不同的两批"使者"。《宋史·太祖纪》载乾德三年:"夏四月乙巳,回鹘遣使献方物。"前面说过,入宋以后,甘州、西州、龟兹、合罗川、秦州都是分别入宋史的,单单称"回鹘"的,是否应指伊州;若此推测可以成立,那么酒账所载五月份路过敦煌的"伊州使"就是上引乾德三年四月"回鹘遣使献方物"的回鹘。

酒账及《续卷》都有关于"太子"的记载,共4笔。这里的"太子",系指于阗太子。因为,曹家虽称"王"于敦煌,但始终没有抛弃中原臣子的观念,没有得意忘形到让儿子称太子的地步,[①]回鹘可汗的儿子是否称太子,未有所闻。于阗太子来敦煌倒有实例,P.3184尾题:"甲子年八月七日于阗太子三人来到佛堂,将《法华经》第四卷。"此甲子,正好是酒账立账年代——乾德二年(964)。因为往上推一甲子,为唐天复四年(904),尽管于阗李氏王朝此时大约已经建立[②],但和敦煌还

---

①姜亮夫《瓜沙曹氏年表补正》一文,曾引用日本橘瑞超《将来目录·佛说延寿命经》的卷末题记:"唯大周广顶(顺)三年岁当癸丑正月廿三日,府主太保及夫人为亡男太子早别王宫,弃辞火宅,遂写《延寿命经》43卷,以济福力,愿超觉路,永充供养。"我们未见原件照片,未敢贸然肯定。

②《新疆简史》,新疆人民出版社,1980年。

没有什么亲密关系;往下推一甲子,为宋天圣二年(1024),伯希和劫经中根本没有此时的卷子。如果我们把酒账、莫高窟供养人题记、正史联系起来看,正好是:乾德二年六月于阗太子来到了敦煌,八月七日三人到佛堂礼佛,其后,太子从连、琮原可能是继续留在敦煌,因而有在莫高窟第 444 窟题壁之举,①太子德从则前往中原。②

我们排除咸平三年(1000)的可能性,其理由是:

宋开宝四年(971)以后,于阗同哈拉汗王朝之间发生了长达 24 年的战争,直到咸平四年(1001)于阗为喀剌汗朝的喀的尔汗·玉素甫所攻占,③这期间于阗与宋王朝、瓜沙曹氏来往已绝。

太平兴国六年(981)以后,敦煌也是很不安宁,④宋朝派王延德使高昌也好,高昌派"谢恩使百余人"入宋也好,都没有路过敦煌,说明此时"道路尝有事剽掠"⑤。正是在失去东西两方面支持的情况下,咸平五年(1002)曹宗寿杀曹延禄之变才能得逞。

所以,咸平三年(1000)时的敦煌,根本不可能有酒账所示四方辐辏的景象。

二 瓮、角、斗、升、合

酒账和《续卷》为我们提供了历代律历志和礼乐志中很难见到的

---

①莫高窟第 444 窟东壁《见宝塔品》的宝塔两侧有他们的题名,南侧题:"南无释迦牟尼佛说《妙法莲华经》,大宝于阗国皇太子从连供养。"北侧题:"南无多宝佛为听法故来此法会,大宝于阗国皇太子琮原供养。"

②《宋史·太祖纪》:乾德四年(966)"二月,丙辰,于阗国王遣其子德从来献"。《宋史·于阗传》同。

③《新疆简史》,新疆人民出版社,1980 年,第 162 页。

④P.3412 安再胜等牒。

⑤直到 1009 年才是:"今自瓜沙抵于阗,行旅如流。"(《宋史·于阗传》)

容量计量单位瓮、角、斗、升、合。更为难得的是,由于酒账共有 213 笔
账目,使我们从中得出这些计量单位的进位。由于比较特殊,不能按
容量大小的次序加以说明,而是必须把"角"放在最后。现分述如下:

一瓮等于六斗。逢六进一的计量,实在是比较特殊,酒账中可以
随处折算而得,如第 6、23、26、33、35、50、79 笔等,无不得出 1 瓮=6
斗的结论。兹引第 6 笔为证:"叁月贰拾日供两头祇门人逐日酒壹斗,
至肆月拾陆日夜断,中间贰拾柒日,计用酒肆瓮叁斗。"每日 1 斗,27
日就是 27 斗,6 斗为 1 瓮,正是"肆瓮叁斗"。

1 斗等于 10 升。酒账第 78 笔载:"去正月廿四日供于阗葛禄逐
日酒贰升,至六月五日夜断,除叁个月小尽,中间壹佰贰拾玖日,计给
酒肆瓮壹斗捌升。"第 79 笔载:"去三月十九日供于阗罗尚书逐日酒
伍升,至六月五日夜断,除两个月小尽,中间柒拾伍日,内两日全断,
计给酒陆瓮伍升。"计算无误,每斗 10 升。

1 升等于 10 合。《续卷》第 67 笔载:"去正月廿四供甘州走来胡
两日酒伍升,至八月廿日夜断,除四个月小尽,中间贰佰叁日,计用酒
捌瓮贰斗柒升伍合。"两天给 5 升,1 天是两升半,算下来应该是 8 瓮
2 斗 7 升半。《续卷》记半升为"伍合",可见,1 升=10 合。

1 角等于 15 升,这也是比较特殊的计量单位。酒账第 3、15、20、
27、28、36、42、46、59、89、91 笔都是"酒壹角",这"壹角"到底是多少?
不得而知。后来,在《续卷》里得到了答案。《续卷》第 18 笔载:"六日,
供南山逐日酒壹角,至捌日夜断,中间叁日,计给酒肆斗伍升。"每天
1 角,3 天共 3 角,3 角就是"肆斗伍升",当然是 1 角等于 15 升了。

三 迎、设、看、供、支

酒账的登载反映了支付的性质。通观全部账目,可以肯定,所有
项目都是由节度衙门报销的"公用"酒。但是,立账严格,条目清楚,从

而反映了此时节度衙门的各个环节都在有效地执行着某种制度。同时，酒账也反映出当时归义军衙门在迎来送往的礼制。其大概情况是：使节来到敦煌，先设酒接风，谓之"迎"；紧接着设宴洗尘，谓之"设"①；如果住的时间比较长，就经常去问候，谓之"看"，如甘州使这年从三月廿五日到八月廿一日停留敦煌将近五个月，节度使派人去"看"了 6 次；临走前要送行，或曰"看"或曰"设"，可能是"设"比"看"隆重一些。除了这些礼节性的应酬，使节住留期间，每日喝酒，谓之"供"；如有其他事情需用酒，则谓之"支"。

四　从酒账看敦煌的社会生活

从字面上看，酒账无颂辞，只是某月日因何事用酒若干而已。但是，如果仔细归纳分析一下就会发现，这平淡无华的账单，实实在在地反映出敦煌当时的政治、经济、文化面貌。

酒账和《续卷》共 213 笔，其中关于甘州、伊州、西州、于阗的就有 34 笔，说明瓜沙此时是西北各地的纽带，绾联着四面八方，正像《修常定楼记》中所说："六番之结好如流，四塞之通欢似雨。"②常定楼就是为了解决"每遇月初旦朔，寮佐趋参，燕会高宾，厅馆阻僻"而修建

---

①周一良先生有关"设"的考证（《敦煌写本书仪考》，《敦煌吐鲁番文献论集》第 1 集，中华书局，1982 年）与此件的"设"似有区别。此件除对使节外，还对工匠。《书仪》只对使节而言。

②P.2481《修常定楼记》，据我们考证，应是 964 年稍后的作品。因为：1.《记》中的 "河西归义军节度瓜沙等州押番落等使检校太傅令公兼御史大夫上柱国曹"，据《宋会要·番夷志·瓜沙二州》所载，此人是曹元忠。2.其他结衔在曹氏三世当中很难分别，唯有这"上柱国"只有曹元忠称之。3.《记》中有"乃命巧匠缔构新楼，邀鲁国之名贤，请丹青之上客""雕暗牖以疏风""镂飞廉而障日""诸功已罢，彩绘复终"之句，而酒账有"门楼塑匠""门楼上画匠及勾当人""楼上祭拜""楼上镇压""设画匠"等，说明这时常定楼正在彩绘中。

的。为了内政外交的需要，属于后勤方面的衙署有宴设司、柴场司，做酒的有酒行、酒户。酒账上所记的"迎""设""看""供"用酒，都需通过柴场司、宴设司设宴才能了事。酒账中关于军事方面的内容没有直接反映，但有间接材料可寻。第 11 笔载："十九日寒食座设酒叁瓮。"第 12 笔载："支十乡里正纳球场酒半瓮。"这里的"寒食座设"用酒"叁瓮"，绝不是用于拜埽出祭，而是设宴招待了带兵的官员。俄藏Дx.2905《戊午年四月廿五日寒食座设付酒历》是兵马使若干人在寒食节领酒的记录，可以作为我们上述论点的佐证，所不同的是，兵马使领走的酒，可能是给士兵们喝的，因为宋代例给边兵每岁寒食、端午、冬至有"特支"①。另外，"十乡里正纳毬场"的"纳毬场"3 字，令人费解。但是"毬场"2 字告诉我们，寒食节期间，百姓"踏歌"②，军人"蹴球"，敦煌非常热闹。

在瓜沙曹氏的政治生活中，宗教迷信活动十分泛滥。佛教自不必说，一批大型洞窟在莫高窟出现就是最好的证明。除此之外，从敦煌遗书来看，是神都信，是鬼都敬，仅酒账和续卷就有："城东祆神酒""马群入泽神酒""束水口神酒""神馆斫椽神酒""涧曲神酒""马院神酒""骞马神设酒""捉鹰人神酒""神酒""马圈发愿酒""羊圈发愿酒""祭拜酒"等，看来，他们事事求神安鬼。还有一种活动叫"赛神"，动辄用酒。宗教之外，在伦理道德上，还有什么"助葬""劝孝"，也是动辄用酒。

酒账反映了敦煌当时的经济状况的某些侧面：

用酒量之大，说明敦煌粮食丰足。酒账只是敦煌社会用酒的一部分，仅就这一部分，从四月九日至十月十五日，不到半年的时间共用

①《宋史·兵志八》。
②S.4705 就有"寒食踏歌"的记载。

酒 13585.5 升,其酿酒用粮之多,虽无明账,可想而知。

为了酿酒以应社会需要,归义军衙门下面还有专管酒户、酒行的人。酒户从公家领料酿酒,除按规定上交酒以外,盈余部分自己可以出卖。公家也可以直接到酒户取酒,登账上报,批准后报销,S.5571、5590《酒户邓留定牒》就是这样一种社会经济文书。管理人凭条批复,谓之"判凭"。钤有归义军节度使新铸印的酒账,我们估计就是依据各种判凭登录的分类账。

设各种专户来提供食物以满足归义军衙门的生活需要, 是瓜沙曹氏独创的一种剥削手段。酒户纳酒、葱户纳葱、苽(瓜)户纳瓜、猎户纳猎物,可能什么都要交纳。酒账上就有"纳黄羊儿人酒""董富子纳萝卜酒""索僧正纳梨酒""葱户纳葱酒"。循此例,对外国商人可能征收实物税,如酒账第 14 笔载:"支纳呵梨勒胡酒壹瓮。""呵梨勒"又写成"诃黎勒",出产于波斯,果实可以入药。①酒账作"纳呵黎勒胡",正好说明交纳者为"胡人",而这一"胡人"可能就是波斯商人。

归义军衙门下面设有画院,学者早有所论。酒账告诉我们,不仅如此,它还掌握着各种工匠,如打窟人、写匠、皴文匠、灰匠、锁匠、箭匠、皮匠、弓匠、木匠、泥匠、石匠、褐袋匠。从手工业生产来看,昔日敦煌样样俱全。

酒账还有 "孔目官修西州文字""修于阗文字孔目官""案司修甘州文字""修甘州文字孔目官""案司修西州文字"等用酒若干的记载,

---

①《周书》《隋书》等都有记载。《太平广记》卷四一四《草木类》:"高仙芝伐大食,得诃梨(黎)勒,长五六寸。初置抹肚中,便觉腹痛,因快痢十余行。初谓诃梨勒为祟,因欲弃之。以问大食长老,长老云:'此物人带,一切痛消,病者出恶物耳。'仙芝甚宝惜之。天宝末被诛,遂失所在。"可见诃梨勒的药效很大。然而,劳费尔著《中国伊朗编》又引用一些材料证明是酒的一种。

说明归义军衙署还有通晓各种民族文字的专家。敦煌是当时的西北文化中心,我们完全有理由推测,于阗、西州、伊州、甘州向中原的"进表"就出于敦煌各孔目官之手。请看,酒账第79笔"去三月十九日供于阗罗尚书逐日酒伍升,至六月五日夜断……"第80笔"去五月二十八日供修于阗文字孔目官逐日(酒)壹斗,至六月五日夜断……"《续卷》第69—71笔"去三月廿五日供甘州使逐日酒半瓮,至八月廿日夜断……""廿一日看甘州使及于阗使酒半瓮""供修甘州文字孔目官中间陆日给酒肆斗"。这绝不是巧合,而是使节离开前必须修好文字。

五　几个问题

关于"南山"。

酒账及《续卷》都有"南山"的记载,共14笔:

(五月)去四月廿七供南山别力逐日酒壹斗

五日,迎南山酒壹角

六日,衙内面前看南山酒壹斗

六日,供衙前仓住南山逐日酒二斗

九日,供向东来南山逐日酒二斗

同日,城南园看南山酒壹角

十六日,供南山逐日酒二斗

(六月)四日,南园看南山酒二斗五升

(七月)五日,迎南山酒五升

六日,衙内看南山酒壹斗

六日,供南山逐日酒壹角

(九月)七日,城南看南山酒壹斗

(十月)二日,东园看于阗使及南山酒壹斗

十一日,看南山酒壹斗。

"南山"一词,开始我们很费解,是地名呢,还是山名? 除了"衙前仓住南山"这一条以外,其余都不像,而且明明记的是"衙内看南山""城南看南山""东园看于阗使及南山""迎南山",肯定是人,而不是别的。那么,是人名,他又是什么样的显要人物,值得归义军衙门又是"迎",又是"看",又是"供"呢? 从酒账行文来看,"南山"又不是具体的人名。因为凡是需要以礼待之者,是什么什么"使";凡本衙管下之官员,都带职称,如"十乡里正""任长使(史)""杜队头""阎县令""宋都衙""押衙王清松""曹镇使"等,而且他们不需要迎送拜访。后来我们从写本中得到了一点消息。

P.3257 有《开运二年(945)寡妇阿龙牒》一件,其中提到"南山部族"。又 S.4445 有何愿德往南山做买卖而借贷的记载。可见南山既是部族名称又是地点名称,而酒账所谓"南山"应是"南山部族"的使者。酒账名义上不以使者称之,而实际上又以使者的礼遇来对待,这样一种微妙的关系,我们似乎可以认为:此时"南山部族"的势力已经强大,且常常与归义军衙门打交道;归义军衙门对南山部族派来的人虽待以上宾,但不承认是和西州、于阗、伊州、甘州并列的一级政权。我们估计,这种观念,是和"南山部族"的历史关系分不开的。

从古到今,人们都把祁连山叫作南山。具体地说,今天的肃北蒙古族自治县以东,石包城、昌马以南,叫野马南山;今天阿克塞哈萨克族自治县当金山口以东,沿甘青交界,叫党河南山;由此向东还有疏勒南山、托来南山、走廊南山、青海南山。酒账所称之南山,估计就是居住在现在称为党河南山的地方,有"向东来南山"这一笔可以为证。党河南山虽在敦煌的西南,但直到今天仍习惯称它为西面。唐安史之乱以后,占有南山,据《新唐书》卷二一六记载,建中初年,吐蕃攻敦煌,"始,沙州刺史周鼎为唐固守,赞普徙帐南山,使尚绮心儿攻之"。由此可见,南山曾一度为吐蕃的大本营。入宋以后,此地为黄头回纥

和草头鞑靼所占,但出现史书记载较晚。①曹元忠时代的南山,理应为吐蕃族人。其具体情况如何,是值得今后研究的。

关于"衙内"。

酒账及《续卷》中有关"衙内"的记载有 11 笔。自唐末至宋,衙内为藩镇亲卫之官,多以子弟担任,世俗相沿,习惯上把贵家子弟称为"衙内"。在瓜沙曹氏当中,被授予衙内的有曹延瑞和曹贤顺二人。《宋史》卷四九〇《沙州传》载:太平兴国五年(980)"元忠卒,子延禄遣人来贡,赠元忠敦煌郡王,授延禄本军节度,弟延晟为瓜州刺史,延瑞为衙内都虞候"。咸平五年(1002),"延禄、延瑞为从子宗寿所害,宗寿权知留后,而以其弟宗允权知瓜州,表以旌节。乃授宗寿节度使,宗允检校尚书左仆射知瓜州,宗寿子贤顺为衙内都指挥使"。我们认为,酒账上的"衙内"乃世俗呼贵家子弟为衙内的"衙内",即便是衙内指挥使也是自署的,具体说也就是曹延禄。因为:我们既定酒账立于乾德二年(964),也就排斥了曹延瑞和曹贤顺的可能性;955 年授元忠节度使及 962 年加中书令时,都提到了曹延恭,曹延恭此时已被正式授予瓜州防御使之职,如若是他,决不会再称衙内的。曹延禄尚且没有授官,曹延瑞、曹延晟可能年岁太小,更是挂不上号。因此,此衙内舍曹延禄莫属。纯属推断,于此作为问题提出,以就教于专家、学者。

关于"寒食座设"。

按酒账所载,这年的寒食在四月十九日;俄藏 Дx.2905《戊午年四月廿五日寒食座设付酒历》也明确记载是在四月廿五日。这也是令人费解的难题。有史以来,凡记载寒食节,都在清明前一天或两天,反正

---

①《宋史》卷四九〇《于阗传》:"神宗(1068—1085)尝问其使去国岁月,所经何国及有无钞略。"对曰:"去国四年,道途居其半,历黄头回纥、青唐,唯惧契丹钞略耳。"

是冬至后 105 天①，而清明节绝对不会在四月份。是否敦煌历日特殊？前面已经论及，敦煌历与中原历朔日干支只差一二天。至于节气，敦煌历没有大的差别，也是"立春正月节，雨水正月中……"敦煌遗书中也有与传统一致的寒食节的记载。如 S.0381-3"大番岁次辛巳（贞元十七年，即 801 年）闰二月十五日，因寒食在城官寮百姓就龙兴寺设乐……"是不是"寒食设座"不等于寒食节，不得而知，只有存疑。

由于我们知识浅薄，酒账还不能完全读懂，好在此次已将原件拍照发表，巴黎藏 P.2629 卷子国内也已经有了缩微胶卷，相信它们会得到敦煌学研究者的重视。

附：P.2629《归义军衙府酒账》(《续卷》)

顺序号	月	日	事由	用酒数量
98		（廿二日）	（使出马圈口酒）	壹瓮
99		同日	坟头酒	（壹斗）
100		廿四日	西宅用酒	壹瓮
101		廿五日	供两头社人酒	壹斗
102		廿六日	衙内看甘州使酒	叁斗伍升
103		廿日	供门楼上画匠及勾当人逐日酒壹斗，至贰拾陆日夜断，中间柒日计用酒	壹瓮壹斗
104		同日	画匠酒	壹瓮

①《岁华纪丽》卷一《寒食》："禁火之辰，游春之月，寒食是仲春之末，清明当三月之初。禁其烟，周之旧制，不断火，魏之新规。桐始开花，榆方出火，二三之月，百五之辰，魏武之令，周举之书，一月寒食，三日断火，画鸭、斗鸡、蹴鞠、秋千……"作者韩鄂是唐代人。他把寒食节的时间、历史、风俗都说得清清楚楚了。

续表

顺序号	月	日	事由	用酒数量
105		廿八日	衙内看(下约缺4字)	壹斗
106	七月	一日	太子迎于阗使酒	壹瓮
107		二日	太子随(下约缺5字)	瓮
108			西门结净酒	壹斗
109		三日	城西庄刈麦酒	壹瓮
110			面(下约缺3字)阗使酒	壹斗
111		四日	支太子庄麦酒	壹瓮
112		五日	迎南山酒	伍升
113			下樽酒	伍升
114		六日	衙内看南山酒	壹斗
115		同日	安宅官家顿酒	半瓮
116		八日	通定郡赛神酒	贰斗
117			支张延延酒	壹斗
118		六日	供南山逐日酒壹角,至捌日夜断,中间叁日计给酒	肆斗伍升
119			送路酒	肆斗
120		十日	城东祆赛神酒	两瓮
121		十日	支康德友酒	壹斗
122			支校花树僧酒	壹角
123		六日	供造花树僧逐日酒壹斗,至十日夜断,中间伍日计给酒	伍斗

续表

顺序号	月	日	事由	用酒数量
124		十一日	支木匠泥匠酒	贰斗
125		十二日	南沙刈麦酒	壹瓮
126		十三日	酿鞁皮酒	贰斗
127		十四日	支荆幸昌酒	贰斗
128			支把道人酒	贰斗
129		十五日	楼上祭拜酒	壹角
130			北宅酒	壹斗
131		十六日	支悬泉家酒	壹角
132		十八日	甘州使偏次酒	壹瓮
133		廿日	官圈刈麦酒	壹瓮
134			千渠射瓶羊酒	半瓮
135			行官酒	壹斗
136			庄客酒	贰斗
137		廿一日	通定群酒	贰斗
138		廿一日	衙内看于阗使酒	壹瓮
139			支打狼人酒	壹角
140		廿二日	支皱文匠酒	壹斗
141		廿四	百尺上祭拜酒	壹斗
142		廿六日	衙内看甘州使及于阗使僧酒	壹角

续表

顺序号	月	日	事由	用酒数量
143			支索僧正纳梨酒	壹角
144		廿七日	楼上镇厌酒	壹瓮
145	八月	一日	苏醜儿酒	伍升
146		同日	神酒	伍升
147			支黑头窟上网鹰酒	壹斗
148			看于阗使酒	壹瓮
149		二日	夜羊圈发愿酒	壹角
150		三日	赛神酒	半瓮
151			又马院发愿酒	壹斗
152			赛神酒	伍斗
153		四日	支翟速不丹酒	壹瓮
154		五日	城南庄看夫人酒	壹瓮
155			支远田刈黄麻酒	壹瓮
156		九日	衙内设甘州使酒	壹瓮
157			刘保通妻助葬酒	壹瓮
158		十二日	酿手衣鞁皮酒	伍升
159			支把道人酒	壹斗
160		十四日	支通达酒	壹斗
161			支远田纳麦东家酒	壹斗
162		十六日	窟上酒	壹瓮

续表

顺序号	月	日	事由	用酒数量
163			达家垒舍酒	壹瓮
164		十七日	支写匠酒	半瓮
165			支永受酒	壹瓮
166		廿一日	祭奠酒	壹瓮
167			去正月廿四日供甘州走来胡两日酒伍升，至八月廿日夜断，除肆个月小尽，中间贰佰叁日计用酒	捌瓮贰斗柒升伍合
168			去三月十八日供先报消息来回鹘两日酒伍斗，至捌月廿日夜断，除叁个月小尽，中间壹佰伍拾日计用酒	陆瓮壹斗伍升
169			去叁月廿五日供甘州使逐日酒半瓮，至八月廿日夜断，除叁个月小尽，中间壹佰肆拾叁日内肆日全断叁日断半，计用酒	陆拾捌瓮肆斗伍升
170		廿二日	看甘州使及于阗使酒	半瓮
171			供修甘州文字孔目官，中间陆日给酒	肆斗
172			支李住儿酒	半瓮
173		廿六日	使出洞曲壁头酒	壹瓮
174		廿九日	支牧子酒	壹斗
175			支捉鹰神酒	壹斗

续表

顺序号	月	日	事由	用酒数量
176			贰拾肆日供石匠逐日酒伍升,至贰拾柒日夜断,中间肆日给酒	贰斗
177			贰拾肆日供造砲轮木匠逐日酒壹斗,至贰拾玖日夜断,中间陆日给酒	壹瓮
178		卅日	捉鹰人神酒	壹角
179	九月	一日	马院神酒	伍升
180			支葱户史骨子等酒	壹瓮
181		二日	支赵员子酒	伍升
182		七日	使出胡砲子上酒	半瓮
183			城南看南山酒	壹斗
184			案司修西川文字酒	壹斗
185		十四日	支安富盈酒	壹角
186			灌驼酒	壹角
187			窟上调灰泥酒	两瓮
188		十六日	支都头氾善恩家人助酒	壹瓮
189		十七日	支平庆达等酒	壹角
190		十八日	支褐袋匠酒	伍斗
191			支平庆达等捉鹰回来酒	壹瓮
192			押衙曹富德家人事酒	壹瓮
193		廿日	氾郎起舍人助酒	壹瓮

续表

顺序号	月	日	事由	用酒数量
194		廿四日	达家小娘子发巴酒	伍升
195	十月	二日	支清汉等网鹰酒	壹斗
196			东园看于阗使及南山酒	壹斗
197		四日	支写匠酒	壹瓮
198			支阎都头酒	壹角
199		八日	迎伊州使酒	贰斗
200			下樽酒	贰斗
201		九日	比料帖下供伊州使酒	贰斗
202		十日	衙内看于阗使酒	壹斗
203			看南山酒	壹斗
204		同日	设伊州使酒	壹瓮
205			支马保圣枣酒	壹瓮
206			支葱户纳葱酒	壹瓮
207		十二日	千渠送达家娘子酒	壹瓮
208			拾壹日供两头祇门人逐日酒壹斗，至十三日夜断,中间叁日计用酒	叁斗
209		十四日	衙内看使客酒	壹斗
210		同日	设伊州使酒	贰斗
211			马院祭拜酒	伍升
212			送狗酒	伍升

续表

顺序号	月	日	事由	用酒数量
213			支田像奴等酒	壹角
214		十六日	酿(后缺)	

（《敦煌研究》1983 年创刊号。这次收入本文集时,请邰慧莉录出 P.2629 作为附录）

敦煌历日研究

推算完历日残卷之后,很长一段时间,我不敢发表,因为没见过同类的研究文章,总不敢自信。1983 年 3 月,北京大学的张广达先生给我寄来了日本藤枝晃教授的《敦煌历日谱》一文,我又从资料室找到了日本薮内清的《斯坦因敦煌文献中的历书》一文,这才知道,我和他们竟是殊途同归! 看了他们的文章,坚定了我撰写此文的决心:首先,我的推算是正确的;其次,我的推算方法,有与他们相同的地方,有不同的地方;第三,两位先生的推算,都有错误之处;第四,藤枝晃先生搜集的虽然比较齐全,但还是有遗漏的。单就补藤枝晃先生的缺漏来说,也得把它写出来。凡属上述二位先生做过大量工作的,我只作复核,并加补充说明。总之,他们说过的我从略;他们未说的我备详。另外,藤枝晃先生把敦煌遗书中凡他所见的历日和干支纪年、干支纪日全都搜集编排成文,我只考证敦煌历日残卷。

一 敦煌历日的内容

敦煌历日的内容,综合归纳起来,有这么几项:

(一)标题和尾题

完好者有:

P.2765,题:"甲寅年历日。"

P.4983,尾题:"王文君书。"

P.4996 + 3476,尾题:"吕定德写,忠贤校了。"

P.3555v,题："贞明八年(922)岁次壬午具注历日一卷并序。节度押▢▢▢▢▢"。

S.2404,题："▢▢▢▢衙守随军参谋翟奉达撰上,干木支金纳音水,凡三百五十四日。"

P.3247,题："大唐同光四年(926)具历一卷,干火支土纳音土,凡三百八十四,并序。随军参谋翟奉达。"

S.0095,题："显德三年(956)丙辰岁具注历日并序,干火支土纳音土,凡三百五十四日。登仕郎守州学博士翟奉达撰上。"尾题："右件人神所在不可针灸出血,写勘校子弟翟文进书。"

P.2623,题："显德六年(959)己未岁具注历日并序,干土支土纳音火,凡三百五十四日。朝议郎检校尚书工部员外行沙州经学博士兼殿中侍御史赐紫绯鱼袋翟奉达撰。"

S.6886v,题："太平兴国六年(981)辛巳岁具注历日并序,干金支火纳音金,凡三百五十四日。"尾题："▢▢▢▢干生阿师子。"

S.1473,题："太平兴国七年(982)壬午岁具注历日并序,干水支火纳音木,凡三百八十四日。押衙知节度参谋银青光禄大夫检校国子祭酒翟文进撰。"

P.3403,题："雍熙三年(986)丙戌岁具注历日并序,干火支土纳音土,凡三百五十四日。押衙知节度参谋银青光禄大夫检校国子祭酒兼监察御史安彦存纂。"

P.2705,尾题："右件人神所在之处不可针灸出血,日游在内,产妇不宜屋内安产帐及扫舍,皆凶。勘了。刘成子。"

P.3507,题："淳化四年(993)癸巳岁具注历日,干水支火纳音水。"

(二)序

保存序言的有 P.2765、P.3555、S.2404、S.095、P.2623、S.1473、P.3403,共 7 件,而年代最早的是 P.2765《甲寅年历日》。此序很特别,移录如下:

夫为历者,自故(古?)常【窥】(?)诸州班(颁?)下行用,
克定四时,并有八节。若论种莳约□行用,修造亦然,恐犯神
祇,一一审自详察,看五姓下行。沙州水总一流,不同□□,
唯须各各相劝,早农即得善熟,不怕霜冷,免有失所,即得丰
熟,百姓安宁。

序言部分内容最多的,首推 S.1473 太平兴国七年(982)历,计有:

1. 概念。这是所有序言都大同小异的程式性的文章。上述 P.2765
无此内容。

2. 太岁及诸神将之所在,犯之凶,避之吉。

3. 太岁、将军同游日。

4. 土公游日,所谓"太岁土公等所游不在之日修营无妨"。

5. 九方色,即九宫,日本藤枝晃、薮内清称之为"九星配置"。

6. 三白诗。

7. 推七曜直日吉凶法。

8. 推杂忌日法。

9. 推"建、除"日忌法。

10. 推十二支日忌法。

11. 推五姓利年月法。

此外,S.2404 还有"葛仙公礼北斗法并图""申生人猴相本命元神
图",是现存敦煌历中唯一的图文并茂的序。

(三)历日

这是历日的主要内容。最完整的历日有这样一些项目:

1. 月序,如"正月大建丙寅"。

2. 九方色,即"月起×宫"。

3. 上月已过的节气,如"自正月十九日惊蛰已得二月之节"。这
一项,标准本才有。

4. 天道行向。这是死的公式,年年如此。

5. 本月神将所在之位。这也是死的公式。

6. 吉时。

7. 日出、日入的时辰。

以上全是"月序"下面的内容,而且在九方色之下就用双行小字夹注。至于日期下面的内容,则有:

8. 日期
9. 干支
10. 五行
11. 建除

如"一日甲寅木建"。

12. 月相,即上弦、望、没、下弦、灭。

13. 节候,即二十四气、七十二候。

以上是第二项,且用小字注于第一项之下,如:"下弦,惊蛰二月节,桃始花。"

14. 岁位、岁前、岁对等及其吉凶(主要是吉),个别历日在此项下还注有五音(宫、商、角、徵、羽)忌避。在"凡人年内造作、举动,百事先须看太岁及已下诸神将并魁罡,犯之凶,避之吉"的封建社会,有所谓"公私最要莫过于历日"之说,而人们看历日,就是为了避凶就吉,因而此项的文字最长,连何日可以沐浴、洗头、剪指甲都注得清清楚楚。

15. 昼夜时刻,这是一项科学的记录。随着地球绕太阳旋转,或昼长夜短,或昼短夜长,不断变化,因而每隔几天就得标明"昼xx刻,夜xx刻"。不过,这一内容往往是标准本才有的。

16. 人神所在,如"人神在手小指""人神在胸"……意即"人神所在之处不得针灸出血"也是"犯之凶,避之吉"。王重民先生认为,这是

"道家人神之说，传播既广，始被采用于历日"。①

17. 日游，这是敦煌具注历日的最后一项"注"，"日游在外"或"日游在内"。"日游在外"是否表示"吉"，现存历日没有说明，"日游在内"是凶日，倒有说明：P.2705 的尾部有一题记，它告诉我们："'日游在内'，产妇不宜屋内安产，帐及扫舍，皆凶。"

18. 蜜，也叫蜜日，就是日曜日，即现在的星期天。蜜日一般注在历日的天头，个别的也有注在旁边或在月相之上、日期之下。据我验证，凡蜜日注，90%以上是正确无误的。这也说明，敦煌历日的连续性和科学性是毋庸置疑的，它并没有因制历者几番易人而受影响。

综观历日的全部内容，18 项中有 9 项是科学性的记录，占50%，其余项目多少都带有封建迷信色彩。如果当时的敦煌人真的按照历日的序言和"注"实行，只好束手待毙，否则，一举手一投足都会大难临头。不过，老百姓的精神枷锁往往是统治者的神咒灵符！因为一切灾祸皆由天时鬼神主使，摸不着，抓不住，人们也就只好认命忍受了。

二 敦煌历日的形式

敦煌遗书中，不仅有敦煌历日，还有一份刻本中原历日，即 S.612《太平兴国三年(978)应天具注历日》，图文并茂，虽然没有印完，但是大体规模已具。原刻本的大标题为"大宋国王文坦请司天台官本勘定大本历日"，由此我们得知，这种形式的本子叫"官本"，而且是"大本历日"。敦煌历的形式与此不大相同，大致有这么几种：

1. 标准本，这种本子，看来都是纂历者的誊抄本，有的甚至是上归义军衙门的"进呈本"。如 S.2404，应是同光二年(924)历，除一般历日内

---

①王重民：《敦煌古籍叙录》，商务印书馆，1958 年，第 178 页。

容而外,还有图,还有二十八宿,标题虽残,但撰历者犹存"□□□□衙守随军参谋翟奉达撰上",显然是"上"归义军衙门的进呈本。总之,凡标准本项目都齐全, 书写都规整。属于这一类的, 除上述 S.2404 外,还有 P.3403、P.2623、S.1473、S.0276、S.0681、P.2591、P.2705。

2. 通栏式和双栏式。看起来是个形式问题,其实是由内容决定的。上面所说的标准本,都是通栏书写,只有 S.0095 是个例外。此件全,前有"登仕郎守州学博士翟奉达撰上",后有"写勘校子弟翟文进书",似乎不光是标准本,而且是"进呈本",但它却分上下两栏书写,上栏为单月,下栏为双月。究其内容,减掉了月九宫、月神将所在、昼夜时刻,吉凶祸福也简单多了。至于"人神所在",本来就是死的,月月相同,移到序言中去;"日游"一项,通栏书写者也有不要的,双栏就更不必要了。因此,双栏式的历日,当推它为标准。属于这种形式的还有 P.5548、P.3248、P.3247、P.3555、P.3492、罗 3。

通栏式的, 除了标准本以外, 尚有 S.1439-2、P.4983、P.3284v、P.4996+3476、P.2583、P.3900、P.2765、罗 2。这一部分通栏式,往往是"岁位吉凶"一项内容最多,如 S.1439-2,据粗略统计,有 53 种吉凶避忌。

3. 简历,也可分通栏书写(P.2506)和双栏书写(S.6886v、S.3824-3)两种。简历当然是内容从简的历日,一般只有月序、月建大小、日期、干支、五行、建除,即使是通栏书写的,也只多了月相、二十四节气两项,连七十二候都没有。这种历日,可能是民户抄来应用的。有趣的是,S.6886《太平兴国六年(981)辛巳岁具注历日》"吉凶注"只抄了正月一至十二日,以后每隔一段注上一句,八月以后干脆不注了。但是,从正月到十二月,都注有"洗"字,按历日应有的内容来推测,应是历日注"洗头吉"的简称。为什么只注"洗"字,不得而知。另外,六月二十六日之下注有"马平水身亡"五字,七月初三日之下注"开七了"三字,以后隔六天注"二七""三七"直至"七七""百日"。显然,历日的使用者与逢七祭吊"马平水"有关。又,此件尾题有"⬚⬚⬚⬚于生阿师子"几字,可能是历日的抄写者。

4. 月历,P.3507《淳化四年癸巳岁(993)具注历日》是一份很有独创性的历日。它无序、无神将所在、无人神、无日游、无吉凶(只正月初一注了"嫁、修、符、葬、吉"5 字),而选取了朔日干支、蜜日、月相、节候、祭祀、昼夜时刻。可以说,抄历者摘取了当年历日中所有科学性的精华,是很有见地的。此历的形式也很特别,月序、月建大小、九宫下注本月的具体项目,每月一条幅,因此我给它取名"月历"。

三 确定历日年代的方法

日本学者薮内清《斯坦因敦煌文献中的历书》一文中说:"从历书的残卷推定年代,一般依据业已出版的朔闰表和历书上的日期进行对照。这种方法,即便是不具备历法知识的人也能进行,尤其是相对而言已经解决了时代范围的敦煌历,一年一年地进行互相对比的工作也并不那么麻烦。"①我刚开始接触敦煌历日时也是这样进行的。但是,单纯依靠朔闰表对照是很不可靠的。如 P.2591 历日残卷,如果按照现存朔日干支和能够推算出来的朔日干支,它和贞元十年(794)甲戌岁完全一致:

中原历 敦煌历

四月大 癸卯朔 (四月大)(癸卯朔)

五月小 癸酉朔 五月小 癸酉朔

六月大 壬寅朔 六月大 壬寅朔

七月小 壬申朔 七月(？)(壬申朔)

---

① 《东方学报》(京都版),第 35 期,1964 年,第 543 页。

敦煌历（　）内的月建大小和朔日干支是根据残历提供的条件推算出来的。但是，当你运用其他推算方法推算的结果，只有天福九年（944）甲辰岁是正确的。

下面谈谈我是怎样确定敦煌历日残卷年代的。

刚接触历日时，确实与看天书无异。后读王重民先生《敦煌本历日之研究》一文[1]，得到了一些启发，把目前我所搜集到的有绝对年代的敦煌历日与中原历[2]列表进行了比较，所得到的结果是：

第一，朔日干支，中原历和敦煌历没有一年是完全吻合的。

第二，凡置闰之年，不吻合的比例就大，反之就小。

第三，干支纪日始终不错。董作宾先生《研究殷代年历的基本问题》一文中曾说："我们第一要证明干支纪日是独立的，第二要证明干支纪日是连续不断并且没有错误的。"他根据伊尹《伊训篇》的"唯太甲元年十有二月乙丑朔（前1738）"，经过推算，得出的结论是："中国之干支纪日，连续不断，乃至三六七五年（到1939年董先生撰写此文时止——引者），一百三十四万二千二百九十四日之久，真可谓'世界最长久之纪日法'了。"[3]作为一种地方历日——敦煌历日，也是如此，虽经改朝换代，制作历日者也几易其人，但干支纪日与中原完全一样，连续无误。

第四，干支纪月始终不错。（传抄过程中抄写者的错误应当别论。）

在不断整理、排比的过程中，我逐渐摸清了一些考定敦煌历的方法：

1. 对每件残历，就本身所提供的条件，最大限度地推算出每月的

①《东方杂志》第34卷第9号。

②陈垣：《二十史朔闰表》，简称《朔闰表》，中华书局，1978年。

③《国立北京大学四十周年纪念论文集》乙编上，1938年，第146—147页。

朔日干支。如 P.3555 贞明八年历,原卷分上下两栏书写,上栏为单月,下栏为双月,由于下半截全残,只剩单月,我就根据单月与单月之间的关系,找出双月的月建大小及朔日干支。又如 P.3247、2623、3507、2765,S.1473、2404,历日部分都残破不全,但正月之前有全年的月建大小,就可以根据正月的朔日干支而推出其余各月。就这样,本身只存五个朔日干支的 P.5548 残历,居然得出九个月的朔日干支来。作为推定该历的时代,多一个月少一个月似乎关系不大,但作为一项科学资料,它却是多多益善的。作为一种方法,推算后的整理,那是必不可少的。

2. 利用干支纪月,缩小推算历日年代的范围。中国历法,从汉武帝太初元年(前 104)起,以正月为岁首,建寅,一直未变。沈括《梦溪笔谈》说:"正月寅,二月卯,谓之建。其说谓斗杓所建。不必用此说,但春为寅、卯、辰,夏为巳、午、未……理自当然,不需因斗建也。"①敦煌历也是正月建寅,二月建卯,三月建辰……配以天干,五年一轮回,列表于后(表 1)。

有了建寅,历日所属之年代的推算就能缩小了范围。因为敦煌历也和中原历一样,纪月地支和纪年天干的关系也是有规律的。开始,我也是列表对照,后来,在 S.0612v 残卷中找到了口诀,使用起来就方便多了。这一口诀,叫作《五子元例正建法》:②

---

①沈括:《梦溪笔谈》卷七,文物出版社,1975 年,第 15 页。

②历法上有所谓"六甲""五子"。《汉书·律历志》:"故日有六甲,辰有五子。"孟康注:"六甲之中唯甲寅无子,故有五子。"所谓"日有六甲",日即十干,古代也把十干叫做十日、十母;所谓"辰有五子",辰即十二支,古代把十二支叫作十二辰、十二子。孟康的注也没有说清楚。简单地说就是:六十甲子当中,从天干来说,有六个"甲",即甲子、甲戌、甲申、甲午、甲辰、甲寅;从地支来说,有五个子,即甲子、丙子、戊子、庚子、壬子。

甲己之年丙作首,(建丙寅)

乙庚之岁戊为头,(建戊寅)

丙辛之年庚次第,(建庚寅)

丁壬还作顺行流,(建壬寅)

戊癸既从中位起,

正月须向甲寅求。(建甲寅)

藤枝晃先生就曾因为没有很好利用纪月干支而推算失误。如S.3824-3残历,存五月十八至六月九日,残卷的下部有一些如今很难读懂的文字,其中有"乾夫三年是 高苟奴手已"这样几个字,藤枝晃先生据此定为"乾符三年(876)",又恰好朔日干支近似。但是,乾符三年是丙申岁,"丙、辛之年庚次第",正月应该建庚寅,而残历明明有"六月小建辛未"的记载,也就是说正月建丙寅。这样,乾符三年的推断就错了。按我的推算,此件应是宋开宝二年己巳岁(969)具注历日(详后)。罗振玉亦因不注意干支纪月而推算失误:他收藏的一卷残历,"但有正月至四月,而无五月以后……正月小建壬寅,朔日戊寅;二月小建癸卯,朔日丁未;三月大建甲辰,朔日丙子;四月小建乙巳,朔日丙午。考之《长术》,乃淳化元年(990)历也"①。其实,"正月小建壬寅"就告诉我们,是年不是丁年就是壬年("丁壬还作顺行流"),罗氏不注意这一点,只拿朔日干支去对照汪曰桢的《长术》,得出淳化元年"庚寅"岁的错误结论。其实,此件应是唐乾宁四年(897)丁巳岁具注历日。藤枝晃先生也指出了罗氏的上述错误,可他自己也犯了同类错误。

3. 九宫推算法。九宫为何,我过去也不知道。第一次接触时,只觉得它像今天的玩具"魔方"。经过把所有历日残卷中的"魔方"拿出来排比之后,发现了它的规律。后来,在 P.4996v 卷子中看见了标明"午

---

①罗振玉:《松翁近稿》,1925 年冬上虞罗氏印行,后收入《罗雪堂先生全集》。

年九宫"和"正月九宫"的图,又知道了此种"魔方"的正名应叫"九宫"。但是,"九宫"一词,在现今的《辞海》里,只有"戏曲、音乐名词"这样一种解释。后因一个偶然的机会,翻阅《小学绀珠》,才发现我排比出来的九宫的次序和此书记载完全相同,即一白、二黑、三碧、四绿、五黄、六白、七赤、八白、九紫,①不仅找到了规律,知道了正名,而且找到了根据。后查《唐会要·九宫坛》,称:"谨按黄帝九宫经及肖嵩五行大义,一宫其神太一,其星天蓬,其卦坎,其行水,其方白。二宫其神摄提,其星天芮,其卦坤,其行土,其方黑。三宫其神轩辕,其星天冲,其卦震,其行木,其方碧。四宫其神招摇,其星天辅,其卦巽,其行木,其方绿。五宫其神天符,其星天禽,其卦离,其行土,其方黄。六宫其神青龙,其星天心,其卦乾,其行金,其方白。七宫其神咸池,其星天柱,其卦兑,其行金,其方赤。八宫其神太阴,其星天任,其卦艮,其行土,其方白。九宫其神天一,其星天英,其卦离,其行火,其方紫。"②这样,何以日本称此为"九星",而五代时敦煌翟奉达在他编的历日中称"年起七宫""月起五宫"等,有时候又叫"九方色",也就弄清楚了。又因为九色之中有三个"白"色,他把用九方色测吉凶的方法编了一首顺口溜,叫作"三白诗"。③诗曰:"上利兴功紫白方,碧绿之地患瘫疮,黄赤之方遭疾病,黑方动土主凶丧,五姓但能依此用,一年之内乐堂堂。"

《小学绀珠》称"张衡曰:圣人明天数,审律历,重之以卜筮,杂之以九宫"。④可见历日中杂以九宫,至少东汉以前就有了。

---

① 《小学绀珠》卷一《九宫》,《丛书集成》本第176册,中华书局,1983年。
② 《唐会要》卷一〇下,中华书局,1983年。
③ 有"三白诗"的历日残卷有 S.1473《太平兴国七年壬午岁具注历日》、P.3403《雍熙三年丙戌岁具注历日》。
④ 《小学绀珠》卷一,《丛书集成》本第176册,中华书局,1983年。

　　知道九宫的运行,对了解历日之中年九宫、月九宫的安排是至关紧要的。日本薮内清先生排了"九星配置"。我在没有得到此文之前,根据 P.3403《雍熙三年丙戌岁具注历日》画了"九方色图"(见图 1),结果也是一样的。

　　此图告诉我们:

　　1. 年九宫与月九宫是分别排列的。来年正月的月九宫是"二黑"在中央,而来年的年九宫则是"五黄"在中央。(S.1473、0612、0681-2, P.4996v 等也都说明年九宫与月九宫是分开排列的。)

　　2. 月九宫,不管是哪一"方",都是按九、八、七、六、五、四、三、二、一倒转的。

　　3. 每一个九宫本身是如何排的呢?《星经》曰:"太一下行八卦之宫,每四乃还于中央。"《易·乾凿度》郑玄注:"太一行九宫,始于坎、坤、震、巽、中央、乾、兑、艮,终于离。"

　　按上述记载用数字来标明顺序,则如图 2。其"下行"路线,则如小图所示。用以检验历日上的每一个九宫都是如此。

　　九宫只有九个,用以纪月,则每年的十、十一、十二月均与一、二、三月相同。如果历日既用干支纪月,又用九宫纪月,其周而复始应是 9 与 60 的最小公倍数,即 180 个月,也就是 15 年。如果我们以九宫(九方色)的中央色为代表(敦煌历中的"年起×宫""月起×宫"都是指九宫中的"中央"而言的),配以正月建寅的关系,推算的结果如表 2。这样,我们拿到一份配有九宫的历日,又有纪月干支,只要在《朔闰表》上查表 2 所列年代的朔日干支,哪年能与残历吻合,哪年就是残卷历日的年代。如:罗振玉收藏的一份历日,正月建丙寅,月起二宫,经查表 2,有 15 个年代可能是历日所属的某年,与《朔闰表》一对,仅 939 年的朔日干支与历日基本相符,再一查蜜日注,完全符合。

　　另一种办法,就是薮内清先生的办法。不过,他没有说明他这种

五黄	一白	三碧
四绿	六白	八白
九紫	二黑	七赤

年九宫

四绿	九紫	二黑
三碧	五黄	七赤
八白	一白	六白

正月庚寅

三碧	八白	一白
二黑	四绿	六白
七赤	九紫	五黄

二月辛卯

二黑	七赤	九紫
一白	三碧	五黄
六白	八白	四绿

三月壬辰

一白	六白	八白
九紫	二黑	四绿
五黄	七赤	三碧

四月癸巳

九紫	五黄	七赤
八白	一折	三碧
四绿	六白	二黑

五月甲午

八白	四绿	六白
七赤	九紫	二黑
三碧	五黄	一白

六月乙未

七赤	三碧	五黄
六白	八白	一白
二黑	四绿	九紫

七月丙申

六白	二黑	四绿
五黄	七赤	九紫
一白	三碧	八白

八月丁酉

五黄	一白	三碧
四绿	六白	八白
九紫	二黑	七赤

九月戊戌

四绿	九紫	二黑
三碧	五黄	七赤
八白	一白	六白

十月己亥

三碧	八白	一白
二黑	四绿	六白
七赤	九紫	五黄

十一月庚子

二黑	七赤	九紫
一白	三碧	五黄
六白	八白	四绿

十二月辛丑

图 1　九方色图

办法是怎么得来的。我是这样得出来的：

九宫纪月,9 个月 1 轮回。1 年 12 个月。9 与 12 的最小公倍数是 36,也就是说,3 年之后周而复始(见九宫纪月轮回简表)。据 P.3403, 正月五黄是戌年,那么每年正月的"月起九宫"的十二支则是这样(如下表),我们随便拿上一份历日就能得知:凡正月"月起五宫",就只能是戌、丑、辰、未年;凡正月"月起二宫",就只能是亥、寅、巳、申年;凡正月"月起八宫",就只能是子、卯、午、酉年。

五黄	戌	丑	辰	未
二黑	亥	寅	巳	申
八白	子	卯	午	酉

如:有一份历日,正月建丙寅,"甲、己之年丙作首",年天干应是甲或己,而正月九宫为五黄(五宫),那么配以戌、丑、辰、未,得出这一年只能是甲戌、甲辰、己丑、己未。不过,60 年内查这样 4 个年代,从陷蕃到曹延禄亡(786—1002)也得查 15 个年代,与上述第一种方法的效率差不多。

年九宫的排列,据现存残历排比的结果,也是九紫、八白、七赤……倒行的。至于年九宫的推算,也有几种方法:

一种是用六十甲子与九宫(见图 2)的关系即 9 与 60 的最小公倍数 180 年来排列,如表 3,每宫得 20 个近似年代,然后再对照《朔闰表》。

一种是用九宫与六十甲子的关系,也是 9 与 60 的最小公倍数 180 年 1 轮回排的结果,归纳为表 4。薮内清先生用的方法与此大同小异,但不如我的方便易查。可是,这种办法,首先要推测残历是属于上元甲子、中元甲子还是下元甲子,极为不便。

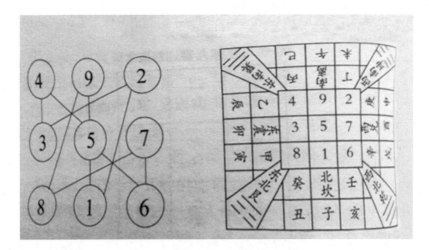

图 2　九宫图

九宫纪月轮回简表

月序	正月	二月	三月	四月	五月	六月	七月	八月	九月	十月	十一月	十二月
第一年九宫	五黄	四绿	三碧	二黑	一白	九紫	八白	七赤	六白	五黄	四绿	三碧
第二年九宫	二黑	一白	九紫	八白	七赤	六白	五黄	四绿	三碧	二黑	一白	九紫
第三年九宫	八白	七赤	六白	五黄	四绿	三碧	二黑	一白	九紫	八白	七赤	六白

第三种办法，也是最简便的办法：取九宫与十二支排列的办法，即 9 与 12 的最小公倍数，如下表：

九紫	八白	七赤	六白	五黄	四绿	三碧	二黑	一白
辰	巳	午	未	申	酉	戌	亥	子
丑	寅	卯	辰	巳	午	未	申	酉
戌	亥	子	丑	寅	卯	辰	巳	午
未	申	酉	戌	亥	子	丑	寅	卯

九紫辰，八白巳，这是现存敦煌历为我们提供的排列依据。这样排列的结果，又可归纳为：

九紫、六白、三碧	辰、丑、戌、未
八白、五黄、二黑	巳、寅、亥、申
七赤、四绿、一白	午、卯、子、酉

如 S.0095"年起九宫"，得辰、丑、戌、未；"正月建庚寅"根据"丙辛之年庚次第"，不是丙年就是辛年。年天干与年九宫相配，得丙辰、丙戌、辛丑、辛未，再以残历的朔日干支对照《朔闰表》。结果是显德三年丙戌岁。

4. 蜜日注是检验年代推断是否准确的标尺。"蜜"是七曜之一。S.2404 有《推七曜直用日吉凶法》：

第一蜜，太阳直日，宜见官、出行、捉走失，吉事重吉，凶事重凶。第二莫，太阴直日，宜纳财、治病、修井灶门户，吉；忌见官，凶。第三云汉，火直日，宜买六畜、治病、合伙、造书契、市买、吉；忌针灸，凶。第四嘀，水直日，宜入学、造功德，一切功巧皆成，人畜走失自来，吉。第五温没斯，木直日，宜见官、礼事、买庄宅、下文状、洗头，吉。第六郍颉，金直日，宜受法见官、市口马、着新衣、修门户，吉。第七鸡缓，土直日，宜典庄田牛马，利加万倍及修治仓库，吉。

很明显，敦煌历中加进七曜，与问卜吉凶有关。[1]但是，七曜吉凶只写在序言里，至于日历部分则只是每隔六天注一"蜜"字，有朱书，有墨书。在考定历日残卷所属的年代上，与蜜日注的关系很大，这是

---

[1]王重民先生在《敦煌本历日之研究》一文中，对七曜历与敦煌历的关系作了专门论述，请见《东方杂志》第 34 卷第 9 号。

制历者始料不及的。仅举一例：

P.2591 残历，存四月十二日至六月一日，其朔日干支为：四月大，癸卯朔；六月大，癸酉朔；五月小，壬寅朔；七月（？），壬申朔。正月建丙寅，九宫为五宫。如果不检验蜜日注，则中原历贞元六年（790）与此历完全吻合，连九宫、建寅也吻合。但如果检验蜜日注，则五月廿九日辛丑为蜜日，合公历 790 年 7 月 1 日，此日不是蜜日，而天福九年（944）则建寅、九宫、蜜日全合，只是朔日干支敦煌历迟一天，这才是正常现象。

为什么蜜日合才是最准确的呢？因为我们据以考定年代的几种方法，"正月建寅法"5 年一轮回，相同的可能性最多；"月起九宫法"15 年一轮回，比"正月建寅法"的可靠程度大了三倍；推算蜜日法，依据的是陈垣先生的《二十史朔闰表》和《附日曜表》，此法 28 年一轮回，比九宫法又几乎大了一倍，在其他二法吻合的基础上，再证以蜜日法，就更准确无误了。

5. 每一件历日残卷的具体年代。主要有：

1. 在敦煌遗书中，目前能搜集到的有绝对年代的历日共有 8 件。为资料完整计，将其列表比较于后（表 5—表 12），必要的说明放在备注栏内，以节省篇幅。凡根据残历提供的条件推算出来的月建大小和朔日干支，写在（ ）内，以示区别。

2. 凡由推算而定年代的残历，按年代先后排列，先说推算的依据，然后列表比较。

P.3900 残历，藤枝晃先生没有著录。此件两面书写，背为"书札笺表仪式"。由于纸质很薄，背面的字都能看得见，缩微胶卷的效果更不好，两面搅扰，哪一面也看不清楚。历日保存了四月十一日至六月六日部分，无月建，无年九宫、月九宫，更无蜜日注。唯一的办法就是拿残历所提供的朔日干支与《朔闰表》一年一年地对照。残历此年闰四月，按常规，中原历应该是闰三月或闰四月（当然也不能排除闰五月的可能

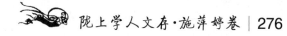

性),两历不是同月闰就是前后月闰。对照的结果,应是唐元和四年(809)己丑岁具注历日,再考以其他方面,可以肯定它准确无误,因为:

第一,残历所提供的朔日干支与元和四年近似。

第二,该年中原历闰三月,敦煌历闰四月,符合常规。

第三,S.6515《妙法莲华经》卷七尾题"丑年闰四月……写了",说明某一个"丑年"敦煌历闰四月。如上所述,敦煌历的置闰与中原不是同月就是前后月,那么我们就可以参照《朔闰表》来考证,结果是665年(乙丑)闰三月,809年(己丑)闰三月,893年(癸丑)闰五月,而665、893年的朔日干支全对不上,只能是元和四年(809)。

第四,北图周字53号题曰"维岁次己丑正月己卯朔……"①经检索《朔闰表》,己丑年正月己卯朔,敦煌历只能是元和四年。"正月己卯朔",残历又告诉我们,从"四月戊申朔",就可以推算出来,二月只能是己酉朔,三月是戊寅朔。完全正确,与残历的吻合真是天衣无缝(表13)。

P.2583残历日,无月建,无九宫,无蜜日注,藤枝晃先生推算为821年具注历日(唐长庆元年辛丑岁),与《朔闰表》合。另外,我核对了岁位吉凶项内的内容,它与P.2765"甲寅年历日"相同,是吐蕃统治时期的历日(表14)。

P.2765残历,有头无尾,题曰"甲寅年历日"。残卷前有藏文四行多。残历的背面为愿文数件,其中《大蕃敕尚书令赐大瑟瑟告身尚起律心儿圣光寺功德颂》下题"大蕃右敦煌郡布衣窦□撰"。虽两面同为吐蕃时物,但哪面在前尚待研究。

历日前面有序,很特殊,前面已引(在"敦煌历日的内容"项下)。日历部分,只有月建大小,无九宫。王重民先生在《敦煌本历日之研

---

①许国霖:《敦煌杂录》,上海商务印书馆,1937年,第109页。

究》中说："甲寅年历日，不著撰人。凡三百五十五日。存正月一日至四月七日。按：此历日不著年号，后周显德元年为甲寅（954），其前一甲寅为乾宁元年（894），后一甲寅为大中祥符七年（1014），敦煌石室所出，无 1002 年以后的史料，则非后一甲寅，故暂定为显德元年（954）历日"。此乃所谓"智者千虑，必有一失"。其失误之因有二：一是没有想到再往前推一甲寅，二是没有对照一下朔日干支。其实，此历日虽四月七日以后缺失，但前面有全年的月建大小，因而能够推知全年的朔日干支。王重民先生所指出的几个"甲寅"与残卷都对不上号。从莫高窟建窟的 366 年起到瓜沙曹氏亡，只有唐大和八年（834）的甲寅才能与残历合。藤枝晃先生推定为 834 年是对的，但没有指出残历的矛盾。不仅如此，而且还说："虽然由于纸的上端已残而无法断言，但也没有'蜜日'记注的样子。"①这也是"智者千虑，必有一失"。按：历日的正月一日之下，注有"嘀"字，清清楚楚。这就等于说，今年嘀日受岁。我们知道，"嘀"就是"七曜日"中的第四曜。那么，正月一日壬子嘀，正月五日丙辰就应该是"蜜"。所以说，此残历以另一种方式注了"蜜日"。现在的问题是：834 年正月五日丙辰等于 834 年 2 月 16 日，此日不是"蜜日"。其他几个"甲寅"年连朔日干支都对不上，有的正月恰好连"丙辰日"都没有，更不会有"蜜合"了。因此，既然年代推断是准确无误的，那就只能是制历者的失误或抄写者的失误了（表 15）。

S.1439-2 残历，无头无尾，正月一日至十三日的下部残缺。历日存正月初一到五月廿四日。据历日本身提供的条件，此件应为唐大中十二年（858）戊寅岁具注历日，其依据是：

第一，原件有"正月大建甲寅"，不是戊年就是癸年（口诀："戊癸既从中位起，正月须向甲寅求"）。

---

① 凡藤枝晃先生的推算，均请看《敦煌历日谱》一文。

第二,残历提供的朔日干支,只有大中十二年的"戊寅"年基本相合。

第三,原卷有三月七日己巳为"蜜"日的记注,合 858 年 4 月 24 日,是日正好是"蜜日"(表 16)。

此件藤枝晃先生也推定为 858 年,但他没有说任何依据。

P.3284v 残卷,藤枝晃先生未著录。历日存正月至五月廿一日。另一面是书仪,有什么"寒食相迎状""给妻子书"等多种。从字体来看,两面为同一人抄写。历日无九宫,只有月建,蜜日注于天头,但二月以后不再注出。经推算查对,只能是唐咸通五年(864)甲申岁具注历日,其依据是:

第一, 正月建丙寅,"甲己之年丙作首", 不是甲年就是己年,而"甲己之年"当中只有咸通五年甲申岁的朔日干支与此件合。

第二,S.6349《易三备》卷二有"于时岁次甲申六月丙辰(朔)十九日甲戌申时写讫"的题记一行,而"甲申"年"六月丙辰朔"也只能是咸通五年(864)。

第三, 残历虽然只提供了正月到五月的朔日干支, 但如往下推算,"六月丙辰朔"完全合理, 又是一个"天衣无缝"(表 17)。

敦煌历,每月的朔日干支与中原历完全吻合者,从有纪年的 8 份历日来看,根本没有。P.3284v 历残存的几个月与中原历完全相同。咸通年间,唐朝与敦煌往来频繁,我们估计,这一年敦煌使用的是中原历。

又,按 P.3284v 历记载,正月四日辛卯为蜜日,不合,应该是正月三日庚寅为蜜日。我估计是抄错了,因为:正月"十日丁酉"的上面也注了一个"蜜"字,又涂掉,但恰恰此日是蜜日。二月以后不再注蜜日,可能与抄历者当时就发现错误有关了。

P.3492 残卷,藤枝晃先生未著录。此卷两面书写。从残存情况看,《诸杂推五姓阴阳等宅图经_____》是第一次书写,此是正式的卷子,前面还留有"褾",历日就利用这一段空白纸;背面的"相书"是第二次书写的，原计划还应有插图，留下了图的标题而未画图；历日是第三次书写的，完全是利用空白纸，能抄多少算多少，十一月份未抄完，只好抄到背面原"相书"留下画图的地方，因而其格式杂乱无章。

历日分上下两栏书写，上栏从九月七日始，下栏从十月三日始；十一月份又分成两栏，十六日以后写在另一面。历日无九宫，无蜜日注，只有"十一月小建甲子"及推算出来的九、十、十一、十二月等四个月的朔日干支。十一月建"甲子"，正月就是建"甲寅"，此年不是戊年就是癸年。经与《朔闰表》对照，有两个年代与残历合：一是开元二十六年戊寅岁（738），朔日干支全合，但从书法上看，它怎么也到不了"开天盛世"；一是晚唐光启四年戊申岁（888），我认为应以后者为是（表18）。

罗振玉藏历日断片第三（简称罗3，藤枝晃先生编号，下同），只存五行半，侥幸的是，最前面残存了三月至闰九月的月建大小，因而能知十个月的朔日干支。又，由原卷的"二月大建己卯"，知是年正月建戊寅（"乙、庚之岁戊为头"），而乙、庚之岁与此历朔日干支相合者，只有唐大顺元年（890）庚戌岁，舍此莫属。此件与藤枝晃先生所推相同，故而从略（表19）。

P.4983残历，藤枝晃先生未著录。此件有尾无头，尾题"王文君书"，字迹与历日同。另有两行字，字迹与王文君之书迹不一，应是另一人所写。历日存十一月廿九日至十二月底，只有月建而无九宫，无蜜日注，但在日期的上边，每隔六天就有一小块颜色。原卷有"十二月大建癸丑"，知是年正月建"壬寅"（"丁、壬还作顺行流"），丁年或壬年。经查《朔闰表》，应是唐景福元年（892）壬子岁具注历日。又，如果日期上每隔六天就有块颜色是代表"蜜"的话（看不到原卷，只能如此说），正好与此年的蜜日吻合（表20）。

P.4996+3476残历，藤枝晃先生推算为893年（景福二年癸丑岁），无误。不过，他没有详述理由，我再作补充：

第一，由"五月大建戊午"而知是年正月建"甲寅"（"戊癸既从中位起，正月须向甲寅求"），不是戊年就是癸年。

第二，残历是年闰六月，中原历也应是前后月置闰，而戊年癸年闰五月或六月的只有景福二年（893）才合。

第三，原卷九月廿八日甲午和十月十九日乙卯上面的"蜜"字隐约可见，分别为893年的十一月十一日和十二月二日，两日均为蜜日，与残历合（表21）。

P.5548残历，藤枝晃先生未著录。此卷前、后、中间均残缺，开头部分上下也残缺。历日分上下两栏抄写，上栏为单月，下栏为双月。由于原卷太残，这里不得不费一点笔墨：

由上栏第27行"五月小建壬午"而可知残历起于三月四日，此日干支为壬戌，从而得知三月己未朔。三月的最后一天存"丁亥土危"，可知为廿九日，是月小建。

下栏的四月甚残，由五月戊午朔而知四月的最后一天为"丁巳"，又由残存的"十三日庚子"而得知四月戊子朔，从戊子到丁巳共30天，是月为大建。

由五月小建戊午朔而得知六月丁亥朔，残卷存"卅日丙辰"，知是月大建。

由"七月大建甲申"知是年正月建戊寅（"乙、庚之岁戊为头"），不是乙年就是庚年。据残历提供的条件，对照《朔闰表》，此件应是唐乾宁二年（895）乙卯岁具注历日。这一年，除了朔日干支比较接近而外，起决定作用的是蜜日注：残历保存了八月六日壬辰和十三日己亥两个比较清楚的蜜日注，这两日分别为895年8月31日和9月7日，恰好是蜜日，与残历合（表22）。

P.3248残历，无头无尾，双栏书写，上栏为单月，下栏为双月。历日存：三、四两月均起于六日，七、八两月均止于十日。有月建，也有"蜜"日用红色注于天头，只是无九宫。

此历藤枝晃先生也是推定为 897 年，即唐乾宁四年丁巳岁，我把依据补充如下：

第一，据原卷"五月大建丙午"而知是年正月建"壬寅"（"丁、壬还作顺行流"），不是丁年就是壬年。

第二，残历所提供的朔日干支与乾宁四年丁巳岁全合。

第三，前述罗振玉藏、他自己错定为淳化元年（990）的残历，也应是乾宁四年（897）历，该历也是三月丙子朔，四月丙午朔，完全一样（我未能收集到此历的照片，不知蜜日情况如何）。

第四，蜜日合，原卷六月份的七、十四、廿一、廿八日上面的"蜜"日注看得很清楚。六月七日辛亥合 897 年 7 月 10 日，是日为蜜日，以下全合（表 23）。

P.2506v 残历，藤枝晃先生未著录。此件历日虽作通栏书写，但内容简单，只有日期、干支、五行、建除、月相、二十四气、简单的吉凶项目。历日存正月一日至二月十八日。推算年代的依据只有月建一项：原卷有"正月小建戊寅"（"乙、庚之岁戊为头"）。查遍《朔闰表》，乙、庚之岁只有唐天祐二年（905）乙丑岁比较接近。就这样，正月的朔日干支与中原历要差两天。后从 S.5747 的记载上得到启发，才作最后肯定。该卷首题："天复五年岁次乙丑正月壬□朔……"（天复四年中原已改为天祐，敦煌仍沿用天复年号。天复五年当为天祐二年）。藤枝晃先生推定为"壬戌"，这是对的，因为联系天复五年（905）正月前后月的朔日干支，它只能是"壬戌"，恰好 P.2506v 正月是"壬戌"朔，互相印证，应为可靠（表 24）。

S.2404 残历，原来应该是同光二年（924）甲申岁具注历日的标准本，有历学家翟奉达题名的历日自此始。

　　此件藤枝晃先生已收入,年代推断也准确,叙述也很详细,但有一点错误需要改正,有一点遗漏需要补充:

　　原卷在正月"一日辛丑土开"上面注有一字,字迹模糊,藤枝晃认为是"蜜"字,而且说是与《朔闰表》合。如果真是"蜜"字,那么制历者翟奉达搞错了,因为他在序言中说:"今年莫日受岁"。如果是个"莫"字,那么翟奉达是对的,反而藤枝晃先生搞错了。按《七曜历》:第一蜜,第二莫,第三云汉……莫日之前才是蜜日。一日辛丑为莫,前一日庚子才是蜜。中原历是年正月为"一日庚子",合当年的 2 月 8 日,正好是日曜日,即蜜日。

　　原卷有年九宫、月九宫,序言中还说:"九宫之中,年起五宫,月起四宫,日起二宫。"按序言,应是年五黄、月四绿、日二黑,他也是这样画图的。经检验,年起五宫没有错(924 年应该是年起五宫),月起四宫就错了。如前所述,正月的九宫只能是八、五、二。我估计,可能是月起二宫、日起四宫搞颠倒了,这才成了"月起四宫,日起二宫"。正月建丙寅、起二宫,正好是同光二年(924)。藤枝晃先生撇开年九宫、月九宫不谈,不知何意。

　　此残历的日历部分只剩 4 天,幸而前面有全年的月建大小,因而可以得知全年的朔日干支(表25)。

　　S.0276 残历,藤枝晃先生作了收录,但他只说了一些卷子本身的情况,至于年代推断,他采用的是薮内清先生的现成材料,即后唐长兴四年癸巳岁(933)。

　　薮内清先生推算年代,利用了纪月干支,利用了月九宫(他叫"月的三元九星"),最终还是依靠了《朔闰表》。由于他自己在文章的一开头就说过,依据已出版的朔闰表和历书残卷进行对照,这种方法即使是不具备历法知识的人也能进行,所以这时候他"自设宾主"式地写道:"这种变戏法的秘密一揭开,有人就会说,一开始就和《朔闰表》对照的方法不是早就不用了吗？不知道这是被批评的方法吗？其实，这里叙述的方法，对四者择一的暖昧程度来说，好歹是不可动摇的决定性的根据，这一点是事先就懂得的。"其实，《朔闰表》是必不可少的工具。

按我的方法，用朔日干支、正月建甲寅、月起二宫（二黑）这三个条件，查表 2 所提供的年代，对照《朔闰表》，很快就得出 933 年的结论。

又，薮内清先生不检验蜜日，可靠性就要差一成。其实，此残卷的六月五日以后，每隔六天注一"蜜"字，至今可见。六月"五日庚戌"即公历当年的 6 月 30 日，是日为蜜日，全合（表 26）。

罗振玉收藏历日断片第二（罗2），各家推算均为后晋天福四年（939）己亥岁具注历日，藤枝晃先生已有论述，这里只列表比较（表 27），不再赘述。

P.2591 残历，藤枝晃先生已著录，年代推算为后晋天福九年（944）甲辰岁，且有详述。推算无误，此不赘述，只列表比较（表 28），以增科学资料。

S.0681-2 残历，藤枝晃先生已据薮内清的年代推算而著录，并加入了残历本身提供的三月至八月朔日干支。薮内清依据月建、月九宫、年九宫，用他的方法推算出的年代（945），结论是正确的。但是，两位先生都没有核以蜜日注。按残历正月"二日己亥"上面注有"蜜"字，是日合 945 年 2 月 16 日，正好是蜜日（表 29）。

S.3824-3 残历，前面已经提到，藤枝晃先生没有考虑别的条件，仅据"乾夫三年"几个字定为"乾符三年"（876）。乾符三年肯定是错的（前已述），那么，应属哪一年呢？朔日干支相近的有唐元和十四年（819）和宋开宝二年（969）两个年代。在所有条件都相同的情况下，我根据书法定为宋开宝二年。

敦煌历日，经常给人以这份和那份同出一人之手的感觉。事实上，现在能肯定的书写者只有王文君、翟文进二人，所以有上述感觉，主要是因为历日上的一些常用字,几乎代代相因,如:丑、寅、卯、辰、辛、【庋】、戊、戌、【閂】(闭)。但是,有的字又时代性很强,如:岁字,晚唐(包括晚唐)以前多作歲,五代以后多作歲,一个是"山"字头,一个是"止"字头;危字,晚唐以前同今字,晚唐以后作【厃】,写得潦草一点,几成"范"字。S.3824-3 中的危字,多作"【⺈】"头,成"范"字。因此,我把它定为宋开宝二年(969)己巳岁(表 30)。

P.2705 残历,藤枝晃先生根据月建、九宫、蜜日,定为宋端拱二年(989)己丑岁具注历日,推算无误。他述之甚详,我从略,仅列表备之(表 31)。

6. 几个残卷的交代。主要有:

S.0560、3985 只是历日题签,日历无存,且都有年代,也没有其他意义。

S.5919 只存"人神在腰"等,虽是历日残片,但无法推算。

P.3434,《敦煌遗书总目索引》的"说明"作"背有日历及大顺四年记事"。其实,日历不能作数,是信手随写之物;"大顺四年记事"也说不上是"记事",也是随手乱画之字迹而已。

P.5024,《总目索引》作"历日(残片五)",其中:A 只有"丙午年正月十八日" 8 字,不是历日;B 为"鹢鸟十二月……"是《推十二禽兽法》(见 S.612-2),不是历日;C 存历日 4 天,没有任何意义,更无法推算;D 只存"二月中"3 字,是历日"春分二月中"这一节气注的残片;E 存"水执大寒十""水收",是某年十二月当中两天的五行、建除及节气注。总之,作为历日,五个残片都没有任何意义。

四　敦煌历日中的错误

敦煌历日,严格说来,我至今还没有读懂。有的内容,我根本没有下过功夫,如吉凶;有的内容,我没有找出排列的规律,如五行。几年来，我只把如何推算残历的年代作为业余研究的课题在探讨。当我弄通一些规律以后，就发现敦煌历当中，错误不少，即使经过当时人校勘的，也存在不少错误。仅我所知，有以下几方面：

1. 六十甲子纳音，沈括《梦溪笔谈》有专门记载（据《汉书·律历志》），敦煌历日的标题之下，有"干木支火纳音水"一类的记载，拿汉志去验证（也就是按沈括所说的来推算），对不上。把敦煌历上所有这一项目排列起来一看，原来的制历者也许不熟悉六十甲子纳音（易学上的术语叫纳甲），矛盾百出。

2. 历日序言中有什么"太岁在 x"，"岁德在 x"，"合德在 x"，这本来也可以用来推定年代，但同是"壬午"年，P.3555 贞明八年（922）作"岁德在壬，合德在丁"，S.1473 太平兴国七年（982）却作"岁德在丁，合德在壬"。按：岁德合应是"甲巳之年在巳，乙庚之年在乙，丙辛之年在辛，丁壬之年在壬，戊癸之年在癸"。

3. 蜜日注有误。蜜日合往往是年代推算的"敲定"条件，它一错，实在害人不浅，幸而现存敦煌历中只有两件有错，又恰好这两件有其他"非此莫属"的别的条件，才没有引起麻烦。具体情况前已叙述，此处不赘。

4. 月九宫排错，已如前述。

5. 错得最多，甚至是件件皆有错的是建除十二直日法。文学史上有一种诗体（杂体诗）叫建除体。建除十二辰何时用于历日的编制，有待于以后考证，但肯定早于建除诗。

建除指：建、除、满、平、定、执、破、危、成、收、开、闭十二个字。十二辰就是子、丑、寅、卯等。把建除配以十二辰，就叫建除十二辰。《淮南子·天文训》中说："寅为建，卯为除，辰为满，巳为平，主生；午为定，未为执，主陷；申为破，主衡；酉为危，主杓；戌为成，主少德；亥为收，主大德；子为开，主太岁；丑为闭，主太阴。"《史记·日者列传》有"建除家以为不吉"，不但说明"建""除"等是表示吉凶的，而且说明以此卜吉凶者称之为"建除家"。

建除十二辰用于历日，不是一成不变的，不是简单的"寅为建，卯为除……"如果是那样，历日注就不会注错。我从历日残卷的排比中，隐隐约约看到似乎和月建是一致的，即正月寅，二月卯……列表则为：

建除 十二辰 月序	建	除	满	平	定	执	破	危	成	收	开	闭
正月	寅	卯	辰	巳	午	未	申	酉	戌	亥	子	丑
二月	卯	辰	巳	午	未	申	酉	戌	亥	子	丑	寅
三月	辰	巳	午	未	申	酉	戌	亥	子	丑	寅	卯
四月	巳	午	未	申	酉	戌	亥	子	丑	寅	卯	辰
五月	午	未	申	酉	戌	亥	子	丑	寅	卯	辰	巳
六月	未	申	酉	戌	亥	子	丑	寅	卯	辰	巳	午
七月	申	酉	戌	亥	子	丑	寅	卯	辰	巳	午	未
八月	酉	戌	亥	子	丑	寅	卯	辰	巳	午	未	申
九月	戌	亥	子	丑	寅	卯	辰	巳	午	未	申	酉
十月	亥	子	丑	寅	卯	辰	巳	午	未	申	酉	戌
十一月	子	丑	寅	卯	辰	巳	午	未	申	酉	戌	亥
十二月	丑	寅	卯	辰	巳	午	未	申	酉	戌	亥	子

但是,如果以此来检验历日,只有正月建寅多数没错,极少数的是每月的开头几天没错,写着写着就错了。这样,我也就不敢肯定我的想法了。后来看《小学绀珠》引《汉书·王莽传》"以戊辰直定"(原注:于建除之次,其日当定),"十一月壬子直建,冬至"(师古注曰:"壬子之日冬至,而其日当建"),豁然开朗,用以对照我所列的表,完全正确。①敦煌历日建除的错误最多,可能是制历者没有弄清建除直日法,只知挨着往下排列而致误。这一点,我也是从他们的错误中得出的结论。

敦煌历日的考证,对于行家来说,可能不是什么学问,但对我来说,几年来实在是备尝了治学的艰辛和甘甜。现在,有些项目我可以给残历补缺,有了一点"自由"了。

1983 年 7 月 6 日初稿于敦煌

---

①文中有关建除的引文,均转引自《小学绀珠》卷一。

表1

月序\干支建寅	正月	二月	三月	四月	五月	六月	七月	八月	九月	十月	十一月	十二月
丙寅	丙寅	丁卯	戊辰	己巳	庚午	辛未	壬申	癸酉	甲戌	乙亥	丙子	丁丑
戊寅	戊寅	己卯	庚辰	辛巳	壬午	癸未	甲申	乙酉	丙戌	丁亥	戊子	己丑
庚寅	庚寅	辛卯	壬辰	癸巳	甲午	乙未	丙申	丁酉	戊戌	己亥	庚子	辛丑
壬寅	壬寅	癸卯	甲辰	乙巳	丙午	丁未	戊申	己酉	庚戌	辛亥	壬子	癸丑
甲寅	甲寅	乙卯	丙辰	丁巳	戊午	己未	庚申	辛酉	壬戌	癸亥	甲子	乙丑

表 2　从敦煌历正月建寅和月起九宫推算公元年代表

建寅　九宫　公元

丙寅			戊寅			庚寅			壬寅			甲寅		
八白	二黑	五黄	五黄	八白	二黑	二黑	五黄	八白	八白	二黑	五黄	五黄	八白	二黑
								781			782			783
784	789	794	785	790	795	786	791	796	787	792	797	788	793	798
799	804	809	800	805	810	801	806	811	802	807	812	803	808	813
814	819	824	815	820	825	816	821	826	817	822	827	818	823	828
829	834	839	830	835	840	831	836	841	832	837	842	833	838	843
844	849	854	845	850	855	846	851	856	847	852	857	848	853	858
859	864	869	860	865	870	861	866	871	862	867	872	863	868	873
874	879	884	875	880	885	876	881	886	877	882	887	878	883	888
889	894	899	890	895	900	891	896	901	892	897	902	893	898	903
904	909	914	905	910	915	906	911	916	907	912	917	908	913	918
919	924	929	920	925	930	921	926	931	922	927	932	923	928	933
934	939	944	935	940	945	936	941	946	937	942	947	938	943	948
949	954	959	950	955	960	951	956	961	952	957	962	953	958	963
964	969	974	965	970	975	966	971	976	967	972	977	968	973	978
979	984	989	980	985	990	981	986	991	982	987	992	983	988	993
994	999		995	1000		996	1001		997	1002		998		

备注:1.时间从敦煌陷蕃(781)到1002年曹延禄。 2.此表经有绝对年代的历日验对,完全无误。

表 3　六十甲子推年九宫表

九紫	八白	七赤	六白	五黄	四绿	三碧	二黑	一白
丁未	戊申	己酉	庚戌	辛亥	壬子	癸丑	甲寅	乙卯
戊戌	己亥	庚子	辛丑	壬寅	癸卯	甲辰	乙巳	丙午
己丑	庚寅	辛卯	壬辰	癸巳	甲午	乙未	丙申	丁酉
庚辰	辛巳	壬午	癸未	甲申	乙酉	丙戌	丁亥	戊子
辛未	壬申	癸酉	甲戌	乙亥	丙子	丁丑	戊寅	己卯
壬戌	癸亥	甲子	乙丑	丙寅	丁卯	戊辰	己巳	庚午
癸丑	甲寅	乙卯	丙辰	丁巳	戊午	己未	庚申	辛酉
甲辰	乙巳	丙午	丁未	戊申	己酉	庚戌	辛亥	壬子
乙未	丙申	丁酉	戊戌	己亥	庚子	辛丑	壬寅	癸卯
丙戌	丁亥	戊子	己丑	庚寅	辛卯	壬辰	癸巳	甲午
丁丑	戊寅	己卯	庚辰	辛巳	壬午	癸未	甲申	乙酉
戊辰	己巳	庚午	辛未	壬申	癸酉	甲戌	乙亥	丙子
己未	庚申	辛酉	壬戌	癸亥	甲子	乙丑	丙寅	丁卯
庚戌	辛亥	壬子	癸丑	甲寅	乙卯	丙辰	丁巳	戊午
辛丑	壬寅	癸卯	甲辰	乙巳	丙午	丁未	戊申	己酉
壬辰	癸巳	甲午	乙未	丙申	丁酉	戊戌	己亥	庚子
癸未	甲申	乙酉	丙戌	丁亥	戊子	己丑	庚寅	辛卯
甲戌	乙亥	丙子	丁丑	戊寅	己卯	庚辰	辛巳	壬午
乙丑	丙寅	丁卯	戊辰	己巳	庚午	辛未	壬申	癸酉
丙辰	丁巳	戊午	己未	庚申	辛酉	壬戌	癸亥	甲子

表 4

	一白	九紫	八白	七赤	六白	五黄	四绿	三碧	二黑
上元甲子	一白	九紫	八白	七赤	六白	五黄	四绿	三碧	二黑
中元甲子	四绿	三碧	二黑	一白	九紫	八白	七赤	六白	五黄
下元甲子	七赤	六白	五黄	四绿	三碧	二黑	一白	九紫	八白
相应的纪年干支	甲子	乙丑	丙寅	丁卯	戊辰	己巳	庚午	辛未	壬申
	癸酉	甲戌	乙亥	丙子	丁丑	戊寅	己卯	庚辰	辛巳
	壬午	癸未	甲申	乙酉	丙戌	丁亥	戊子	己丑	庚寅
	辛卯	壬辰	癸巳	甲午	乙未	丙申	丁酉	戊戌	己亥
	庚子	辛丑	壬寅	癸卯	甲辰	乙巳	丙午	丁未	戊申
	己酉	庚戌	辛亥	壬子	癸丑	甲寅	乙卯	丙辰	丁巳
	戊午	己未	庚申	辛酉	壬戌	癸亥			

表 5　P.3555《梁贞明八年(922)壬午岁具注历日》比较表

月序	中原历		敦煌历		二历相差天数	备注
	月建大小	朔日干支	月建大小	朔日干支		
正月	大	壬午	小	壬午		①此件下半截残,五月廿六日以后全缺。②蜜日合。③贞明只七年,八年实为龙德二年。④括弧内的字,依残历提供的条件而推算所得。下同。
二月	小	壬子	(大)	(辛亥)	敦早1	
三月	大	辛巳	大	辛巳		
四月	小	辛亥	(小)	辛亥		
五月	大	庚辰	大	庚辰		
六月	小	庚戌	小	(庚戌)		
七月	小	已卯		(已卯)		
八月						
九月						
十月						
十一月						
十二月						

表6 P.3247《同光四年(926)丙戌岁具注历日》比较表

月序	中原历		敦煌历		二历相差天数	备注
	月建大小	朔日干支	月建大小	朔日干支		
正月	大	戊午	小	己丑	敦迟1	
一月			闰正月小	戊午		
二月	小	戊子	大	丁亥	敦早1	
三月	大	丁巳	小	丁巳		①中原历上年闰十二月。
四月	小	丁亥	大	丙戌	敦早1	②原卷只存正月至七、八两月的廿一日（因双栏书写）。
五月	大	丙辰	小	丙辰		③蜜日合。
六月	小	丙戌	小	乙酉	敦早1	
七月	大	乙卯	大	甲寅	敦早1	
八月	大	乙酉	小	甲申	敦早1	
九月	小	乙卯	大	（癸丑）	敦早2	
十月	大	甲申	大	（癸未）	敦早1	
十一月	大	甲寅	小	（癸丑）	敦早1	
十二月	小	甲申	大	（壬午）	敦早2	

表7　S.0095《显德三年(956)丙辰岁具注历日》比较表

月序	中原历		敦煌历		二历相差天数	备注
	月建大小	朔日干支	月建大小	朔日干支		
正月	小	乙未	小	甲午	敦早1	
二月	大	甲子	大	癸亥	敦早1	
三月	小	甲午	大	癸巳	敦早1	
四月	小	癸亥	小	癸亥		
五月	大	壬辰	大	壬辰		
六月	小	壬戌	小	壬戌		①此卷头尾俱全。②蜜日合。
七月	小	辛卯	大	辛卯		
八月	大	庚申	小	辛酉	敦迟1	
九月	大	庚寅	小	庚寅		
十月	小	庚申	大	己未	敦早1	
十一月	大	己丑	小	己丑		
十二月	大	己未	大	戊午	敦早1	

表 8 P.2623《显德六年(959)己未岁具注历日》比较表

月序	中原历		敦煌历		二历相差天数	备注
	月建大小	朔日干支	月建大小	朔日干支		
正月	小	丁未	大	丁未		
二月	大	丙子	小	(丁丑)	敦早1	
三月	大	丙午	大	(丙午)		
四月	小	丙子	小	(丙子)		
五月	大	乙巳	小	(乙巳)		①此卷有头无尾,历日保存正月一至三日。②来年正月两历同为"辛丑朔"。③蜜日合。
六月	小	乙亥	大	(甲戌)	敦早1	
七月	大	甲辰	小	(甲辰)		
八月	小	甲戌	大	(癸酉)	敦早1	
九月	大	癸卯	大	(癸卯)		
十月	小	癸酉	小	(癸酉)	敦早1	
十一月	大	壬寅	大	(壬寅)		
十二月	小	壬申	小	(壬申)	敦早1	

表9　S.6886v《太平兴国六年(981)辛巳岁具注历日》比较表

月序	中原历		敦煌历		二历相差天数	备注
	月建大小	朔日干支	月建大小	朔日干支		
正月	小	庚子	大	己亥	敦早1	
二月	小	己巳	小	己巳		
三月	大	戊戌	大	戊戌		
四月	小	戊辰	小	戊辰		①此卷头尾俱全。②原卷七月十九日以后纪日干支错了两天,原抄写者只把七月份的改了,八月以后的全部未改,此表均作了改正。
五月	小	丁酉	大	丁酉		
六月	大	丙寅	小	丁卯	敦迟1	
七月	小	丙申	大	丙申		
八月	大	乙丑	大	丙寅	敦早1	
九月	大	乙未	小	丙申	敦早1	
十月	大	乙丑	大	乙丑		
十一月	小	乙未	小	乙未		
十二月	大	甲子	小	甲子		

表 10　S.1473《太平兴国七年(982)壬午岁具注历日》比较表

月序	中原历		敦煌历		二历相差天数	备注
	月建大小	朔日干支	月建大小	朔日干支		
正月	大	甲午	大	癸巳	敦早1	
二月	大	甲子	小	癸亥	敦早1	
三月	小	癸巳	大	壬辰	敦早1	
四月	大	壬戌	小	壬戌		
五月	小	壬辰	大	辛卯	敦早1	
六月	小	辛酉	小	(辛酉)		①原卷只存正月到五月一日。②蜜日合。
七月	大	庚寅	小	(庚寅)		
八月	小	庚申	大	(己未)	敦早1	
九月	大	己丑	小	(己丑)		
十月	大	己未	大	(戊午)	敦早1	
十一月	小	己丑	大	(戊子)	敦早1	
十二月	大	戊午	小	(戊午)		

表 11　P.3403《雍熙三年(986)丙戌岁具注历日》比较表

月序	中原历		敦煌历		二历相差天数	备注
	月建大小	朔日干支	月建大小	朔日干支		
正月	大	庚午	小	庚午		
二月	小	庚子	大	己亥	敦早1	
三月	大	己巳	大	己巳		
四月	小	己亥	小	己亥		
五月	大	戊辰	小	戊辰		
六月	大	戊戌	大	丁酉	敦早1	①此卷头尾俱全。②两历来年正月同为"甲子朔"。③蜜日合。
七月	小	戊辰	大	丁卯	敦早1	
八月	小	丁酉	小	丁酉		
九月	大	丙寅	大	丙寅		
十月	小	丙申	小	丙申		
十一月	大	乙丑	小	乙丑		
十二月	小	乙未	大	甲午	敦早1	

表 12　P.3507《淳化四年(993)癸巳岁具注历日》比较表

月序	中原历		敦煌历		二历相差天数	备注
	月建大小	朔日干支	月建大小	朔日干支		
正月	小	庚寅	小	庚寅		
二月	大	己未	大	己未		
三月	大	己丑	小	己丑		
四月	小	己未	大	(戊午)	敦早1	
五月	大	戊子	大	(戊子)		
六月	小	戊午	小	(戊午)		①原卷只存正月到三月。
七月	小	丁亥	大	(丁亥)		②两历来年正月均为"甲寅朔"。
八月	大	丙辰	小	(丁巳)	敦迟1	③蜜日合。
九月	小	丙戌	大	(丙戌)		
十月	大	乙卯	大	(丙辰)	敦迟1	
	闰十月小	己酉	十一月小	(丙戌)	敦迟1	
	十一月大	甲寅	闰十一月大	(乙卯)	敦迟1	
十二月	大	甲申	小	(己酉)	敦迟1	

表 13　P.3900《唐元和四年(809)己丑岁具注历日》比较表

月序	中原历		敦煌历		二历相差天数	备注
	月建大小	朔日干支	月建大小	朔日干支		
正月	小	戊寅	（大）	（乙卯）	敦迟1	
二月	大	丁未	（小）	（己酉）	敦迟2	
三月	大	丁丑	（大）	（戊寅）	敦迟1	
	闰三月小	丁未	（四月小）	（戊申）	敦迟1	
	四月大	丙子	闰四月小	丁丑	敦迟1	
五月	小	丙午	大	丙午		①正月到三月的朔日干支据北图周字53号而得。
六月	大	乙亥	小	丙子	敦迟1	
七月	小	乙巳	（？）	（乙巳）		
八月	大	甲戌				
九月	小	甲辰				
十月	大	癸酉				
十一月	小	癸卯				
十二月	大	壬申				

表 14　P.2583《唐长庆元年(821)辛丑岁具注历日》比较表

月序	中原历		敦煌历		二历相差天数	备注
	月建大小	朔日干支	月建大小	朔日干支		
正月	大	戊戌				
二月	小	戊辰	(小)	戊辰		
三月	大	丁酉	大	丁酉		
四月	小	丁卯	小	丁卯		①原卷存二月廿八日至四月二日。②S.1686 有"大蕃岁次辛丑五月丙申朔"记载,与此残历合。
五月	小	丙申	(？)	(丙申)		
六月	大	乙丑				
七月	小	乙未				
八月	大	甲子				
九月	大	甲午				
十月	大	甲子				
十一月	小	甲午				
十二月	大	癸亥				

表15　P.2765《唐大和八年(834)甲寅岁具注历日》比较表

月序	中原历		敦煌历		二历相差天数	备注
	月建大小	朔日干支	月建大小	朔日干支		
正月	小	癸丑	大	壬子	敦早1	
二月	大	壬午	大	壬午		
三月	大	壬子	小	壬子		
四月	小	壬午	大	辛巳	敦早1	
五月	小	辛亥	小	(辛亥)		
六月	大	庚辰	大	(庚辰)		
七月	小	庚戌	小	(庚戌)		
八月	大	己卯	大	(己卯)		
九月	小	己酉	小	(己酉)		
十月	小	戊寅	大	(戊寅)		
十一月	大	丁未	小	(戊申)	敦迟1	
十二月	大	丁丑	大	(丁丑)		

表 16　S.1439-2《唐大中十二年(858)戊寅岁具注历日》比较表

月序	中原历		敦煌历		二历相差天数	备注
	月建大小	朔日干支	月建大小	朔日干支		
正月	大	甲午	大	甲午		
	二月小	甲子	闰正月小	甲子		
	闰二月大	癸巳	二月大	癸巳		
三月	小	癸亥	小	癸亥		
四月	小	壬辰	大	壬辰		
五月	大	辛酉	小	壬戌	敦迟 1	
六月	小	辛卯	(？)	(辛卯)		
七月	小	庚申		( )		
八月	大	己丑				
九月	大	己未				
十月	小	己丑				
十一月	大	戊午				
十二月	大	戊子				

表17 P.3284v《唐咸通五年(864)甲申岁具注历日》比较表

月序	中原历		敦煌历		二历相差天数	备注
	月建大小	朔日干支	月建大小	朔日干支		
正月	大	戊子	大	戊子	敦早1	
二月	小	戊午	小	戊午		
三月	大	丁亥	大	丁亥		
四月	小	丁巳	小	丁巳	敦早1	
五月	大	丙戌	(大)	(丙戌)		
六月	小	丙辰	(？)	(丙辰)		六月"丙辰"朔系依据S.6349所加。
七月	大	乙酉				
八月	大	乙卯				
九月	小	乙酉				
十月	大	甲寅				
十一月	大	甲申				
十二月	小	甲寅				

表 18　P.3492《唐光启四年(888)戊申岁具注历日》比较表

月序	中原历		敦煌历		二历相差天数	备注
	月建大小	朔日干支	月建大小	朔日干支		
正月	大	己亥				
二月	小	己巳				
三月	大	戊戌				
四月	小	戊辰				
五月	大	丁酉				
六月	小	丁卯				
七月	大	丙申				
八月	小	丙寅				
九月	大	乙未	(小)	(丙申)	敦迟1	
十月	小	乙丑	(大)	(乙丑)		
十一月	大	甲午	(小)	乙未	敦迟1	
十二月	小	甲子	(?)	(甲子)		

表19　罗3《唐大顺元年(890)庚戌岁具注历日》比较表

月序	中原历		敦煌历		二历相差天数	备注
	月建大小	朔日干支	月建大小	朔日干支		
正月	小	戊子				
二月	大	丁巳	大	丁巳		
三月	小	丁亥	小	(丁亥)		
四月	大	丙辰	大	(丙辰)		
五月	小	丙戌	小	(丙戌)		
六月	大	乙卯	大	(乙卯)		
七月	小	乙酉	大	(乙酉)		
八月	大	甲寅	小	(乙卯)	敦迟1	
九月	大	甲申	大	(甲申)		
	闰九月小	甲寅	闰九月小	(甲寅)		
十月	大	癸未	(？)	(癸未)		
十一月	小	癸丑				
十二月	大	壬午				

表 20　P.4983《唐景福元年(892)壬子岁具注历日》比较表

月序	中原历		敦煌历		二历相差天数	备注
	月建大小	朔日干支	月建大小	朔日干支		
正月	大	丙午				
二月	小	丙子				
三月	小	乙巳				
四月	大	甲戌				
五月	小	甲辰				
六月	大	癸酉				来年正月两历均为"辛丑"朔。
七月	小	癸卯				
八月	大	壬申				
九月	大	壬寅				
十月	小	壬申				
十一月	大	辛丑	小	壬寅	敦迟1	
十二月	大	辛未	大	辛未		

表 21   P.4996+3476《唐景福二年(893)癸丑岁具注历日》比较表

月序	中原历		敦煌历		二历相差天数	备注
	月建大小	朔日干支	月建大小	朔日干支		
正月	小	辛丑	(?)	(辛丑)		
二月	大	庚午				
三月	小	庚子				
四月	大	己巳	(大)	(己巳)		
五月	小	己亥	大	己亥		
	闰五月小	戊亥	六月小	己巳	敦迟1	据 P.4983 残历，推本年正月应为"辛丑"朔。
	六月大	丁酉	闰六月大	戊戌	敦迟1	
七月	小	丁卯	大	戊辰	敦迟1	
八月	大	丙申	小	戊戌	敦迟2	
九月	小	丙寅	大	丁卯	敦迟1	
十月	大	乙未	小	丁酉	敦迟2	
十一月	大	乙丑	大	丙寅	敦迟1	
十二月	大	乙未	小	丙申	敦迟1	

表 22　P.5548《唐乾宁二年(895)乙卯岁具注历日》比较表

月序	中原历		敦煌历		二历相差天数	备注
	月建大小	朔日干支	月建大小	朔日干支		
正月	大	乙未				
二月	小	己丑				
三月	大	戊午	(小)	(己未)	敦迟1	
四月	小	戊子	(大)	(戊子)		
五月	大	丁巳	小	戊午	敦迟1	
六月	小	丁亥	(大)	(丁亥)		中原历来年闰正月。
七月	小	丙辰	大	丁巳	敦迟1	
八月	小	乙酉	小	丁亥	敦迟2	
九月	大	甲寅	大	丙辰	敦迟2	
十月	小	庚申	小	丙戌	敦迟2	
十一月	大	癸丑		(乙卯)	敦迟2	
十二月	大	癸未				

表23 P.3248《唐乾宁四年丁巳岁(897)具注历日》比较表

月序	中原历		敦煌历		二历相差天数	备注
	月建大小	朔日干支	月建大小	朔日干支		
正月	小	丁丑	(小)	(戊寅)	敦迟1	
二月	大	丙午	(小)	(丁未)	敦迟1	
三月	大	丙子	(大)	(丙子)		
四月	小	丙午	(小)	(丙午)		
五月	大	乙亥	大	乙亥		
六月	小	乙巳	小	乙巳		一、二两月的朔日干支,据罗氏藏历日补。
七月	大	甲戌	大	甲戌		
八月	小	甲辰	小	甲辰		
九月	大	癸酉	(？)	(癸酉)		
十月	小	癸卯				
十一月	大	壬申				
十二月	小	壬寅				

表 24　P.2506v《唐天复五年(905)乙丑岁具注历日》比较表

月序	中原历		敦煌历		二历相差天数	备注
	月建大小	朔日干支	月建大小	朔日干支		
正月	大	庚申	小	壬戌	敦迟2	
二月	大	庚寅	大	辛卯	敦迟1	
三月	小	庚申	(？)	(辛酉)	敦迟1	
四月	大	己丑				
五月	小	己未				
六月	大	戊子				
七月	小	戊午			天复只四年,五年当为天祐二年。
八月	大	丁亥				
九月	小	丁巳				
十月	小	丙戌				
十一月	大	乙卯				
十二月	大	辛未				

表 25　S.2404《后唐同光二年(924)甲申岁具注历日》比较表

月序	中原历		敦煌历		二历相差天数	备注
	月建大小	朔日干支	月建大小	朔日干支		
正月	小	庚子	小	辛丑	敦迟1	
二月	大	己巳	大	(庚午)	敦迟1	
三月	大	己亥	小	(己未)	敦迟1	
四月	小	己巳	小	(己巳)		
五月	大	戊戌	大	(戊戌)		
六月	大	戊辰	小	(戊辰)		
七月	小	戊戌	大	(丁酉)	敦迟1	
八月	大	丁卯	小	(丁卯)		
九月	小	丁酉	大	(丙申)	敦迟1	
十月	小	丙寅	大	丙寅		
十一月	大	乙未	小	(丙申)	敦迟1	
十二月	小	乙丑	大	(乙丑)		

表 26　S.0276《后唐长兴四年(933)癸巳岁具注历日》比较表

月序	中原历		敦煌历		二历相差天数	备注
	月建大小	朔日干支	月建大小	朔日干支		
正月	小	戊寅				
二月	大	丁未				
三月	大	丁丑	(大)	(丁丑)		
四月	小	丁未	小	丁未		
五月	大	丙子	大	丙子		
六月	小	丙午	小	丙午		
七月	大	乙亥	(？)	丙子	敦迟 1	
八月	小	乙巳		乙巳		
九月	大	甲戌				
十月	小	甲辰				
十一月	大	癸酉				
十二月	小	癸卯				

表27 罗2《后晋天福四年(939)己亥岁具注历日》比较表

月序	中原历		敦煌历		二历相差天数	备注
	月建大小	朔日干支	月建大小	朔日干支		
正月	大	癸卯	(大)	(癸卯)		
二月	大	癸酉	小	癸酉		
三月	小	癸卯	(?)	(壬申)	敦早1	
四月	大	壬申				
五月	小	壬寅				
六月	小	辛未				
七月	大	庚子				
八月	大	己亥				
九月	小	己巳				
十月	大	戊戌				
十一月	小	戊辰				
十二月	大	丁酉				
闰七月	小	庚午				

表 28　P.2591《后晋天福九年(944)甲辰岁具注历日》比较表

月序	中原历		敦煌历		二历相差天数	备注
	月建大小	朔日干支	月建大小	朔日干支		
正月	大	甲戌				
二月	小	甲辰				
三月	大	癸酉				
四月	小	癸卯	(大)	(癸卯)		
五月	小	壬申	小	癸酉	敦迟1	
六月	大	辛丑	大	壬寅	敦迟1	
七月	大	辛未	(？)	(壬申)	敦迟1	
八月	小	辛丑				
九月	大	庚午				
十月	大	庚子				
十一月	大	庚午				
十二月	大	己亥				
	闰十二月小	己巳				

表 29 S.068-2《后晋开运二年(945)乙巳岁具注历日》比较表

月序	中原历		敦煌历		二历相差天数	备注
	月建大小	朔日干支	月建大小	朔日干支		
正月	大	戊戌	大	戊戌		
二月	小	戊辰	小	戊辰		
三月	小	丁酉	小	(丁酉)		
四月	大	己巳	大	(己巳)		
五月	小	丙申	小	(丙申)		
六月	大	乙丑	大	(乙丑)		
七月	小	乙未	大	(乙未)		
八月	大	甲子	(？)	(乙丑)	敦迟1	
九月	大	甲午				
十月	大	甲子				
十一月	小	甲午				
十二月	大	癸亥				

表 30　S.3824-3《宋开宝二年(969)己巳岁具注历日》比较表

月序	中原历		敦煌历		二历相差天数	备注
	月建大小	朔日干支	月建大小	朔日干支		
正月	小	己卯				
二月	大	戊申				
三月	大	戊寅				
四月	小	戊申				
五月	大	丁丑	大	(丁丑)		
	闰五月小	丁未	六月小	丁未		根据惯例,中原历闰五月,敦煌历可能闰六月。
	六月大	丙子	(闰六月?)	丙子		
七月	大	丙午			1	
八月	小	丙子				
九月	大	乙巳				
十月	小	乙亥				
十一月	大	甲辰				
十二月	小	甲戌				

表 31　P.2705《宋端拱二年(989)己丑岁具注历日》比较表

月序	中原历		敦煌历		二历相差天数	备注
	月建大小	朔日干支	月建大小	朔日干支		
正月	小	癸未				
二月	大	壬子				
三月	小	壬午				
四月	小	辛亥				
五月	大	庚辰				
六月	小	庚戌				
七月	大	己卯				
八月	大	己酉				
九月	大	己卯				
十月	小	己酉	(大)	(己酉)		
十一月	大	戊寅	大	己卯	敦迟 1	
十二月	大	戊申	小	己酉	敦迟 1	

　　(《1983 年全国敦煌学术讨论会文集·文史遗书编》上册,甘肃人民出版社,1987 年)

敦煌遗书题记隋董孝缵写经考略

关于敦煌遗书中的题记，北图部分，早年许国霖先生著有《敦煌石室写经题记与敦煌杂录》一书，将 1910 年运往京师图书馆的 8000 多件写经题记收录无遗。①1974 年，法国隋丽玫女士在《敦煌学》杂志创刊号上发表了《巴黎国家图书馆藏敦煌写本题记分年初录》，无年代者不在此列。1975 年，陈祚龙先生在《海潮音》第 56 卷 5 月号、7 月号上发表《敦煌古钞内典尾记汇校》初编、二编，收录题记 107 则（后收入《敦煌文物随笔》一书中）。80 年代初，敦煌文物研究所敦煌遗书研究室做了斯坦因、伯希和部分，因出版条件不成熟而未能付梓。1990 年，薄小莹女士的《敦煌遗书汉文纪年卷编年》问世，正像该书标题所示，只是"纪年卷编年"，而无题记的录文。同年，日本著名敦煌学家池田温先生的《中国古代写本识语集录》出版发行，此书的主要部分是敦煌写本题记，是敦煌写本题记的集大成者。此书一出，为敦煌写本的研究，尤其是为写本题记的研究，提供了到目前为止最详尽的资料和极大的方便。

对写本题记进行全面系统、集中的研究，我早有此心愿，但力不从心，只有平时随手记一点，作些零星考屑，以期将来整理成集。有关董孝缵 4 件写经题记的略考，就是其中之一。

---

① 许国霖：《敦煌石室写经题记与敦煌杂录》，上海商务印书馆，1937 年。

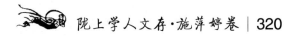

1. P.2866《大集经》卷六（图1），该写经有一条很长的题记（尾题），文曰：

> 夫妙寂【蠥】①玄，非言教无以能【橷】②经者是如来神口之所宣，贤圣教诫之善事。宗涂浩汪，不可以行辞尽妙极之理；篇目繁多，不可以一章括幽玄之旨。是以弟子董孝缵，自唯垢惑缠心，处生若幻，仰为亡考镇远将军、谏议大夫、大冢宰（帐）内亲信、帅都督旨除鸣沙县令董哲，敬造释迦、弥勒、

图1　P.2866《大集经》董孝缵写经题记

---

①【蠥】，《中华大字典》云："音未详，烂也。出释藏群字函，见《字汇补》。"《康熙字典》与此大同小异，云："《字汇补》：音未详，烂也。出释藏群字函。"

②【橷】，《中华大字典》注曰："【橷】讹化字，见《正字通》。""【橷】，方小切，音表，彼韵。"

观世音金像壹区，并写《大集》《思益》《仁王》《华严》《十恶经》各一部。藉此善因,愿亡考永离三途,长赴觉海,超生净域,成无上道。又愿七世父母、所生父母、见在家眷及法界群生,咸修十地,俱证八解,行备果圆,同成正觉。

2. 日本大东急记念文库藏 107-8-1-1 号《大集经》卷五,该写经纸好,字亦好,是我们寻常所见之隋代写经,末尾有题记,曰:"董孝缵受持,用纸廿一张。"其后,有李盛铎的跋:"此敦煌石室所藏六朝人书经卷之一,别有此经第二十卷,末有开皇十五年(595)董孝缵为亡考鸣沙县令董哲造等字,今藏江阴何氏,盛铎记。"跋后有"李盛铎印""木斋"印各一方。

李盛铎所说的江阴何氏, 即何彦升。其子何鬯威是李盛铎的女婿。1910 年,把藏经洞的劫余遗书往北平(今北京)运时,何彦升作为代理甘肃巡抚,经办此事。父子俩竟"监守自盗",窃取了一部分敦煌遗书珍品,《大集经》卷五、卷二十可能就是其中之一(图 2)。

3. 书道博物馆藏《大集经》卷二十,原为李盛铎旧藏,后为日本中村不折氏收藏,今存中村氏创建的书道博物馆。[1]1943 年《书菀》第 7 卷第 2 号上,中村不折氏曾撰文讲他搜集"西域出土写经"的来龙去脉。其中介绍本件《大方等大集经》时说:"隋《大方等大集经》,文帝开皇十五年(西纪 595 年)写,十五纸,长二丈五尺,首缺。敦煌出土。有甘肃布政使何孝聪的印,系其旧藏。"《书菀》还刊载了此件经文的尾部及题记。经文的书法极佳,正如中村不折氏所评:"此经书风老成,姿态雅醇,盛德君子的容貌大智若愚,可谓隋代具有代表性的

---

①矶部彰:《台东区立书道博物馆所藏中村不折旧藏禹域墨书集成》上册,(东京)二玄社,2005 年,第 54 图。

图 2　书道博物馆藏《大集经》卷 20 尾题

佳作。"①其题记如下：

> 弟子州
> 省事董孝缵
> 仰为亡考鸣
> 沙县令董哲
> 敬写。愿亡考
> 及法界有形，
> 同成正觉。
>
> 大隋开
> 皇十五年岁
> 次乙卯十月
> 十九日写讫。

4. 守屋孝藏氏藏董孝缵造经记，日本京都博物馆编辑发行的《守屋孝藏氏搜集古经图录》，前有图，后有说明，个别的卷子无图而有说明，第 207 号《董孝缵造经记》就是其中之一。据介绍，此件只存"造经记（愿文）"而无经文，题记为"大代大魏神廌二年（429）七月八日写了"，另外，还有"州省事董孝缵为亡父鸣沙县令董哲于神廌二年造像写经修功德的由来之记载"，遗憾的是没有原文照录，因而未知其究竟。

国内国外散藏的敦煌写经，确实有个真伪问题。毫无疑问，P.2866 是识别董孝缵写经的标本，谁也不会对伯希和当年直接取自藏经洞

---

①中村不折：《再び西域出土の写経について》，《书菀》第 7 卷第 2 号，日本三省堂，1943 年，第 2—9 页。

的写卷产生是真是假的质疑。

日本书道博物馆藏、发表在《书菀》第 7 卷第 2 号上的《大集经》卷二十，我认为也是真品，其理由有五：

首先，伪造者无法得知敦煌历史上有过董哲、董孝缵父子，因为这二人正史无传。

其次，伯希和当年路过北京住八宝胡同向一些人展示他随身所带的几十件文物中，没有上述 P.2866《大集经》卷六。这一点，我们可以引日本田中庆太郎于 1909 年（明治四十二年）在《燕尘》第 2 卷第 11 号上以"救堂生"笔名发表的《敦煌石室中の典籍》一文为证。田中氏是亲眼看见了伯希和随身携带的敦煌写卷的人之一。据他说，当他听到伯希和归途路过北京后，就想尽办法去拜访伯希和。去了以后，开始怕伯希和不接待，没想到具有青年绅士风度的伯希和接待了他，还能无拘束地交谈，给他看了几十件文物。田中氏尽管也作了记录，但他自认为没有这方面的知识，觉得在前前后后见过伯希和所获文物的人当中，罗振玉记下来的记录最准确，特地转载了罗振玉的《敦煌石室书目及发见（现）之原始》一文。凡读过此文的人都知道，罗氏所记目录中，没有 P.2866《大集经》卷六，当然也就不知道隋开皇年间有董孝缵为其亡父写经之事。

第三，《大集经》卷二十的经文书法精美，乃我们所熟悉的开皇写经精品，其题记的字，我曾做过对比，"弟子董孝缵""亡考""鸣沙县令""董哲"等字，写法、形状与 P.2866 一模一样，同为一人手笔。如"董"作【董】，"缵"作【纉】，"考"作【㐂】，"哲"作【揢】。

第四，中村不折说此件有当年甘肃布政使何孝聪的印，这似乎赝品中所未见。

第五，田中庆太郎在《敦煌石室中の典籍》一文中提到了当年北京的一些学者在帝国饭店宴请伯希和之事，说是当日出席者有宾侍

郎、刘少卿、徐祭酒、柯经科监督、恽学士、江参事、吴寅臣、蒋伯斧、董比部等十几人,一时名流尽集,而罗振玉因身体不适而缺席。这些与会者中,没有我们已知的伪造者某某。伯希和后来寄给中国学者的照片中也没有董孝缵写经。

大东急 107-8-1-1《大集经》卷五的情况,已如前述。大东急记念文库的藏品我见过,正因为我有 P.2866 董孝缵写经的印象,所以比较留心此件。我的印象,此件是真品。在日本,对李盛铎收藏品,有人认为不会有假,如安藤德器,①而著名敦煌学家藤枝晃先生则著有《"德化李氏凡将阁珍藏"印について》,②认为在日本除了大谷探险队携归的东西以外,通过古董商弄来的据传是敦煌写本的东西,90%以上的不是真品。详细的论述还见诸藤枝晃先生 1966 年发表的《敦煌写本总说》(Ⅰ)。③

我认为是真品的理由有:

1. 李盛铎生前曾与罗振玉等主持敦煌经籍辑存会,作为主持者,我想还不至于那么不严肃。

2. 李盛铎的后代很不争气,把父亲的珍藏拍卖而作为遗产分掉,其中可能搞了些鱼目混珠的事,但和李盛铎无关,何况此件有李盛铎的亲笔题跋。

3. 诚如藤枝晃先生所发现的那样,"德化李氏凡将阁珍藏"印是不止一种,"木斋审定"印似乎亦有两种。何者是真,何者是假,还得结合写卷的字、纸、墨等来鉴定。此件的以上因素均佳,题记的字与

---

①安藤德器:《敦煌经卷の蒐集》,《茶わん》通卷 98 号,1939 年。

②《京都国立博物馆学业》第 7 号,1986 年。

③Fujieda Akira, The Tunhuang Manuscripts: A general description in zinbun No. 9.1966, pp.14—15.

P.2866 也相同。

《守屋孝藏氏搜集古经图录》第 207 号《董孝缵造经记》，尽管没有看到原件，但一看题记为"大代大魏神䴥二年七月八日写了"，就知道这是赝品，因为 P.2866 虽无纪年，但绝对不会是北魏写经。这一点，我们只要对比一下 S.0113《建初十二年（406）敦煌郡敦煌县西宕乡高昌里户籍》、敦研 007《兴安三年（454）大慈如来告疏》、S.2925 太安元年（455）《佛说辩意长者子所问经》这些比神䴥二年（429 年）还要晚的写本，就会明白 P.2866 确系开皇写经，离神䴥二年已相去 160 多年了，董孝缵不会如此长寿，也不会没完没了地为其父亲写经。

董孝缵写经题记的内容，不仅提供了写于开皇的佐证，也弥补了正史之不足。P.2866 题记中有这样一段话："弟子董孝缵，自唯垢惑缠心，处生若幻，仰为亡考镇远将军、谏议大夫、大冢宰内亲信、帅都督、旨除鸣沙县令董哲，敬造……"如前所述，董哲、董孝缵父子正史无传。董哲的一长串官衔，只有"鸣沙县令"是执事官，其余都是勋官、散官。尽管如此，还是很有价值的：

镇远将军，在北周为正六品，[1]在隋则为正七品。[2]

谏议大夫，在北周为正六品，在隋则为从四品，炀帝即位后废，[3]因而冠"谏议大夫"者，隋代只能是开皇、仁寿年间的事。

大冢宰，北周有此之设，隋文帝杨坚仕北周时就曾任此职。入隋以后，"三师，不主事，不置府僚，盖与天子坐而论道者也。""三师、三公，置府佐，与柱国同。若上柱国任三师、三公，唯从上柱国置。王公已

---

① 北周时的官品均据王仲荦先生《北周六典》卷九、卷一〇，下同。

② 《隋书·百官志》，中华书局，第 786—787 页。

③ 《隋书·百官志》，中华书局，第 786—787 页。

下,三品已上,又并有亲信、帐内,各随品高卑而制员"①"大冢宰"亦即"太宰""三师",因此我把董哲的结衔句读为"大冢宰(帐)内亲信",他曾经是某位王公或三品以上官府的属员。

帅都督,北周有此设,隋因之。《隋书·百官志》称:

> 高祖又采后周之制,置上柱国、柱国、上大将军、大将军、上开府仪同三司、开府仪同三司、上仪同三司、仪同三司、大都督、帅都督、都督,总十一等,以酬勤劳。又有特进、左右光禄大夫、金紫光禄大夫、银青光禄大夫、朝议大夫、朝散大夫,并为散官,以加文武官之德声者,并不理事。六品以下,又有翊军等四十三号将军,品凡十六等,为散号将军,以加泛授。居曹有职务者为执事官,无职务者为散官。

帅都督为从六品,品秩与上列各衔相称。

县置令,这也是隋代的官制。"鸣沙县令"是董哲有职有权的实际官衔。鸣沙县之名始于北周,止于隋大业二年(606)。《隋书·地理志》上载(括弧内的字,原为小字注):

> 敦煌郡(旧置瓜州)统县三,户七千七百七十九。
>
> 敦煌(旧置敦煌郡,后周并效谷、寿皇(昌?)二郡入焉。又并敦煌、鸣沙、平康、效谷、东乡、龙勒六县为鸣沙县。开皇初郡废。大业置敦煌郡,改鸣沙为敦煌。

《元和郡县图志》则说得更加具体:"敦煌县(上,郭下),本汉旧县,属敦煌郡。周武帝(561—577)改为鸣沙县,以界有鸣沙山,因以为名。隋大业二年(606)后为敦煌。"②如果我们再结合书道博物馆藏《大集经》卷二十的董孝缵写经题记——开皇十五年写,就完全有理由断

---

① 《隋书·百官志》,中华书局,第786—787页。
② 李吉甫:《元和郡县图志》卷四〇《陇右道下》,中华书局,1983年,第1026页。

定:除守屋孝藏氏搜集的《董孝缵造经记》以外的三件董孝缵写经都是隋开皇十五年(595)前后的遗物。

又,据上引《元和郡县图志》,鸣沙县(亦即敦煌县)属上等县,而隋代的"上县令"为从六品。

董孝缵父亲董哲的结衔还有一点特别之处,即"旨除鸣沙县令"。"旨除"可能是"钦定"之意。再结合一长串的"镇远将军、谏议大夫、大冢宰帐内亲信、帅都督"结衔,此人在朝廷还很有背景。我于是联想到他是否为董纯家族的成员。《隋书》卷六五记载:"董纯,字德厚,陇西成纪人也。祖和,魏太子左卫率。父升,周柱国。"董纯在北周时就曾晋爵大兴县侯。入隋,"高祖受禅,晋爵汉曲县公,累迁骠骑将军。后以军功,进位上开府。开皇末,以劳旧擢拜左卫将军,寻改封顺政县公"。董纯与杨坚的关系,可以用一则插曲来说明:炀帝之子齐王杨暕得罪,董纯亦受牵连。炀帝谴责他:"汝阶缘宿卫,以至大官,何乃附傍吾儿,欲相离间也?"纯曰:"臣本微贱下才,过蒙奖擢,先帝察臣小心,宠逾涯分,陛下重加收采,位至将军。欲竭余年,报国恩耳。此数指齐王者,徒以先帝、先后往在仁寿宫,置元德太子及齐王于膝上,谓臣曰:'汝好看此二儿,忽忘吾言也。'臣奉诏之后,每于休暇出入,未尝不诣王所。臣诚不敢忘先帝之言。于时陛下亦侍先帝之侧。"董纯抬出杨坚来挡驾,炀帝改容曰:"诚有斯旨。"于是舍之。由此可见隋文帝对董的信赖,隋炀帝对他的无奈。杨坚代周以后,很快将宇文氏宗室成员斩尽杀绝,与此同时,派亲信以"镇远将军"往中西交通咽喉重地敦煌为"旨除鸣沙县令"乃顺理成章之事。惜董纯传竟未记其叔伯子侄之有无。不过,即使与董纯无关,我们也可据本文所论及的三件董孝缵写经,给隋史添上一笔,为敦煌史加上一页,并不为过。

还有一点必须提及的是,据书道博物馆藏《大集经》卷二十,董孝缵的结衔是"州省事"。按《隋书·百官志》,只有北齐的州属官才有"省事"之设。但事实上的存在,我们不能拘泥于史志。清赵翼《廿二史札记·隋书志》说:"《隋书》本无志,乃合记梁、陈、齐、周、隋之事,旧名《五代史志》,别自单行,其后附入《隋书》。然究不可谓隋志也。"①也许正因为如此,不甚详备。开皇年间,鸣沙县属瓜州,董孝缵曾为"州省事",正可补史志之阙如。敦煌遗书可补历史之缺载者,比比皆是,这只是区区点点而已。

(《周绍良先生欣开九秩庆寿文集》,中华书局,1997 年)

---

① 赵翼:《廿二史札记》卷一五《隋书志》,中华书局,1963 年,第 301 页。

61 件美国安思远先生所藏历代佛教写经谭

　　美国安思远先生所藏历代佛教写经,1987 年 6 月曾在香港展览。作为展品介绍,主办单位出版有《美国纽约市安思远先生所藏历代佛教写经展》一书,并有著名学者饶宗颐先生的序言。其时香港尚未回归,国内知之者少。2003 年春,我有幸得到此书。从目录得知其中有 47 件没有定名,出于专业习惯,我随即做了些工作。图录印得很精致,从内容来看也很有价值,只是不知安思远先生为何许人。前些日子,上海博物馆高价入藏稀世珍品《淳化阁帖》,轰动全国,此物的原收藏者就是安思远先生,犹太人,著名收藏家,怪不得他收藏的写经也非同一般。

　　《美国纽约市安思远先生所藏历代佛教写经展》一书,将展品分为四项列目,即"中国写经识经名之片断""中国写经不识经名之片断""朝鲜写经识经名之片断""朝鲜写经不识经名之片断"。全部展品61 件,"识经名"者 14 件。我做了两项事情:一是将余下的 47 件给予定名(有两件草书暂时找不到出处),个别原名不准确的给予订正,重新做了一个目录;二是写了一点感想。现藉《敦煌研究》予以发表,以飨读者。

一　61 件写经目录

　　1.《放光般若经》卷第 19《无形品第八十一》(《大正藏》第 8 册,221 号,第 133 页 c—第 134 页 a)

说明:传吐鲁番出土,硬黄纸,25.7×67 厘米,北魏。此件原有经题,文曰"摩诃般若波罗蜜劝进众生品卷之二",其下用小字注:"《放光十九》。"但是按原题则与经文对不上,而按小字注去找,虽然也是《放光般若经》卷第 19,可是品题又对不上。

2.《妙法莲华经·妙音菩萨品第二十四》(《大正藏》第 9 册,262号,第 56 页 a—第 56 页 c)

说明:传敦煌发现,瓷青纸,20.2×86 厘米,唐。

3.《妙法莲华经·提婆达多品第十二》《大正藏》第 9 册,262 号,第 34 页 b、c)

说明:染潢纸,25×29.5 厘米,唐。

4.《金刚般若波罗蜜经》(《大正藏》第 8 册,235 号,第 750 页 c—第 751 页 a)

说明:鸠摩罗什译本,硬黄纸,26.6×68.2 厘米,唐。

5.《妙法莲华经·药草喻品第五》(《大正藏》第 9 册,262 号,第19 页 b)

说明:麻纸,26.4×17.6 厘米,唐。

6.《妙法莲华经·如来神力品第二十一》(《大正藏》第 9 册,262号,第 70 页 b—第 70 页 c)

说明:黄麻纸,26.3×18.2 厘米,唐。

7.《大般若波罗蜜多经》卷第 26《初分教诫教授品第七之十六》(原题)(《大正藏》第 5 册,220 号,第 143 页 a)

说明:传敦煌发现,黄麻纸,26.2×45.6 厘米。唐。

8.《大般若波罗蜜多经》卷第 56《初分辩大乘品第十五之六》(原题)(《大正藏》第 5 册,220 号,第 315 页 b、c)

说明:传敦煌发现,黄麻纸,25.6×65.5 厘米,唐。

9.《大般若波罗蜜多经》卷第 425《第二分帝释品第二十五之一》

(《大正藏》第 7 册,220c 号,第 136 页 a、b)

说明:传敦煌发现,黄麻纸,25.8×46 厘米,唐。

10.《大般若波罗蜜多经》卷第 345《初分坚等赞品第五十七之四》(《大正藏》第 6 册,220b 号,第 774 页 c)

说明:黄麻纸,24.5×18.2 厘米,唐。

11.《维摩诘所说经》卷下《香积品第十》(原题)(鸠摩罗什译本)(《大正藏》第 14 册,475 号,第 552 页 a、b)

说明:传敦煌发现,硬黄纸,25.8×67 厘米,唐。

12.《现在贤劫千佛名经》卷第 1(《大正藏》第 14 册,447b 号,第 383 页 c)

说明:黄麻纸,26.4×10.4 厘米,唐。

13.《佛说地藏菩萨经》(原题)(《大正藏》第 85 册,2909 号,第 1455 页 c)

说明:尾题“佛说地藏菩萨经一卷”。麻纸,27.5×27.6 厘米,五代。

14.《大智度论》卷第 39(《大正藏》第 25 册,1509 号,第 346 页 c—第 347 页 a)

说明:传吐鲁番出土,麻纸,24.9×46.3 厘米,北凉。

15.《道行般若经》卷第 9《萨陀波伦菩萨品第二十八》(《大正藏》第 8 册,224 号,第 471 页 c—第 472 页 a)

说明:传吐鲁番出土,麻纸,24.7×42.9 厘米,北凉。

16.《大般涅槃经》卷第 29《师子吼菩萨品第十一之三》(《大正藏》第 12 册,374 号,第 535 页 c—第 536 页 a)

说明:传吐鲁番出土,染潢纸,26.5×44.4 厘米,北凉。

17.《大般涅槃经》卷第 24《光明遍照高贵德王菩萨品第十之四》(《大正藏》第 12 册,374 号,第 506 页 c—第 507 页 a)

说明:传吐鲁番出土,染潢纸,26.4×51.2 厘米,北凉。

18.《大般涅槃经》卷第 35《迦叶菩萨品第十二之三》(《大正藏》第 12 册,374 号,第 573 页 b、c)

说明:麻纸,26×37.8 厘米,北魏。

19.《摩诃般若波罗蜜经》卷第 16(《大正藏》第 8 册,223 号,第 341 页 a)

说明:染潢纸,15×31 厘米,北魏。

20.《大方等陀罗尼经》卷第 2(《大正藏》第 21 册,1339 号,第 648 页 a)

说明:黄麻纸,26.8×16.7 厘米,北魏。

21.《佛说佛名经》卷第 2(北魏菩提流支译本)(《大正藏》第 14 册,440 号,第 123 页 a、b)

说明:麻纸,28×42 厘米,北齐。

22.《妙法莲华经·信解品第四》(《大正藏》第 9 册,262 号,第 17 页 a、b)

说明:硬黄纸,26.8×44.1 厘米,北齐。

23.《妙法莲华经·信解品注》(《大正藏》无此夹注本)

说明:麻纸,23.2×19 厘米,北齐。

24.《大般涅槃经》卷第 34《迦叶菩萨品第十二之二》(《大正藏》第 12 册,374 号,第 565 页 c—第 566 页 a)

说明:染潢纸,25.3×39.2 厘米,六朝。

25.《妙法莲华经·妙庄严王本事品第二十七》(《大正藏》第 9 册,262 号,第 60 页 a)

说明:染潢纸,15.2×35.5 厘米,隋。

26.《随求即得大自在陀罗尼神咒经》(《大正藏》第 20 册,1154 号,第 639 页 b、c)

说明:传敦煌发现,黄麻纸,24.6×46.9 厘米,唐。

27.《金刚般若波罗蜜经》(《大正藏》第 8 册,235 号,第 749 页 c—第 750 页 a)

　　说明:鸠摩罗什译本,麻纸,25.3×67 厘米,唐。

28.《大般若波罗蜜多经》卷第 109(《大正藏》第 5 册,220a 号,第 601 页 c—第 602 页 a)

　　说明:黄麻纸,26.2×34 厘米,唐。

29.《佛说佛名经》卷第 19(《大正藏》第 14 册,441 号,第 260 页 a、b)

　　说明:30 卷本,黄麻纸,26×33.9 厘米,唐。

30.《妙法莲华经·安乐行品第十四》(《大正藏》第 9 册,262 号,第 37 页 b、c)

　　说明:麻纸,26×28.9 厘米,唐。

31.《大般若波罗蜜多经》卷第 583《布施波罗蜜分之五》(《大正藏》第 7 册,220j 号,第 1014 页 b)

　　说明:麻纸,27×26.9 厘米,唐。

32.《大般若波罗蜜多经》卷第 93《初分求般若品第二十七之五》(《大正藏》第 5 册,220 号,第 517 页 c)

　　说明:黄麻纸,26.2×16.3 厘米,唐。

33.《成唯识论述记》卷第 4(《大正藏》第 43 册,1830 号,第 299 页 a、b)

　　说明:黄麻纸,2262×14.3 厘米,唐。

34.《大般涅槃经》卷第 1《寿命品第一》(《大正藏》第 12 册,374 号,第 369 页 c)

　　说明:黄麻纸,24.4×8.2 厘米,唐。

35. 草书 14 行(1、2 两行残,未找到出处)

　　说明:麻纸,28.3×25.8 厘米,唐。

36. 草书 11 行(末行残,未找到出处)

说明:麻纸,28.5×19.2 厘米,唐。

37. 《佛说菩萨本行经》(尾部 11 行《五百长者子施缘》现刊本为上卷第一则故事,前面 23 行现刊本为下卷最后一则故事)(《大正藏》第 3 册,155 号, 前 23 行为第 123 页 c—第 124 页 a;后 11 行为页 108c)

说明:传敦煌发现,麻纸,26.1×49 厘米,五代。

38. 《法苑珠林》卷第 39《伽蓝篇第三十六·致敬部第三》(《大正藏》第 53 册,2122 号,第 593 页 b、c)

说明:麻纸,26.5×40.1 厘米,五代。

39. 《佛说菩萨本行经》卷上(《大正藏》第 3 册,155 号,第 108 页 c—第 109 页 a)

说明:与 37 号为同一件经,完全可以缀合,37 号在前,本件在后。麻纸。26.3×31.9 厘米。五代。

40. 《诸饿鬼饮食及水法》卷 1(《大正藏》第 21 册,1315 号,第 466 页 c—第 467 页 a)

说明:麻纸,24.2×25.9 厘米,五代。

41. 《大般涅槃经》卷第 5(《大正藏》第 12 册,375 号,第 636 页 b、c)

说明:此件是难得的"南本"《大般涅槃经》,麻纸,26×24.3 厘米,五代。

42. 《大方便佛报恩经》卷第 1《对治品第三》(《大正藏》第 3 册,156 号,第 132 页 a)

说明:麻纸,25.3×17.6 厘米,五代。

43. 《阿毗达磨顺正理论》卷第 72(《大正藏》第 29 册,1526 号,第 732 页 b)

说明:黄麻纸,32.3×8 厘米,宋。

以下为朝鲜写经:

44.《佛说佛名经》卷第 5(《大正藏》第 14 册)

说明:由于写卷很短,所存佛名与 12 卷本、30 卷本完全相同。12 卷本为 440 号,《大正藏》第 14 册,第 139 页 c;30 卷本则为 441 号,《大正藏》第 14 册,第 230 页 a。瓷青纸,29.3×25.6 厘米,新罗。

45.《大方广佛华严经》卷第 79(《大正藏》第 10 册,279 号,第 436 页 b)

说明:唐·实叉难陀译本。白麻纸,29.7×7.4 厘米,高丽。

46.《妙法莲华经》卷第 1《序品第一》(《大正藏》第 9 册,262 号,第 12 页 b)

说明:白麻纸,32.1×5.2 厘米,高丽。

47.《大方广佛华严经》卷第 60(《大正藏》第 9 册,278 号,第 782 页 a)

说明:东晋·佛驮跋陀罗译本。瓷青纸,23.8×55.6 厘米,高丽。

48.《佛说父母恩重经》(《大正藏》第 85 册,2887 号,第 1404 页 a)

说明:《大正藏》所收为敦煌出土本,此件的前二行与《大正藏》不同。瓷青纸,31.3×12 厘米,高丽。

49.《大方广佛华严经》卷第 14(《大正藏》第 10 册,279 号,第 71 页 a、b)

说明:唐·实叉难陀译本。瓷青纸,31.3×11.2 厘米,高丽。

50.《妙法莲华经》《药王菩萨本事品第二十三》(《大正藏》第 9 册,262 号,第 54 页 a)

说明:瓷青纸,30.4×11.1 厘米,高丽。

51.《大方广佛华严经》卷 61(《大正藏》第 10 册,279 号,第 327 页 a)

说明:唐·实叉难陀译本。瓷青纸,27.2×8.9 厘米,高丽。

52.《金刚般若波罗蜜经》(《大正藏》第 8 册,235 号,第 752 页 b)

说明:姚秦·鸠摩罗什译本。瓷青纸,20×8.5 厘米,高丽。

53.《佛说佛名经》卷第 12(《大正藏》第 14 册,441 号,第 232 页 c)

说明:30 卷本。瓷青纸,28.5×6.3 厘米,高丽。

54.《佛说佛名经》卷第 15(《大正藏》第 14 册,441 号,第 242 页 c)

说明:30 卷本。瓷青纸,26.9×4.3 厘米,高丽。

55.《成唯识论演秘》(《大正藏》第 43 册,1833 号,第 893 页 b)

说明:由于残经只有 2 行,恰与《观所缘缘论》卷一相同,见《大正藏》第 31 册,1624 号,第 889 页 a。瓷青纸,22×4.2 厘米,高丽。

56.《佛说持明藏瑜伽大教尊那菩萨大明成就仪轨经》(《大正藏》第 20 册,1169 号,第 685 页 b)

说明:瓷青纸,30.8×4.1 厘米,高丽。

57.《大方广佛华严经》卷第 40(《大正藏》第 9 册,278 号,第 654 页 a、b)

说明:东晋·佛驮跋陀罗译本。朱砂纸,30.9×10.9 厘米,高丽。

58.《大方广佛华严经》卷第 27(《大正藏》第 9 册,278 号,第 572 页 a)

说明:东晋·佛驮跋陀罗译本。朱砂纸,31.4×12.3 厘米,高丽。

59.《大般若波罗蜜多经》卷第 155(《大正藏》第 5 册,220a 号,第 839 页 c)

说明:朱砂纸,31.1×11.6 厘米,高丽。

60.《大方广佛华严经》卷第 40(《大正藏》第 9 册,278 号,第 656 页 a)

说明：东晋·佛驮跋陀罗译本。朱砂纸，25.3×3.6 厘米，高丽。

61.《妙法莲华经·序品第一》(《大正藏》第 9 册，262 号，第 8 页 c)

说明：朱砂纸，29.7×2.3 厘米，高丽。

二 一点感想

安思远先生珍藏的这批写本的价值，只要看完上列目录，就会为之惊叹。

首先，从来源上看：全部写经 61 件，减去 18 件朝鲜写经，中国写经有 43 件。就中国写经而言，其中"传吐鲁番出土"5 件，占 11.6%；"传敦煌发现"7 件，占 16.9%，仅此两项已占 1/4 强。我从定名中得知，一些没有标示"传敦煌发现"的写经，也可能来自敦煌，如 39 号《佛说菩萨本行经》卷上，与"传敦煌发现"的 37 号为同一写卷，完全可以缀合，应该是敦煌写经。13 号《佛说地藏菩萨经》，原已失传，《大正藏》用的就是敦煌本，因此，此件也应是出自敦煌。

其次，从写经的时代上看，《美国纽约市安思远先生所藏历代佛教写经展》一书的编者对每件写经都有一个时代推断，中国写经的具体时代为：六朝 1 件，北凉 4 件，北魏 4 件，北齐 3 件，隋 1 件，唐 22 件，五代 7 件，宋 1 件；朝鲜写经的具体时代为新罗 1 件，高丽 17 件。中国部分，隋以前的就有 12 件，所占比例很大；其特点与敦煌藏经洞出土的写经一致，各时代的形制、书法、纸质均如此。从书体、异体字、运笔方法等等方面看，北朝部分的写经与敦煌市博物馆藏、敦煌研究院藏北朝写经同为一批经生所写。

第三，从内容上看，这批文物也很有特点：《妙法莲华经》11 件，占全部写经的 18%；《大般若波罗蜜多经》8 件，占 13%，这也与敦煌藏经洞出土写经一致。更值得一提的是，有几件写经是已知遗存写经中的稀有品(限于学识，我不敢说是"绝无仅有"之物)，如 26 号《随求即得大自在陀罗尼神咒经》,敦煌藏经洞出土物无,而此件正好是"传敦煌发现"品,补足了空缺;33 号《成唯识论述记》卷第 4,敦煌藏经洞出土物也无;38 号《法苑珠林》卷第 39《伽蓝篇第三十六·致敬部第三》,敦煌所出卷数与此不同;43 号《阿毗达磨顺正理论》卷第 72,也是卷次与敦煌出土物不同;41 号南本《大般涅槃经》,更是一件难得之物。众所周知,《大般涅槃经》虽有"北本""南本"之分,但文字却大同小异,只是分卷不同、有些品名不同而已。我在整理敦煌研究院藏《大般涅槃经》的过程中,经常碰到南本北本一字不差,难分南北的情况。41 号《大般涅槃经》只残存 241 字,却有 4 个字不同,北本叫"葶苈"的植物,南本译为"芥子",二字之差竟然可分南北,因此我情不自禁誉之为"难得的南本"!

第四,朝鲜写经部分,尽管都很短,有 3 件只存 2 行,但也还有不可忽视的特点:

其一是,18 件写经,2 件白麻纸,5 件朱砂纸,11 件瓷青纸,用纸与中国写经明显不同。

其二是,《大方广佛华严经》7 件,占 38.8%。而在《华严经》中,东晋佛驮跋陀罗译本又比唐实叉难陀本为多。

其三是,高丽本 55 号为《成唯识论演秘》,56 号《佛说持明藏瑜伽大教尊那菩萨大明成就仪轨经》,是比较少见的两种经,已知的敦煌遗书中也没有。两件都是每行 14 字。在此之前,我只从出版物上见到,立即想到这两件是否为"高丽初雕版"的本子? 若如此,应是十分珍贵的。

俄藏敦煌文献 Дx.1376、1438、2170 研究

对俄藏敦煌文献的研究,由于种种原因,我国大陆学者始于"文革"之后。郑振铎先生生前曾见过一部分,得知俄藏敦煌文献有 1 万多件,他还没有来得及发表其见闻,1958 年 10 月因飞机失事而遇难。"1960 年 8 月 14 日,来自欧亚大陆两端的两位多年研究敦煌写本的汉学家,一个日本人,一个法国人,共同登上位于涅瓦河畔豪华建筑台阶的巨大楼梯。苏联科学院亚洲民族研究所(前东方学研究所)就设在那里。当他们在一张桌子上发现了一大堆特意为他们准备的敦煌写本时,显得多么惊讶而不知所措呀!因为他们不仅根本就不知道此处还存在有这类写本,而且半个多世纪以来,所有的汉学家们实际上都对这批写本一无所知。"①此后,日本东洋文库有了俄藏敦煌文献的部分照片,法国国立科学中心敦煌组也有了部分照片。1983 年我们访问巴黎时,敦煌组的先生们坦诚地告诉我们:他们必须恪守与苏联的君子协定,外单位的人不允许阅览这部分照片。东洋文库部分倒是准许阅览,但 1989—1991 年我旅日期间,始终未能顾上问津。1963—1967 年莫斯科科学出版社出版了《亚洲民族研究所所藏敦煌汉文写本注记目录》第 1、2 辑,世人才对俄藏的 2954 件敦煌文献有了大致了解。1983 年莫斯科出版了丘古耶夫斯基编的《敦煌出土汉

---

①戴密微著、耿昇译:《列宁格勒所藏敦煌汉文写本简介》,《敦煌译丛》第 1 辑,甘肃人民出版社,1985 年,第 110 页。

文文书》(即我们所说的社会文书),有文有图,大大有助于敦煌学界的研究。80 年代初开始,台湾新文丰出版公司陆续出版了《敦煌宝藏》,比丘古耶夫斯基的俄文本更有助于中国学者的研究。1986 年以后,唐耕耦、陆鸿基编辑的包括部分俄藏文献的《敦煌社会经济文献真迹释录》(1—5 卷)陆续出版,有图有释文,更便利了中国内地学者的研究。直到这时,限于条件,内地学者有机会去俄罗斯目睹原件者仍寥寥无几。

1995 年 5—7 月,笔者有幸在俄罗斯科学院东方研究所圣彼得堡分所浏览了部分敦煌文献。法国著名汉学家戴密微先生所著《列宁格勒所藏敦煌汉文写本简介》是最早系统地介绍俄藏敦煌文献的名作。他对俄藏敦煌文献总的评价是:"我们没有在这批收藏品中发现令人震惊的东西。从质量观点来看,它们没有伦敦和巴黎的那一批高,但似乎要比北京和日本的藏卷略胜一筹。然而,列宁格勒(今彼得格勒——编者,下同)藏卷中也包括有一些非常重要的文书,尤其是‘俗文学’方面的文书。"①戴密微先生的评价是作了充分调查以后的结论。不过,我想补充一句我的印象:俄藏敦煌文献是藏经洞出土物的缩影!详细的论据不是本文的范围,容我以后另文条析。简而言之,敦煌文献中常见的佛教典籍、道教典籍、社会经济文书、敦煌文学作品……应有尽有,伦敦、巴黎、北京各有独一无二之物,彼得堡亦然。本文所要介绍的 3 件,可以作为我的一点论据。

一 Дх.1376《沙州户曹给莲台寺僧应保过所文卷》

Дх.1376,孟列夫编号为 1707,11×30.5 厘米,8 行。(图 1)原件从

---

① 戴密微著、耿昇译:《列宁格勒所藏敦煌汉文写本简介》,《敦煌译丛》第 1 辑,甘肃人民出版社,1985 年,第 121—122 页。

左往右竖行书写，孟目未曾注意"左行"，故其注记目录之起讫行正好颠倒。先将原文移录于下（原件人名是小字，行文时有涂改。现在的录文，不出涂掉之字，繁体、俗体、异体一律改从现用规范简化汉字，并加标点）。

右应保伏睹当州藏内部帙中遗失经本，实无得处。应保沙州住莲台寺僧。应保遂发微愿，意欲上都求十信之坛那，添三乘之欠教，倘或成就，传教后来，且有利于凡夫，亦不无于因果。虑恐之关津口铺不勒之行化，乡人所到，不拣（练）于行由，请详凭印而放过，伏听处分。

此件黄永武先生《敦煌遗书最新目录》定名为《《经帙题字》（沙州莲台寺应保遗失经本伏听处分）"。我在《俄藏敦

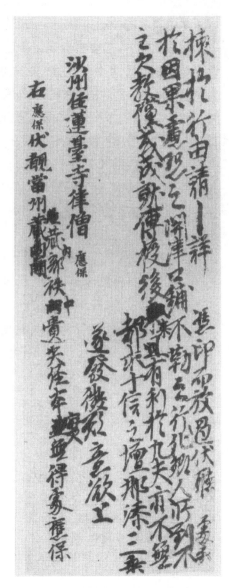

图 1　俄藏 Дx.1376 应宝状

煌文献经眼录之一》中拟名为《给沿途"关津口铺"牒》。①

此件之拟名，总有些似是而非之感，因为文书本身什么都不像：说它是"过所"吧，不像。过所，就是"通行证"。刘熙《释名》："过所，至关津以示之也。"②《大唐六典·关津官吏》条称："关令，掌禁末游伺奸慝，凡行人车马出入往来，必据过所以勘之。"③我国过所制度始于何时？基本内容怎样？敦煌吐鲁番出土的文书为我们提供了具体资料，已故王仲荦先生的《试释吐鲁番出土的几件有关过所的唐代文书》④和程喜霖的《论敦煌过所》⑤有专门研究。据王仲荦先生的介绍，在现存实物中，保存得比较完整的是唐尚书省发给日本僧人圆珍的过所，现转引如下：

> 尚书省司门：
>
> 福寿寺僧圆珍，年肆拾叁。行者丁满，年伍拾。并随身衣道具功德等等，诏广两浙已来关防主者，上件人贰，今月 日得万年县申称："今欲归本贯觐省，并往诸道州府，巡礼名山祖塔。恐所在关津守捉，不练行由，请给过所者。"准状，勘责状同此，正准给。符到奉行。都官员外郎判依主事袁参
>
> 　　　　　　　　　　　　令史戴敬宗
> 　　　　　　　　　　　　书令史

①《敦煌研究》1996 年第 2 期。

②《丛书集成》第 1151 册《释名》，中华书局，1985 年，第 97 页。

③我用的是日本广池学园事业部刊行的《大唐六典》，引文出自该书第 535 页。

④《文物》1975 年第 7 期。

⑤1994 年敦煌学国际学术研讨会提交论文，见《1994 年敦煌学国际学术研讨会论文提要》，全文待刊。

大中玖年拾壹月拾伍日下

蒲关十二月四日勘出　　　丞郢①

据《唐六典》记载，唐代的过所，在中央由尚书省发给；在地方由都督府或州发给。②据王先生介绍，圆珍的过所，加盖的是尚书省的官印。从行文到印鉴，这都是中央政府的公文。吐鲁番出土的唐开元二十年(732)瓜州都督府给西州百姓游击将军石染典的过所、沙州给石染典的过所，③则是地方签发的过所范例，现移录如下：

家 生 奴 移 □□ □□□□□

安西已来，上件人肆、驴拾。今月 □得牒 称：从西来，至此市易事了。今欲却往安西已来，路由铁门关，镇戍守捉不练行由，请改给者。依勘来文同此，已判给，幸依勘过。

府

户曹参军宣

史杨祇

开元贰拾年叁月拾肆日给

由于某种原因，石染典到沙州以后改变了主意，申请到伊州，很顺利地得到沙州发给的过所。正好，上件所缺者，此件得以补全。原文为：

作人康禄山　石怒怨　家生奴穆多地

①此件有王先生的原注"见日本内藤虎次郎《三井寺藏唐过所考》，转引自万斯年《唐代文献丛考》。这份过所今存日本主井寺。"

②《大唐六典》第153页。

③王仲荦先生将此件定为"西州"给的过所，欠妥。据《敦煌吐鲁番出土文书》第9册录文注，此件上有三个"沙州之印"，乃沙州签发无疑。

驴拾头 （沙州市勘同,市令张休——以上九字原为小字注）

牒,染典先蒙瓜州给过所,今至此市易事了,欲往伊州市易,路由恐所在守捉,不练行由。谨连来 文如前,请乞判命。谨牒。

（印） 开元廿年三月廿日西州百姓游击将军石染典牒

任去 琛示

廿五日

（印）

四月六日伊州刺史张宾 押过。①

当我们看了以上三件过所之后,就会得出这样的印象,即过所必须具备这样几条:一是申请者姓名、身份、年龄;一是同行者的姓名、身份;一是所带行头、牲口;一是前往何处,最后必须有批示(判文)。用以上几点来检验 Дx.1376,显然缺少好几条,不像。说它是"请给过所的牒文"吧,也不像。吐鲁番阿斯塔那墓出土有若干件请给过所的文卷,现移录一件,以见一斑:

甘州张掖县人薛光泚年贰拾陆。 母赵年陆拾柒。

泚妻张,年贰拾贰。驴拾头并青黄父,各捌岁。

右同前得上件人辞称:将母送婆神枢

到此,先蒙给过所还贯。比为患瘙未能

得发。今患损,欲将前件母及妻、驴等

归贯,路由玉门关及所在镇戍,不练行由,

□今已隔年,请乞改给。谨连本过所

---

① 以上两通过所,转录自《敦煌吐鲁番出土文书》第9册,文物出版社,1990年,第40—42页。

　　□□乞处分者。依检本过所，开十九

　　　　　　　　　往甘州有实。

　　　　　　　　□状谨牒

　　　　　正月　　日史谢忠牒

　　我曾粗粗检索过《吐鲁番出土文书》所提供的请给过所、公验的牒文，几乎没有申请者个人的申请状，而都是官文书——户曹经办者"史"一类的人拟就的案卷。从我所见到过的图录来看，这种牒文加上判语，就是过所正本。不过，我们从这些官文书中可以看出个人"请给过所"的牒状必须有：一是申请者的姓名、年龄、身份等；一是同行人的姓名、年龄、身份；一是行头、牲口，如果是马，必须注明每匹的毛色、齿岁、牝牡，是驴则可以几头一起报；一是目的地；一是干什么。如果中途有变更，还得申报"改给"牒状并附原有过所。用以上内容来衡量 Дx.1376，显然它不是"请给过所"的牒状。从"虑恐关津口铺不勒之行化，乡人所到，不练于行由，请详凭印而放过，伏听处分"来看，此件也是官文书。如果有沙州户曹参军的判语和沙州官印，那就是正式的过所。因此将此件定名为《沙州户曹给莲台寺僧应保过所文卷》，可能比我原先定名为《给沿途"关津口铺"牒》比较合适。又，敦煌吐鲁番出土已发表的过所都是汉唐时物，五代以降者，我还未见。此件乃宋代之物（详后），从行文来看，我们似乎可以感到"过所"内容的变化。我对此没有深入研究过，不敢自信，姑妄言之，以待来哲。

　　Дx.1438，孟目编号为 1655，8×30 厘米，两面书写，正面 4 行，背面 3 行，共 7 行。在短短的 7 行文字中，就有 6 处涂改，3 处加添，且最后 1 行"牒件状如前谨牒"这一公文套语只写了"牒件"二字而骤然停止，也没有落款。因此这是一件草稿。（图 2—1，图 2—2）它与 Дx.1376 是一件事情的两种文本。兹移录于下（涂改加添处，按改后的移录）：

沙州住莲台寺律僧应宝　右厶盖为当州藏内即
有兑落经本,遂发志愿,游步上都求十信之坛那,添
三乘之欠教。虑恐中国之关津口铺不隔(给?)边地之
行化,乡人所到,不练于行由,请详公凭而
放过,伏专候处分。牒件

　　这两种文本,除人名有一个字的差异以外,只是文字有多寡、理由有详略而已,实际上是一件事。如果研究古代公文,不失为甲乙本之资。作为过所文卷的行文,此件似胜于前件。定名应与Дx.1376同,其余不赘。

二　Дx.2170《沙州遗失经律论卷帙数录》

　　Дx.2170,孟目编号为 2939,33.5×33.5 厘米。(图 3)原件有小字注,有写后涂掉者,有在经名旁画折号者。先将内容移录于下(小注移录于括号内,折号不录,涂掉者不录。异体字、俗体字一律改用规范字;衍字、改字、补字用[ ]表示。):

　　沙州(先于京国请得三乘)遗失经律论卷帙数录　《大乘法集经》一部六卷(现在)或八卷(并无)(元魏天竺三藏菩提留支译,一百二十七纸),《央崛魔罗经》一部四卷(宋天竺三藏求那跋陀罗译,七十八纸),《大乘造像生[衍]功德经》一部二卷(三十一纸),《造塔功德经》一部一卷(二纸),《菩萨内习六波罗蜜》一部二卷(三纸),《菩萨善戒经》九卷或十卷三十品(一百八十纸),《优婆塞戒经》一部七卷(一百三十一纸),《生菩萨戒本》一部一卷(出《地持戒品》中,慈氏菩萨说,十纸),《菩萨戒本》一部一卷(出《瑜伽论》,弥勒菩萨说,十八纸),《羯磨文》一部一卷(七纸),《大乘阿毗达摩集论》一部七卷(无著菩萨造,一百三十纸),《差别论》一部一卷

 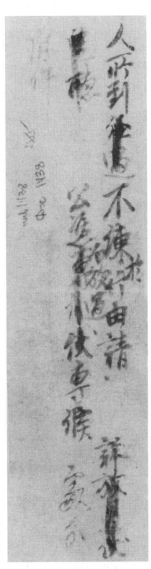

图 2-1　俄藏 Дх.1438　　　图 2-2　俄藏 Дх.1438v
应宝状（正面）　　　　　　应宝状（背面）

（六纸），《小乘楼炭经》一部六卷（西晋沙门释法立、法炬译，一百三纸），▁▁▁▁▁▁▁（纸），《鸯崛摩经》一部一卷（西晋三藏竺法护译，六纸），《根本说一切有部毗奈▁▁▁▁》（十四纸），《十诵比丘戒本》一▁▁▁▁▁▁，《根本说一切有部［戒］经》一部一卷（十五纸），▁▁▁▁▁▁一卷（二十三纸），《解脱▁▁▁▁▁▁十戒法并威仪》一部一卷（二十一纸），《根本说一切有部百一羯磨》一部十卷（一百四十六纸），《四分难［杂］羯磨》一部一卷（四十纸），《四分僧羯磨》一部三卷▁▁▁▁经》一部一卷▁▁▁▁▁▁（三纸），《根本萨婆多律摄》一部二▁▁▁▁▁（二百七十七纸），《大乘修行菩萨行门诸经要集》一部。上□所欠经律论本者，切［窃］闻中国人情慈悲愿重，遍惠于八方来乞，□济于一切要心。今则边地实阙教文，投步京都求化，或能随喜成就，同结善缘，使中外之藏教俱全遣来，今之凡夫转读□是受于佛教敕，得法久住世间矣。

很明显，这是上面那两个文书中所说的"沙州莲台寺僧应保"要到上都求乞的经律论目录，它与Дx.1376、Дx.1438同为一件事。

有趣的是，同一时期沙州向"上都"求经事，伦敦、巴黎也有这件事的文书。它们的编号是：S.2140、3607、4640，P.3851、4607。①在没有见到俄藏上述3件文书之前，我曾就英法两国所藏这5个号写过一篇题为《三界寺·道真·敦煌藏经》的文章，②在"敦煌藏经"部分中有云："把这五个卷子放在一起一排比，正好反映了一件事情的首尾。"

---

①方广锠博士曾就这些文书写过《敦煌遗书〈沙州乞经状〉研究》一文，发表在《敦煌研究》1989年第2期上，后收入《8至10世纪佛教大藏经史》一书中。其时我正旅居日本，没能及时读到方博士的这篇论文。

②敦煌研究院编《1990年敦煌学国际学术讨论会论文集·石窟考古编》，辽宁美术出版社，1995年。

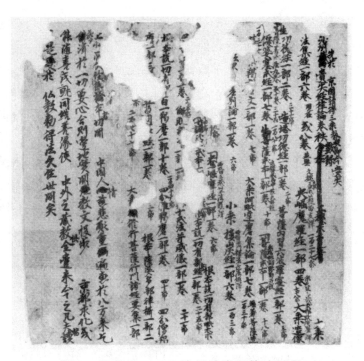

图 3　俄藏 Дx.2170 沙州遗失经律论目录

现在应该加上俄藏的 3 件,8 件文书反映的是 1 件事情。这 8 件文书的前后关系是这样:

Дx.2170 是最早的一份草稿,内容分 3 部分:第 1 行的"沙州遗失经律论卷帙数录"既是标题,①又是前言;第 2—11 行是所要乞求的经目;第 12—15 行是后语。结合 S.2140 来看,其前言所以开门见山,可能当时是和过所草稿 Дx.1376 一起考虑的。因为这件过所草稿已把前往"上都"的缘由说清楚了。8 件之中,经目有 4 份,每份都是大同小

---

① 黄永武先生《敦煌遗书最新目录》就把此卷定名为《沙州先于遗失经律论卷帙数录》,并无不妥,只是应把"先于"2 字去掉。

异,这是因为每次都有改动的结果。正因为它是第 1 次目录,提的经名比二稿多两件,且有疏忽之处。

S.2140 是第二次拟稿,前言比第一稿说得亲切、完善,将"沙州先于京国请得三乘,遗失经律论卷帙"改成"沙州先得帝王恩赐藏教,即今遗失旧本,无可寻觅,欠数却于上都乞求者"。为表示尊敬,"帝王""藏教"都抬头提行书写。

从边远地区上京求经,当然是很慎重的事,所以在前言后语的用词造句上经过几次修改。从种种迹象看,此次请经是沙州官府经办的,初稿(Дx.2170)的后语行脚僧的味道太浓,因此就后语部分单独

Дx.2170	S.3607
上件所欠经律论本,切闻中国人情慈悲愿重,遍惠于八方来乞,□济于一切要心。今则边地实阙教文,投步京都求化,或能随喜成就,同结善缘,使中外之藏教俱全遣来,今之凡夫转读□是受于佛教敕,得法久住世间矣。	上件所欠经律论本者,盖为邑众佛法难闻,而又遗失于教言,何以得安于人物。切望中国坛越普济乞心,使中外之藏教俱全遣来,今之凡夫转读便是受佛付嘱,传授教敕,令法久住世间矣。

进行过一次修改,S.3607 就是这样一份文书,现将两件并列如下:

第二次拟稿(S.2140)的后语就是 S.3607 提供的"版本"。此件字写得最正规,看来当时是想以此作为定本的。

从现存文书来看,就在这个时候,沙州境内进行过一次佛经清理,又找到了一些,于是又有第三次拟稿。

S.4640 是第三次草稿。此件两面书写,正面写前言和经目,背面写后语。前言与作为二稿的 S.2140 比,稍有改动,成了"沙州先于帝王请得藏经,自后遗失旧本,无可寻觅,今却入朝国求乞欠数者"把"先得帝王恩赐藏教"改成"先于帝王请得藏经"。这一改动使人想起 P.4962 的三行残文书:

准数分析奏　闻

陷蕃多年,经本缺落,伏乞

宣赐,兼降宣命,诏当道在朝

原文在"当道在朝"旁边有"先请经僧正"五字。从"陷蕃多年"可见此事发生在张议潮收复河西后不久,从"先请经僧正"而得知是"请经",不是"赐"经,这一改动是比较实事求是的。更为有趣的是,S.4640 第三次草稿的经目部分与 Дx.2170 一致,而与 S.2140 不一致。为节省篇幅,恕不一一列出,读者只需拿 Дx.2170 的录文与之一对便知。这里需要说明的是:因为 Дx.2170 是初稿,不免有错,如《优婆塞戒经》1 部 7 卷 131 纸,把"一百三十一纸"写到另一行去了(我在录文时,已根据 S.4640、S.2140 作了纠正)。《莺崛魔经》与《莺崛摩罗经》内容大体一致,只是后者详尽得多,故而二稿以后就将前者删去。这些问题在二、三稿里不再出现。第三稿与众不同的地方是在许多经名旁注有"罢却"二字,这表明此稿正是清理佛经以后草拟的。后语也有所改动,成了这样:

上件所欠经律论本者,盖为边方人众

佛法难闻中国诸贤能满乞愿,唯望

十信坛越一切好心随喜写之,所欠教言,普使

传之,边人转读,亦是受佛教敕,付嘱传

授,令法久住世间矣。

可能经办者觉得前几稿的前言都把"帝王"抬出来,不但于事无补,弄不好还会惹大祸。因此,仅就"前言"曾单独拟过稿。请看 P.4607 写本,在一张不宽的纸上拟了两次(版图):

沙州藏内部帙中遗失经律论数目,今于

上都求觅,唯愿信心上人同

(中间空了一截)

沙州藏内部帙中现有失却经律论卷轴无可寻觅,比欲

上都求乞者。

就这样,似乎还不妥当,因此定稿时,一切画蛇添足的东西全部
去掉了。

P.3851 是此次上京求经的最后一稿。与前几稿相比,此件有以下
4 点不同:一是前言去掉,只剩标题《沙州准目录欠藏经数》。二是目
录部分凡第三稿在经名旁写"罢却"二字者,统统去掉了。三是在一些
经的旁边用小字注曰"切要求觅来也"。四是最后有这样一句小字注:
"如或写者,切须三校,不请有留错字也。""三校"是当时的校书制度。
这一小注说明,当时经办此事者确实兢兢业业,考虑得很周到。因为
所请的经都是敦煌没有的,如果在中原不校对好,到敦煌以后会因为
无法校对而以讹传讹。同时,这最后一稿的前言、后语的处理也说明:
敦煌已经把求助的对象从官府转向民间。

三

此次敦煌向中原请经,究竟发生在什么时候,当然是我们最关心
的问题。俄藏敦煌文献 Дx.1376、1438、2170 我没有照片,但从上面我
介绍的内容来看, 它与其他五件同属一件事是毫无疑问的。这五件
(即 S.2140、3607、4640,P.4607、3851)不光是同一时代,而且同为一
人手笔。这五件,字有大小,用笔有粗细,字有工整不工整等区别,但
内容一致、字体一致、书写习惯一致,尤其是经卷的"卷"字,以及门、
闻、间等字的"门"这一部首的写法,其他人是无法写得与他一模一样
的。其特点一见便知。当我第一次接触这些文书时,直觉告诉我,这是
五代、宋时期敦煌归义军衙门某个孔目官或某节度参谋的手笔。经查
对,这是宋《雍熙三年(986)丙戌岁具注历日》的编制者安彦存的笔
迹。现存 S.3403 写本安彦存写《雍熙三年丙戌岁具注历日并序》是已

知敦煌历日中字写得最好的一份。其序言中的"三百五十四""授""八节""七十二""大小""修造""已下""右件"等字，将其与几份"请经目录"对比，就知道两者同出一人。在"请经目录"中出现频率最高的"卷"字，历日中虽没有，但我们若留心一下"序"中的"奏书"二字和"丁巳"二字的写法，将"巳"字放进"奏"字的下半部，就会发现，它就是"请经目录"中的"卷"字，并且毫不怀疑。文中的"功德""事""蜜"与目录中的各该字皆一致，"旧"字则与 S.2140、4640"请经缘起"（我把它们称之为"前言"）中的"遗失旧本"的"旧"字如同出一模。尤其是第23 行的"闭"字，与经目中的"门""闻""间"几字的"门"字头那无法模拟的特殊写法一对照，更令人深信不疑。

方广锠博士在《敦煌遗书〈沙州乞经状〉研究》一文中有一节"乞经时间、对象、地区问题的研究"。关于乞经时间，他认为"上述乞经活动可能是五代时进行的。"①我也曾与方博士不谋而合，认为是五代时进行的，而且论据也基本相同。但仔细琢磨其字体，总觉得"似曾相识"，现在终于找到了经办此案卷者为安彦存，这不光是个人得到了一点"收获"，也有助于关于藏经洞一些问题的研究。

当然同一人的字，也不是一成不变。安彦存写于雍熙三年（986）具注历日的字比较修长、清秀，而请经文卷则比较老成，给人的印象是具注历日在前，请经文卷在后。雍熙三年（986）时，应是安彦存刚担任历日编撰不久。敦煌历日中还有 S.1473《太平兴国七年（982）壬午岁具注历日》，其编撰者是翟文进。翟文进其人是五代时敦煌名士守州学博士、历法家翟奉达的后人，S.0095《显德三年（956）丙辰岁具注历日》就是翟奉达编撰、翟文进书写的，此件的尾部有题记"写勘校子弟翟文进书"。翟文进的事迹告诉我们：956 年时翟文进已接触历日的

①方广锠：《敦煌遗书〈沙州乞经状〉研究》，《敦煌研究》1989 年第 2 期。

编制，26年后的982年才有他署名的历日（当然也不否认此前他有编过历日的可能），可见历日的编制不是很快就能掌握的。比照《唐六典》，翟文进在显德三年（956）时可能是"历生"，从历生到司历，须"八考入流"。由此而可知，晚于翟文进四年编制历日的安彦存，雍熙二年（985）时也不会是初出茅庐的人，因此他的字比翟文进当年担任"写勘校"时的字成熟得多。请经文卷的字比安彦存本人雍熙三年的字还要晚，虽然我们无法说出晚多少年，但此次请经行动发生于宋代，则是无疑的了。即使写于雍熙三年左右，也还是宋代。退一步说，哪怕是写于雍熙之前20年，有宋也已立国，绝对不会是五代时的事。因此，此次请经行动发生于"五代"之说，可以不再考虑。

这个问题的解决，自然引出藏经洞文物是否"废弃"之说。

从现存若干件各种经目来看，归义军时期沙州曾有过一次大规模清理佛经的活动，这是"废弃论"者也承认的。清理的目的是搞清哪些经有、哪些经没有，也是毋庸置疑的。根据清理的结果，进一步想办法补全一藏佛经，似乎大家也都比较一致。那么，即使最保守的看法，把此次请经放在雍熙三年（986），离藏经洞封闭的1002年，才隔了16年，辛辛苦苦弄来了又废掉，所图何来？有学者认为，开宝藏完成于太平兴国八年（983），此后曹氏向中原王朝请经，得到了刻本开宝藏，原有佛经也就作废了，非也。即使此时赐给了一藏，沙州十几座寺院岂一藏所能足？即使寺院满足了，私人也得要，岂容作废？请看一个例子：三界寺名僧道真，五代长兴五年（934）发起寻访古经、修补头尾活动以后，[1]经过努力，卓有成效。S.6225是道真的手迹，两面书写，一面写"三界寺比丘道真诸方求觅诸经随得经杂记"，一面写"集《大般若经》一部六百卷，具全。又集《大般若经》一部，未全。《大涅槃经》三部、

---

① 有关此事的敦煌文献卷号有：敦研345、北图续0329、S.3624。

《大悲经》三卷，具全。经录一本"。这说明当时《大般若经》已经收全了一部。剩余的不全的那一部，道真也没有让它废掉，请看 S.6191，只有一行，是一个标签，题曰"杂大般若经"，下面双行小字注："或有施主及官家缺帙号处，添取帙内，计十卷。"这个题签，估计当年是挂在一个"包袱皮"外面的，内裹所谓"杂大般若经"10 卷。双行小字注说明：道真十分爱惜他"诸方求觅"所得的残经，这 10 卷《大般若经》准备随时让人拾遗补阙之用，其兢兢业业跃然纸上。很显然，道真这次努力还是没能凑够一藏，整个沙州也没有完整的一藏，因此才有雍熙前后的这次请经。假设这次请来了开宝藏，为什么大中祥符七年（1014）还要请经？①论者或曰那请的是金字藏经，不错。这正说明，佛经需要几套。从用途来说，有受持经、供养经之分，当我们看到一些经背面"打补丁"时，佛经何废之有的看法就会油然而生。

　　日本学者矢吹庆辉、牧田谛亮、竺沙雅章、土肥义和、冈部和雄等诸先生都对此次请经事件 8 个文书中的 S.2140 有过研究。②牧田谛亮

---

　　①《宋史》卷四九〇《外国传》："大中祥符末，宗寿卒，授贤顺本军节度，弟延惠为检校刑部尚书、知瓜州。贤顺表乞金字藏经、泊茶、药、金泊，诏赐之。"见中华书局 1985 年标点本，第 14124 页。此事《宋史·真宗纪》系于大中祥符七年（1014），同上书，第 156 页。

　　②矢吹庆辉：《鸣沙余韵·解说篇》第 1 部，临川书店，1933 年，第 261—264 页。牧田谛亮：《疑经研究》，京都大学人文科学研究所，1981 年，第 35—36 页（此据方博士《敦煌遗书〈沙州乞经状〉研究》一文注 2）。竺沙雅章：《敦煌的僧官制度》，《中国佛教社会史研究》，同朋舍，1982 年，第 403—404 页。土肥义和：《归义军时代》第四节《归义军和敦煌佛教教团·敦煌、中原两佛教界的交流》，《讲座敦煌》第 2 册，大东出版社，1980 年，第 268—270 页。冈部和雄：《敦煌藏经目录》，《讲座敦煌》第 7 册，大东出版社，1984 年，第 312—313 页。冈部先生第一次提到了沙州乞求中国坛越慈济遗失经律论本状中还有 S.3607、S.4640、Дх.2939。但他只是点到而已，未加研究。

先生的文章我无缘得见,其他先生的文章都曾为我开拓过思路,因为我所引用的卷子已超过诸位先生的范围,着眼点和研究的角度也不一样,本文也就没有涉及他们的研究情况,但他们的文章应给予介绍,尤其是矢吹庆辉先生,他可以说是敦煌遗书中的目录学的开拓者。

梳理完这 8 件写卷之后,写本的定名也就明确了。已故唐长孺先生主持编撰的《吐鲁番出土文书》(1—10 册)是我国出土文书编目的典范,它本身就是许多学者的研究成果。借鉴该书目录的定名,我觉得本文所涉及的 8 件文书,都应该叫作《宋代沙州向中原请经文卷》。虽然如此,我仍不敢自信,祈请方家教之。

(《敦煌研究》1996 年第 3 期)

附录一

打不走的莫高窟人

　　敦煌莫高窟的存在,敦煌藏经洞的发现,世界上的人们因而知道有敦煌。

　　1962 年,《人民文学》发表了徐迟先生的报告文学《祁连山下》,轰动一时,国内不少读者不仅知道了敦煌,而且知道了有一支以"尚达"先生为代表的敦煌文物研究所的员工队伍。善良的读者为主人公尚达———一个在法国喝了十年洋墨水的画家到莫高窟的第一顿饭只能以红柳枝代替筷子而赞叹,为尚达夫人不辞而别,尚达拖儿带女孤守敦煌而洒下同情之泪……《祁连山下》发表之后的很长一段时间,就连我认识的人在内,见面总要问起"尚达"先生,总要问生活在敦煌苦不苦。

　　是的,昔日的敦煌是苦的。

　　即使日历翻到 1962 年,莫高窟还没有电。据老同志告诉我,他们曾想到用宕泉水搞水力发电,于是自己动手修渠打坝,用水的落差来带动水磨,开动电机。谁知,此事有如"秀才造反,十年不成","发电站"发出来的电像萤火虫一般亮了一下就再也不发光了。人们为了自我安慰,说是"曾经给我们带来过一线光明"。

　　莫高窟离城 25 公里,没有汽车,有一挂马车,因而堂堂研究所的职工中还有一名"马儿车夫斯基"。为数不多的职工子女,上学必须进城,星期六用马车接回来,晚上赶紧消灭衣服上的虱子,星期天用马车摇着送回去。有一次,两个孩子没能坐马车回来,父母十分着急。那时候,李永宁同志是所长秘书,自告奋勇骑马进城把孩子找了回来。

我们没有汽车坐,但却时不时得抬汽车:莫高窟前有一条河叫"宕泉河"(当地人叫大泉河,宕、大乃一音之转),夏天无水,冬天却满河床是冰。河上没桥,从莫高窟到河对岸,一到冬天,人、车皆履冰而过。当年,隔三岔五有参观车,弄不好车掉进冰窟窿里,向我们求援,义不容辞——抬车。

1965年,莫高窟迎来了第一辆轿车。为了记住昔日步行进城的小路,也为了纪念结束徒步的历史,常书鸿先生带领我们沿鸣沙山东麓的小路作最后一次徒步进城,然后坐着新车回到莫高窟。但是,冬天抬车却有增无减,因为还得抬自己的汽车。

喝的是苦水。初来乍到者,往往肠鸣水泻。我到敦煌半年后肚子才正常。如有首长到敦煌来参观,得从敦煌城拉水。冬天,我们在宕泉河上凿冰冲冲,才喝上一阵子甜水,也很有点《诗·豳风·七月》的诗意。孩子们可不一样,他们在莫高窟土生土长,星期天从城上回来,进家先喝一肚子苦水,觉得好喝。他们觉得咸水有味,而甜水则"淡兮兮的不爱喝"。

研究所内,没有什么像样的桌椅板凳,一张庙里的"供桌"陪伴了我们20年。直到80年代初,以我们家为例,家具只有四条小板凳,还是公家发的,这是用莫高窟前死掉的一种叫"鬼拍掌"的树做的,特有意义。如今,它们又跟着我们来到兰州。书架是土的:用土坯做支架,几块小木板拼成隔板;沙发是土的,全用土坯砌成"沙发"的样子,再铺上旧棉絮;桌子是土的:土坯做腿,桌面则先在腿上搭几根木条,再在木条上砌土坯,然后墁光、刷上石灰;睡的是土炕。清一色的土制家具,倒有一条好处——无损坏之虞。只是那土炕,冬天得烧火,南方人睡不惯,长期不烧,土坯发潮炕就塌。

人,就是怪,有人生在福中不知福,也有人生在苦中不知苦。后者往往有些"迂"。

即使是 60 年代初期,多数洞窟窟前无栈道、走廊、梯蹬,用的是"蜈蚣梯"。洞窟多数无门,人在窟内工作,风吹日晒全凭天公安排。洞窟坐西朝东,上午窟内光线尚可,下午就不行了,又不能点灯(油烟会熏坏壁画),于是只能用镜子反光——向老天爷借光。洞窟要全面维修加固,工程开始前须对窟前遗址进行发掘,对崖面遗址——梁眼、椽眼等等进行实测、记录,考古组的人腰系绳索,打秋千似的悬空作业。第 130 窟大面积的壁画加固,保护组的人就得抡大锤打钢钎。

是的,敦煌的生活、工作是苦的。然而,敦煌人除了因孩子上学不便而感到有点内疚而外,他们似乎不感到什么苦。人们常常能听到临摹工作者、保护工作者从窟内传出的川剧、秦腔、民歌、小调。他们面对佛、菩萨,有时竟那样忘情。资料室不但白天开门,晚上也开门,煤油灯擦得锃亮,看看心里也光明。被称为"活字典"的史苇湘先生每晚必到,以供同志们"备查"。著名的第 465 窟(俗称欢喜佛洞)孤零零坐落在石窟群的北端,离我们的住区——中寺、上寺很远,李其琼女士临摹该窟时,带上干粮,中午不回家,为的是节省时间,并争到光线充足的黄金时间。壁画内容复杂,而佛经又不能借回家查阅,只好出了洞窟又进资料室,带着壁画中的形象去找佛经依据。

佛经浩如烟海,莫高窟的壁画内容,时至今日尚有不明确切名称者。第 257 窟的须摩提女因缘是连续 14 个画面的横幅式故事画,曾几次易名:最早,以阎文儒先生的暂定名为准,叫它"菩萨赴会";后来,史苇湘先生据《贤愚经》定为"富那奇缘品",比"菩萨赴会"前进了一步;又后来,一个偶然的机会,我翻经翻到吴(三国)支谦译的《须摩提女经》,比对之后认为此画应名为"须摩提女因缘"。时任敦煌研究院院长段文杰先生还专门把画面与经文对照了一遍,告诉我"连次序都准确无误"。像海底捞针般捞到了一根针,我自己也感到高兴。然而,有人问我:"你们的工作与国计民生无关,有你们不多,没你们不少,真正是可有可无,哪来那么大的兴趣?"

第285窟是莫高窟有绝对年代题记的最早的一窟,也是进行爱国主义教育的好教材:1925年,美国的华尔纳第二次来敦煌,原打算将此窟壁画全部剥走(可见此窟价值之高),全赖敦煌乡民、绅士及地方官的防范,才幸免于劫。此窟北壁和东壁为莫高窟独一无二的南朝风格的壁画。其中有两个菩萨,眉宇疏朗,朱唇艳如新抹,体态飘逸,一派风流倜傥的名士风度。有一天,不知哪位同仁发现两位菩萨的嘴唇掉了。李承仙同志当时是党支部书记,还认真追查过,想弄清楚是谁碰掉了。这是一桩至今未了的公案。也许有人会说:这是何苦?

第194窟位于高处,雕塑家何鄂临摹该窟天王像时,搬土提水一应自己动手。一般的天王像都是怒目圆睁的可怕形象,而第194窟里却有一身笑天王。何鄂在临摹过程中,处处领略着唐代雕塑家的艺术造诣,感情亢奋,总想把自己的愉悦与人分享。一天,我上洞子工作,路过第194窟。我不是搞美术的,她不怕"对牛弹琴",硬是给我讲了那尊天王的面部:分开来看,哪一点都不美,小眼睛、小鼻子、小嘴,而且"五官集中",但是整体看,他的眼睛、鼻子、嘴甚至眉毛、胡子都在笑,"五官集中"正是笑的结果。"笑都是眯着眼笑,你见过瞪大眼睛笑的吗?"何鄂问我。还没有等我回答,她又接着说:"妙就妙在恰到好处,通过面部表情刻画出了'会心的笑'。"天王在笑,何鄂在笑,不是纵情的笑,而是温情脉脉的笑。何鄂的真情感染了我,眼前站的似乎不是天王和何鄂,幻化出的是一对情人,他们无限幸福。如果此时有人问何鄂:莫高窟苦不苦,她会把你当成疯子!

第194窟还有一身"任是无情也动情"的菩萨,也为莫高窟平添了不少佳话。有一次,我接待一位革命老干部。他不是搞艺术的,看了这位菩萨,迟迟不走,真所谓"流连忘返"。他说:"不怕你笑话,要不是文物保护政策的束缚,我真想和她拉拉手,想和她谈谈心。你大概会觉得我是《巴黎圣母院》里的敲钟人吧?"我深受感动,顿觉有幸守着她而自豪,为自己是莫高窟人而骄傲。

敦煌的美术工作者、研究者们会如数家珍般地告诉你哪位菩萨最美,哪个洞窟颜色最新,哪条题记在哪里,哪条边饰最华丽,哪个洞窟最大,哪个洞窟最小,衣冠服饰、器物供具,多少经变,多少故事……他们的脑子就是一本石窟内容总录。敦煌的保护工作者会告诉你多少洞窟有病虫害,哪个洞窟壁画剥落最厉害,哪个洞窟岩体有裂缝,哪尊塑像得修复……他们吃人间烟火,又似乎不吃人间烟火,因为他们与莫高窟是那么不可分,而莫高窟则是"西方净土"!

在那可诅咒的"文化大革命"的日子里,莫高窟也分成两派。有趣的是:两派都声称自己是革命造反派,而自诩造反派的标准之一,就是谁家都亮出"保护文物"的旗帜,谁家都在身体力行。在那场灾难中,"典型的四旧"莫高窟没有被"扫"掉,也可算是奇迹。我曾经不止一次给前来采访的记者说过,希望有谁能写一下连我们自己也说不清的那种精神。更有奇者,北京大学来的红卫兵,到莫高窟一看,也吩咐我们:你们一定要保护好莫高窟,这是革命与反革命的分界线!我老在想:莫高窟艺术莫非是人们思想的净化剂?

"文革"后,尤其是十一届三中全会以后,莫高窟拂去了昔日"左"的尘埃,像净琉璃(佛教的七宝之一)那样光彩照人。不少记者来采访,有人想写"莫高窟精神",有人要写"打不走的人"。当我听到"打不走的人"这一命题时,确实感慨系之。反右派,莫高窟不能例外;"摘帽子",也随着社会而来。那时候的"摘帽右派"史苇湘、孙儒僩、李其琼都是刚步入中年、精力旺盛的人,如果他们想离开敦煌,易如反掌。但是,他们谁也没有如此想。

"文化大革命",由于两派都要保护石窟,洞窟是保下来了,没遭人为的破坏,但其他方面仍然是步步"紧跟"而"有过之而无不及"的。所长、书记固然是"走资派",在劫难逃,而历次运动中受冲击者也未能幸免。研究所当时只有40多人,而被揪斗者竟达25人,台上站的"牛鬼蛇神"比台下"革命群众"还要多。今天想来好笑,当年争来争去,研究所的好多人只是想当个"革命群众"而不可得。于是,段文杰先生当了"社员";史苇湘先生做了"羊倌";在革命圣地延安生长、没在"国统区"生活过一天的贺世哲先生成了"反革命",被开除党籍、开除公职送回老家;孙儒僴、李其琼被再一次戴上了"帽子"遣送回四川老家。打倒"四人帮"以后,给他们落实政策,还是没有一个人要求离开敦煌,都回到了莫高窟。千真万确是"打不走的莫高窟人",敦煌像一块磁铁,吸引着钢铁般的人们。

生活在莫高窟又是幸福的。

党和国家领导人,除了毛主席、朱总司令、刘少奇、周总理等少数的几位以外,几乎都到过莫高窟,历任甘肃省委书记、省长,更是人人都到过莫高窟。首长们对莫高窟的艰苦给以同情和关怀,对坚持在此工作的人们表示赞扬。

1983年,法国巴黎举办敦煌壁画展览,同时举行国际敦煌学学术研讨会,敦煌研究院的人受到特别的礼遇:巴黎副市长接见我们并送了礼物;我们到巴黎国立图书馆参观,东方部主任给我们看了来自敦煌的最精彩的写本,并宴请我们;到吉美博物馆参观时,陈列部主任领我们看了库房中保存的来自敦煌的精品。他通过翻译告诉我们:请随便,你们就像回娘家一样不用客气。说完以后,又觉得"回娘家"一词显然不合适,手足无措,很是尴尬,一时竟说不出话来。虽然,伯希和拿去的东西,罪不在他,但见了敦煌人,他仍有代人受过的表示。这一切,就因为我们来自敦煌,我们是敦煌人。

1989年,我应邀参加日本龙谷大学创立350周年纪念会并出席国际学术讨论会。被邀请的原因很简单:其一,当时我正旅居日本;其二,最主要的,因为我是敦煌人。其间,由龙谷大学安排,我参观了唐招提寺,并提出希望能看一看招提寺所藏的敦煌写经。唐招提寺年过古稀的森本长老听说我们来自敦煌,不但亲自接待我们,而且还跪着(那是他对佛经的崇敬)为我们一件件地展卷、收卷。

　　1991 年,日本朋友西村三郎为我联系参观三井文库所藏敦煌写本。三井文库珍藏的写本,已经 50 多年没有让人看过,当我递上名片,对方一看来者是"敦煌研究院敦煌遗书研究所所长"时,稍加考虑即欣然应允。接着,112 件写本,件件让我随便看,并和我一起重新编制了目录。

　　旅日两年间,我到过东洋文库、国会图书馆、中央图书馆、京都博物馆、东京博物馆、书道博物馆、三井文库、静嘉堂文库、大东急记念文库、御茶水图书馆、天理图书馆、宁乐美术馆、藤井有邻馆、东京大学东洋学研究所、大和文华馆、大阪美术馆等等,除书道博物馆外,所到之处,只要听说是"从敦煌来的",都能"有求必应";在书店或图书馆,偶尔碰见台湾同胞,一听说我来自敦煌,无不"哇"一声,如见天外来客,问这问那,处处流露出肃然起敬之情。作为敦煌人,我在日本的最深感受是:敦煌是一个值得为之献身的地方!

　　敦煌人作为一个群体,国际国内知名,作为个人,却多默默无闻。据说最近播出的百部影片中有《敦煌艺术》。此片从选材到脚本、解说词到拍摄,敦煌人一直是参与者,但却未挂敦煌人的任何名字。舞剧《丝路花雨》名扬海内外,出了不少"著名专家"。现在舞台上经常出现的唐代发式、唐代头饰、唐代服饰,不少来自《丝路花雨》。但,《丝路花雨》是怎样创作出来的,敦煌人最清楚。可是,即使是市场经济蓬勃发展、知识产权日益完善的今天,敦煌人也无怨无悔。他们多半没有什么豪言壮语,也不善于名利场上的追逐,甚至对送上门来的记者,也

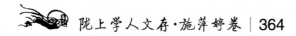

不知利用机会……

他们与敦煌同呼吸,共命运,他们对敦煌如痴如醉,忠贞不贰。要问为什么,那就是因为莫高窟是一个值得为之献身的地方!

作者附言:本文说到的"敦煌"指莫高窟,说到的"敦煌人"则是指在莫高窟工作的人们。

附录二

我与敦煌学研究

1961 年,我到敦煌工作,时年 29 岁,虽将步入 30,却没有"三十而立"之雄心;原因很简单:作为一名 1956 年入大学的"调干"学生,入学后经历的是多事之秋,恰似"先天不足,后天失调"的孩子,故"立"不起来。但有一点至今无悔——到敦煌以后,没有想走。那是因为跟着段文杰先生看了一个星期的洞窟以后, 觉得莫高窟的研究课题俯拾皆是,有一辈子也做不完的事,我就答应常院长(其时常书鸿先生是兰州艺术学院的院长兼敦煌文物研究所所长)到敦煌来工作,这一步走对了。

光阴荏苒,一晃 40 多年过去了,如今已垂垂老矣,还没有"立"起来。我很害怕填表,万一要填专业是什么,我无言以对。敦煌学博大精深,有学者给敦煌学分类,拟了 100 多个分支。就敦煌学大的领域而言,有敦煌艺术、敦煌文献、石窟保护等,哪一门我都不通。中国 20 世纪 50 年代的干部、50 年代的党团员、50 年代的大学生, 日本友人称之为"三五牌"的人才。我不在"人才"之列,却是典型的"三五牌"。在敦煌研究院(过去的敦煌文物研究所),我做过资料工作,与史苇湘先生几次互为组长、组员;到石窟考古组当过"没有受命的组长";到敦煌遗书研究所当过不称职的所长。其间,作为一枚螺丝钉,当过多年的讲解员、资料采购员、编目员,编过书,筹备过出国展览,外带"文革"十年的放羊、种地。只顾耕耘,不问收获,晕晕乎乎还觉得没有偷懒。20 世纪 80 年代以后,学者们纷纷出书,同行们左一本、右一本给我馈赠各自的专著。接过好友的书，高兴的同时脸上总是烧乎乎的——因自己没有专著可以回赠而愧疚。

为了自我解嘲，我自称是敦煌学领域的"两栖动物"。青蛙在水里、陆地都能生存，但在水，潜得不深；在陆，蹦得不高。传统的敦煌学分为两大领域，即敦煌艺术研究和敦煌文献研究。敦煌石窟考古是敦煌艺术研究的重要一环，我在这方面写过一些东西。在敦煌艺术海洋里，潜得不深，但还能生存。敦煌写卷内容考证，是敦煌文献研究的基础，电脑没有普及之前，我利用法国、英国、中国几个国家图书馆所藏敦煌遗书缩微胶卷做过多年的内容考证、定名工作，编过目录，也写过一些东西，在这广袤的领域也能蹦跶两下，但自我感觉是没有什么高度。我想，我为自己定位的"两栖动物"，不用多费笔墨，读者只要翻开本书的目录，便可一目了然。

把自己比作"两栖动物"是不好听的。为什么我会这样？一是环境使然，一是天性使然。"三五牌"的大学生是很有点"毛主席的战士最听党的话，哪里需要哪里去，哪里艰苦哪安家"的味道的。这种大环境，再加上我较能随遇而安，"成就"了我这只"青蛙"。

至于"天性使然"，这得说上几句。

不记得哪位名人说过"对待知识应该像海绵吸水那样"。是啊，你看那海绵吸水，在达到饱和状态之前，对于来水总是那样迫不及待的。我生性比较好奇，兴趣比较广泛，总觉得每天都能长一点知识，也就没有白活。正因为如此，目的性不强，经常在书库里东翻翻西翻翻地过一天。

这反映在我写的文章上，比较典型的就是《敦煌历日研究》一文。敦煌研究院藏有晚唐以后敦煌归义军官方的酒账一件，账目有月有日，而不知是哪一年。但在某月至某月之间有"两个月小尽"或"三个月小尽"的说明。20世纪70年代初，武汉大学的朱雷先生来敦煌考察,我向他请教中得知"月小尽"即小月。于是我就想,若能把酒账提供的大月、小月与古历对照,不就能为酒账的立账年代找出线索了吗?

由此而首先想到敦煌遗书中的"敦煌历日"。待到把有关的敦煌写卷拿出来认真一看,名词不懂,推求术不会,具有"老虎吃天无处下爪"之窘。不过,兴趣因此而倍增。于是,从阅读日历知识开始,接着读《史记·历书》《汉书·律历志》……说来惭愧,学历史的人,看不懂正史中的任何一种律历志。读不懂律历志就改读《梦溪笔谈》《陔余丛考》《小学绀珠》等唐宋史料笔记,有了一点"理还乱"的知识。此时,我想到了从敦煌历日中找规律的方法,把缩微胶卷中所有敦煌历日残卷印成照片,在王重民先生《敦煌本历日之研究》(《东方杂志》第 34 卷第 9 号)、日本学者薮内清《斯坦因敦煌文献中的历书》(《东方学报》京都版第 35 期)两文的启发下,将历日内容进行整理、排比,尽量利用残卷所提供的条件,恢复该件的月建大小,然后与陈垣先生的《二十史朔闰表》对照,将有年代的历日写卷与《二十史朔闰表》对照,学着使用"年九宫""月九宫",知道什么叫"建除十二时"。

1983 年春天,张广达先生给我寄来了著名敦煌学者藤枝晃先生的《敦煌历日谱》(《东方学报》京都版第 45 期)。这是当时最重要的关于敦煌历日研究的文章。当我摸索着用多种办法来推求每件历日所属年代以后,将我的结果与王重民、薮内清、藤枝晃诸先生的推算一对照,发现我的推算居然可以补他们的不足,甚至还有所突破,信心因此而生,文章也就写出来了。

成果出来之后,中国科学院自然科学史研究所前所长席泽宗先生告诉我,他去美国讲学还用了我的历日资料;自然科学史研究所也曾几次给我发来该所召开的学术研讨会的邀请函,我自知不是这方面的专家,一次也没有出席过,只是尝到了兴趣所带来的甘甜而已。

《敦煌历日研究》一文发表以后，上海辞书出版社的一位好友指出了我在"建除十二时"上立论有误，同时给我寄来了《中国天文学史》第3卷1册，我如获至宝。如果早有此书，我的历日研究将是事半功倍的，同时也深深地感到"隔行如隔山"，以后应少干一点兴之所至的事。

我把此书名为《敦煌习学集》，也有一个缘由：

若干年以前，读陈寅恪先生的《隋唐制度渊源略论稿》，在论及兵制时，陈先生引用了南宋叶适著《习学记言》中的一段话，除了深深佩服陈先生博学多闻、引证恰当之外，对"习学记言"这一书名印象颇深。诚然，习学犹学习，但我主观感觉"习学"有一种深层次的含义。当时，我不敢有出版什么文集的奢望，只想到在我辞世之前把自己的习作收拢一处，题目就叫"敦煌习学集"。在我来说，"习学"还有另一种意思。刚到敦煌时年纪尚轻，我心想敦煌学虽博大精深，但来日方长，不妨样样都学习学习，日积月累，总会作出点成绩的，因此起点就不求专而求广。谁曾想三年一个小运动，五年一个大运动，更有"文革"十年，再加上自己东一榔头西一棒槌，时光不再，只有空叹息而已矣。几十年来写的一些不像样的文章，只能说明我在不断地学习，故而文集最贴切的名称莫过于"敦煌习学集"。

有人说，文章犹如癞头儿子——自己的好，我却不然。我的心态是，刚脱稿时，看上一遍，自觉不错，过一阵子，就不想再看，好赖随它去。因此文章发表以后，懒得再看，是否有硬伤也不知道。20世纪90年代以后，敦煌学界出书已不再是"难于上青天"了，出版社的朋友曾热情地提议为我们夫妇出书。朋友的好意，我永生难忘，但却在感激万分的同时，坦诚地推辞了。其原因是：要出文集，得东三西四地收集文章，得从头看一遍，得改正错误……这一切都需要时间，而垂暮之年的我，总想趁脑子尚清晰之时再写点新东西，不说是把过去的损失挽回来,至少能让日子过得充实一点。由于种种原因,总是心有余而力不足,也没有作出什么成绩来。

今年是敦煌研究院成立 60 周年, 院里将举行国际学术研讨会,院领导为我们安排了文集的出版,偏又碰上自己身体不适,没能把所收文章从头看一遍,绝大多数文章一仍其旧,尤其是注解部分,当年不讲究规范化,此次又未能重做。凡此种种,只有告罪于读者,祈请见谅并多加批评指正。

2004 年 6 月 26 日于兰州

(《敦煌习学集》上册,甘肃民族出版社,2004 年)

附录三

施萍婷先生著作目录

施萍婷（1932.8.20—　），浙江永康人，1949年5月永康解放时参军，任二野三兵团12军34师师部文书，随即跟随师长尤太忠坐火车到安徽，再长途步行进军西南，参加同年11月解放重庆战役。重庆解放后，驻守重庆。1951年春赴朝参战，主要刻蜡纸，1954年5月回国，转业到浙江石油公司工作。1956年考入兰州大学历史学系，1959年转西北师范大学历史学系，后因家庭困难，肄业到兰州艺术学院工作。1961年调到敦煌文物研究所工作，1988年任副研究员，1993年任研究员，1998年离休。主要从事敦煌遗书研究，曾担任敦煌遗书研究所所长，主要研究成果收录于《敦煌习学集》上、下册（甘肃民族出版社，2004年）、《敦煌石窟与文献研究》（浙江大学出版社，2015年）。

专　著

1.《敦煌石窟艺术·莫高窟第428窟》（与贺世哲合写），江苏美术出版社，1998年。

2.《敦煌遗书总目索引新编》，中华书局，2000年。此书署名为：敦煌研究院编，施萍婷主撰稿、邰惠莉协编。

3.《敦煌石窟全集·阿弥陀经画卷》，商务印书馆（香港），2002年。

4.《敦煌习学集》上、下册，甘肃民族出版社，2004年。

5.《敦煌石窟与文献研究》,浙江大学出版社,2015 年。

论　文

1972 年

1.《从一件奴婢买卖文书看唐代阶级压迫》,《文物》1972 年第12期。

1977 年

2.《敦煌文物研究所藏敦煌遗书目录》(署名敦煌文物研究所资料室，刘忠贵、施萍婷执笔),《文物资料丛刊》(1)，文物出版社,1977 年。

1978 年

3.《莫高窟第 220 窟发现的复壁壁画》(署名关友惠、施娉婷、段文杰),《文物》1978 年第 12 期。

4.《敦煌莫高窟》(署名施萍婷、舒学),《文物》1978 年第 2 期。收入《敦煌的艺术宝藏》,标题《莫高窟概况》,香港三联书店,1980 年。

1980 年

5.《奇思驰骋为"皈依"——敦煌、新疆所见〈须摩提女因缘〉故事画介绍》(与李其琼合写),《敦煌学辑刊》创刊号,1980 年。

1981 年

6.《敦煌与莫高窟》,《敦煌研究》试刊号,1981 年。日文:日本《东洋学术研究》第 22 卷第 1 号,1983 年。

1982 年

7.《建平公与莫高窟》,《敦煌研究文集》,甘肃人民出版社,1982 年。

1983 年

8.《本所藏〈酒账〉研究》,《敦煌研究》总 3 期,1983 年。此文本为大型图录《敦煌》而写。由于种种原因,图录曾搁浅多年,领导决定先收入《敦煌研究》。大型图录《敦煌》仍收有此文)。

9.《敦煌历日研究》,《1983 年全国敦煌学术讨论会文集》文史、遗书编(上),甘肃人民出版社,1986 年。

10.《两件敦煌文物介绍》,《敦煌学辑刊》总 3 期,1983 年。

11.《近年来本所敦煌遗书研究概述》(法文),在 1983 年巴黎国际学术会议上宣读(见该会论文集)。

1984 年

12.《五代时期的敦煌莫高窟》,《甘肃画报》1984 年第 6 期。

1985 年

13.《敦煌随笔之一》,《敦煌研究》总第 5 期,1985 年。

1986 年

14.《莫高窟壁画艺术(北周)》,《敦煌艺术小丛书》之四,甘肃人民出版社,1986 年。

1987 年

15.《敦煌随笔之二》,《敦煌研究》总第 10 期,1987 年。

16.《敦煌随笔之三》,《敦煌研究》总第 11 期,1987 年。

17.《敦煌随笔之四》,《敦煌研究》总第 13 期,1987 年。

18.《敦煌壁画中的法华经变初探》(与贺世哲合写),《中国石窟·敦煌莫高窟》(三),文物出版社、平凡社,1987 年。

19.《〈金光明经变〉研究》,《1987 年敦煌石窟研究国际讨论会文集·石窟考古编》,辽宁美术出版社,1990 年。

1989 年

20.《延祐三年奴婢买卖文书跋》,《敦煌研究》1989 年第 2 期。

21.《〈后汉书〉"宋均传"应为"宗均传"》,《古籍整理与研究》1989 年第 4 期。

22.《四件敦煌写经的定名》(日文),日本《东方》107 号。

23.《敦煌遗书〈阿弥陀经〉校勘记》,《敦煌研究》1989 年 3 期。

1990 年

24.《三界寺·道真·敦煌藏经》,《1990 年敦煌国际学术讨论会论文集》,辽宁美术出版社,1994 年。

25.《敦煌研究院、上海图书馆、天津艺术博物馆藏敦煌遗书巡礼》(日文),《东洋学报》1990 年 1、2 期合刊。

1991 年

26.《中国敦煌学の现段階(日文)——在日本龙谷大学 350 周年纪念学术研讨会上的发言》,后收入日本思文阁出版社出版的《佛教東漸》一书,1991 年,京都。

1992 年

27.《敦煌经变画略论》(英文),香港《东方》1992 年 5 月号。中文稿见《敦煌研究论文集·敦煌石窟经变篇》,甘肃教育出版社,2000 年。

1993 年

28.《斯 2926〈佛说校量数珠功德经〉写卷的研究》,《敦煌研究》1993 年第 4 期。

29.《日本公私收藏敦煌遗书叙录(一)》,《敦煌研究》1993 年第 2 期。

30.《日本公私收藏敦煌遗书叙录(二)》,《敦煌研究》1994 年第 3 期。

31.《日本公私收藏敦煌遗书叙录(三)》,《敦煌研究》1995 年第 4 期。

1994 年

32.《法照与敦煌文学》,《社科纵横》1994 年第 4 期。

33.《法照与敦煌初探——以 P.2130 为中心》,《1994 年敦煌学国

际研讨会论文集·宗教文史卷上》,甘肃民族出版社,2000年。

34.《打不走的莫高窟人》,《敦煌研究》1994年第2期。

35.(日)杉森久英、藤枝晃著,施萍婷译:《有关大谷探险队的答问》,《敦煌研究》1994年第4期。

1995年

36.《敦煌遗书编目杂记二则》,《敦煌吐鲁番研究》第一卷,1995年,北京大学出版社。

1996年

37.《俄藏敦煌文献 Дx.1376、1438、2170 研究》,《敦煌研究》1996年第3期。

38.《俄藏敦煌文献经眼录之一》,《敦煌研究》1996年第2期。

39.《俄藏敦煌文献经眼录之二》,《敦煌吐鲁番研究》第二卷,1997年。

40.《敦煌遗书编目杂记一则——从"的无容免"谈起》,《敦煌语言文学研究通讯》第2、3期合刊,1996年8月。

41.《〈英国图书馆藏敦煌汉文非佛教文献残卷目录〉述评》,《段文杰敦煌研究五十年纪念文集》,世界图书出版公司,1996年。

1997年

42.《新发现《〈增一阿含经〉摘要》(编目杂记之二)》,《饶宗颐学术研讨会论文集》,1997年,香港翰墨轩出版有限公司出版。《丝绸之路》1998年学术专刊。

43.《敦煌遗书题记隋董孝缵写经考略》,《周绍良先生欣开九秩庆寿文集》,中华书局,1997年。

1998年

44.《关于莫高窟第428窟的思考》,《敦煌研究》1998年第1期。

45.《评:邓文宽〈敦煌天文、历法文献辑校〉》,《敦煌吐鲁番研究》第三卷,北京大学出版社,1998 年。

1999 年

46.《敦煌研究院藏土地庙写本源自藏经洞》,《敦煌研究》1999年第 2 期。

47.《西北师范大学藏敦煌遗书叙录》,《甘藏敦煌文献》第三卷,1999 年 9 月。

48.《甘藏敦煌汉文文献概述》,《甘藏敦煌文献》六卷本,甘肃人民出版社,1999 年 9 月至 1999 年 12 月。台中市 8 月 14—15 日"二十一世纪敦煌文献研究回顾与展望研讨会"提交论文,并收入论文集《二十一世纪敦煌文献研究回顾与展望研讨会论文集》(台中市:中华自然文化学会出版,1999 年 12 月)。

2000 年

49.《敦煌遗书总目索引新编·前言》,中华书局,2000 年。

50.《甘肃藏敦煌汉文文献精品简述——在香港敦煌学国际研讨会上的发言》,2000 年 7 月。香港大学、中国文化研究院、香港中华文化促进中心、商务印书馆(香港)、敦煌研究院联合举办。

2003 年

51.《敦煌学杂谈之一》,《敦煌研究》2003 年第 3 期。

2004 年

52.《61 件美国安思远先生所藏历代佛教写经谭》,《敦煌研究》2004 年第 1 期。

53. 塚本善隆著,施萍婷译:《从释迦、弥勒到阿弥陀,从无量寿到阿弥陀——北魏至唐的变化》,《敦煌研究》2004 年第 5 期。

54.《敦煌学杂谈之二——向达〈莫高、榆林二窟杂考〉榆林窟题记校正》,《2004 年石窟研究国际学术会议论文集》下,上海古籍出版社,2006 年。

55.《敦煌习学集·自序》,《敦煌习学集》上册,甘肃民族出版社,2004 年。

2007 年

56.《关于敦煌壁画中的无量寿经变》,《敦煌研究》2007 年第 2 期。

57.《新定〈阿弥陀经变〉——莫高窟第 225 窟南壁龛顶壁画重读记》,《敦煌研究》2007 年第 4 期。

2009 年

58.《〈读翟家碑〉札记》,《兰州大学学报》(社科版)2009 年第 5 期。

59.《读〈净土教概论〉札记一则》,《敦煌学辑刊》2009 年第 4 期。

2010 年

60.《中国最早的无量寿经变——读支道林〈阿弥陀佛像赞并序〉有感》,《敦煌研究》2010 年第 1 期。

61.《支道林〈阿弥陀佛像赞并序〉注释》,《敦煌研究》2010 年第 1 期。

2011 年

62.《关于莫高窟第 217 窟南壁壁画的思考》,《敦煌研究》2011年第 2 期。

63.《清正廉明　唯才是举》,《敦煌研究》2011 年第 3 期。

64.《敦煌经变画》,《敦煌研究》2011 年第 5 期。

图版说明、词条

1.《中国敦煌壁画展》(1982 年在日本)图版说明(部分),《敦煌研究》总第 2 期。

2.《敦煌学大辞典》撰写部分词条。

3.《中国石窟·敦煌莫高窟》(一)图版说明,文物出版社、平凡社,1981 年。此《图版说明》署名为段文杰、施萍婷、霍熙亮。

4.《中国敦煌展·图版说明》(日文),日本富士美术馆,1985 年。

《陇上学人文存》已出版书目

第一辑

《马　　通卷》马亚萍编选　　《支克坚卷》刘春生编选

《王沂暖卷》张广裕编选　　《刘文英卷》孔　敏编选

《吴文翰卷》杨文德编选　　《段文杰卷》杜琪　赵声良编选

《赵俪生卷》王玉祥编选　　《赵逵夫卷》韩高年编选

《洪毅然卷》李　骅编选　　《颜廷亮卷》巨　虹编选

第二辑

《史苇湘卷》马　德编选　　《齐陈骏卷》买小英编选

《李秉德卷》李瑾瑜编选　　《杨建新卷》杨文炯编选

《金宝祥卷》杨秀清编选　　《郑　文卷》尹占华编选

《黄伯荣卷》马小萍编选　　《郭晋稀卷》赵逵夫编选

《喻博文卷》颜华东编选　　《穆纪光卷》孔　敏编选

第三辑

《刘让言卷》王尚寿编选　　《刘家声卷》何　苑编选

《刘瑞明卷》马步升编选　　《匡　扶卷》张　堡编选

《李鼎文卷》伏俊琏编选　　《林径一卷》颜华东编选

《胡德海卷》张永祥编选　　《彭　铎卷》韩高年编选

《樊锦诗卷》赵声良编选　　《郝苏民卷》马东平编选

第四辑

《刘天怡卷》赵　伟编选　　《韩学本卷》孔　敏编选
《吴小美卷》魏韶华编选　　《初世宾卷》李勇锋编选
《张鸿勋卷》伏俊琏编选　　《陈　涌卷》郭国昌编选
《柯　杨卷》马步升编选　　《赵荫棠卷》周玉秀编选
《多识·洛桑图丹琼排卷》杨士宏编选
《才旦夏茸卷》杨士宏编选

第五辑

《丁汉儒卷》虎有泽编选　　《王步贵卷》孔　敏编选
《杨子明卷》史玉成编选　　《尤炳圻卷》李晓卫编选
《张文熊卷》李敬国编选　　《李　恭卷》莫　超编选
《郑汝中卷》马　德编选　　《陶景侃卷》颜华东　闫晓勇编选
《张学军卷》李朝东编选　　《刘光华卷》郝树声　侯宗辉编选

第六辑

《胡大浚卷》王志鹏编选　　《李国香卷》艾买提编选
《孙克恒卷》孙　强编选　　《范汉森卷》李君才　刘银军编选
《唐　祈卷》郭国昌编选　　《林家英卷》杨许波　庆振轩编选
《霍旭东卷》丁宏武编选　　《张孟伦卷》汪受宽　赵梅春编选
《李定仁卷》李瑾瑜编选　　《赛仓·罗桑华丹卷》丹　曲编选

第七辑

《常书鸿卷》杜　琪编选　　　《李焰平卷》杨光祖编选

《华　侃卷》看本加编选　　　《刘延寿卷》郝　军编选

《南国农卷》俞树煜编选　　　《王尚寿卷》杨小兰编选

《叶　萌卷》李敬国编选　　　《侯丕勋卷》黄正林　周　　松编选

《周述实卷》常红军编选　　　《毕可生卷》沈冯娟　易　　林编选

第八辑

《李正宇卷》张先堂编选　　　《武文军卷》韩晓东编选

《汪受宽卷》屈直敏编选　　　《吴福熙卷》周玉秀编选

《蹇长春卷》李天保编选　　　《张崇琛卷》王俊莲编选

《林　立卷》曹陇华编选　　　《刘　敏卷》焦若水编选

《白玉岱卷》王光辉编选　　　《李清凌卷》何玉红编选

第九辑

《李　蔚卷》姚兆余编选　　　《郗慧民卷》戚晓萍编选

《任先行卷》胡　凯编选　　　《何士骥卷》刘再聪编选

《王希隆卷》杨代成编选　　　《李并成卷》巨　虹编选

《范　鹏卷》成兆文编选　　　《包国宪卷》何文盛　王学军编选

《郑炳林卷》赵青山编选　　　《马　德卷》买小英编选

第十辑

《王福生卷》孔　敏编选　　《刘进军卷》孙文鹏编选
《辛安亭卷》卫春回编选　　《邵国秀卷》肖学智　岳庆艳编选
《李含琳卷》邓生菊编选　　《李仲立卷》董积生　刘治立编选
《李黑虎卷》郝希亮编选　　《郭厚安卷》田　澍编选
《高新才卷》何　苑编选　　《蔡文浩卷》王思文编选

第十一辑

《伏耀祖卷》王晓芳编选　　《宁希元卷》戚晓萍编选
《施萍婷卷》王惠民编选　　《马曼丽卷》冯　瑞编选
《祝中熹卷》刘光华编选　　《安江林卷》陈润羊编选
《刘建丽卷》强文学编选　　《孙晓文卷》张　帆　马大晋编选
《潘　锋卷》马继民编选　　《陈泽奎卷》韩惠言编选